Über dieses Buch

Unter den Schriftstellern seiner Generation ist Reinhard Lettau (Jahrgang 1929) ein Sonderfall. Von kurzen Unterbrechungen abgesehen, lebt er seit den sechziger Jahren in den USA als Professor für Literaturwissenschaft. Wie wenig andere transportiert er Kenntnisse und Wissen von hier nach drüben und – mindestens so wichtig – von drüben nach herüber. Nicht weniger wichtig: Bei seinen regelmäßigen Besuchen in der Bundesrepublik (mit West-Berlin) sieht er mit anderen Augen die politischen Entwicklungen hierzulande – ungetrübt von den täglichen Querelen sind seine Eindrücke frischer, unmittelbarer. Dieser Band versammelt politische, literaturkritische und kleinere literarische Arbeiten aus rund zwanzig Jahren. Aus deutschen Landen ist unter anderem nachzulesen über den Hang etlicher Deutscher zu Denunziation (durchaus inspiriert von einer bestimmten veröffentlichten Meinung), über die sogenannte Ausgewogenheit (sprich: Verharmlosung) in den TV-Nachrichten, bedenkenswerte Einlassungen zu Dutschke, Hermlin oder Kafka. Aus den USA über das Elend mit der amerikanischen Provinzpresse, über die Anti-Vietnam-Bewegungen an den Universitäten, eine zärtliche Hommage auf Herbert Marcuse. Zum Eröffnungsbeitrag dieser so schnörkellos und unaufgeregt geschriebenen Sammlung schrieb der Berliner ›Tagesspiegel‹: »Dieser Text gehört zu jener Art Geschichten, von denen man nach dem dritten Lesen weiß, daß man sie noch ein viertes Mal heranziehen wird.«

Der Autor

Reinhard Lettau, 1929 in Erfurt geboren, studierte Germanistik, vergleichende Literaturwissenschaft und Philosophie in Heidelberg und Harvard; zwischen 1960 und 1965 Dozent am Smith College in Northhampton/Mass., seit 1967 Professor für deutsche Literatur in San Diego/Kalifornien. Bekannt geworden ist er vor allem mit den Werken: *Schwierigkeiten beim Häuserbauen* (1962) und *Täglicher Faschismus* (1971); für die Hörspielfassung seiner *Frühstücksgespräche in Miami* wurde er 1979 mit dem ›Hörspielpreis der Kriegsblinden‹ ausgezeichnet. Lettau lebt in La Jolla/Kalifornien.
Vom selben Autor ist im Fischer Taschenbuchprogramm lieferbar: *Frühstücksgespräche in Miami* (Bd. 2095).

Reinhard Lettau

Zerstreutes Hinausschaun

Vom Schreiben über Vorgänge in direkter Nähe oder in der Entfernung von Schreibtischen

Fischer
Taschenbuch
Verlag

Ungekürzte Ausgabe
Fischer Taschenbuch 5260
August 1982
Umschlagentwurf: Jan Buchholz/Reni Hinsch
Umschlagfoto: Isolde Ohlbaum
Fischer Taschenbuch Verlag GmbH, Frankfurt am Main
Lizenzausgabe mit freundlicher Genehmigung des
Carl Hanser Verlag München Wien

Gesamtherstellung: Hanseatische Druckanstalt GmbH, Hamburg
Printed in Germany
980-ISBN-3-596-25260-1

Inhalt

»Am schönsten in der Kunst sind die Anfänge. Nach den Anfängen kommt immer gleich das Ende.« *Picasso*

Vom Schreiben über Vorgänge in direkter Nähe oder in der Entfernung von Schreibtischen

Die Überlegung findet ihren Zeitpunkt günstiger nach als vor der Tat. Wenn sie vorher oder im Augenblick der Entscheidung selbst ins Spiel tritt, so scheint sie nur die zum Handeln nötige Kraft zu hemmen und zu unterdrücken, während sich nachher, wenn die Handlung abgetan ist, Gebrauch von ihr machen läßt: nämlich sich dessen, was in dem Verfahren fehlerhaft war, bewußt zu werden, und das Gefühl für andere künftige Fälle zu regulieren.

März vorvorigen Jahres kam der Präsident Brasiliens, bei dessen Namensnennung in seinem Lande viele Gespräche abgebrochen werden, zu einem Staatsbesuch nach Berlin. Vor dem Charlottenburger Schloß, in welchem er zu einem Festessen erwartet wurde, versammelten sich zu einer Demonstration außer den drei von mir benachrichtigten Personen vier weitere, von denen einer einem Indianervolk angehörte, welches im Verlauf der letzten vier Jahre unter der Anleitung des Obersten Texeira de Oliveira, eines engen Vertrauten des Präsidenten, fast gänzlich ausgerottet worden ist.
Auf den Dächern der gegenüberliegenden alten Wachtgebäude bewegten sich Scharfschützen. Müßiggänger umstrichen uns: der Blick in die Augen, auf den Körper, der sie interessiert. Eine Frau mit einem Blumenstrauß wurde von einem Wachtposten einem Polizei-Offizier zugeführt, der sie mit hochrotem Kopf durch eine Sperre hindurch in den Schloßhof begleitete. Beim Reiterdenkmal des Großen Kurfürsten sprachen beide mit einem Zivilisten, der während der Verhandlung zu uns herüberschaute, als hätten wir ihn erschrocken. Als die Wagenkolonne des Diktators vom Spandauer Damm in die Schloßauffahrt einbog, erhoben wir Fäuste, riefen »Mörder«. Mit Entsetzen bemerkte ich, daß ich mich genierte. Im Gesicht eines der Polizisten, welche im Moment der Vorbeifahrt des Präsidenten

blitzschnell in einer Kette vor uns aufgezogen waren, so daß sie uns fast berührten, glaubte ich Mitleid zu bemerken.

Im Vorbeifahren, vom Taxi aus, sah ich einmal in New York, im Jahre 1963, eine kleine Gruppe von Personen mit Schildern, deren Aufschriften sich gegen eine amerikanische Intervention in Indochina richteten, von der ich bisher nichts gehört hatte, vor einem Gebäude auf- und abgehen. Ich wendete mich um, um sie durchs Rückfenster so lange wie möglich zu sehen, wie bei einem Abschied.

Auf den Zeitgeist ist kein Verlaß, da er die Fronten oft wechselt. Manchmal denke ich, man braucht nur zu Hause im Stuhl zu sitzen und die Hände in den Schoß legen: irgendwann wird er eintreten und einem Recht geben.

Elf Jahre vor Geisels Besuch, im April 1967, erwarteten wir vor dem Charlottenburger Schloß den Vizepräsidenten der Vereinigten Staaten. Zu beiden Seiten der Schloßauffahrt hatten Demonstranten ein Spalier gebildet, durch welches der Gast, diesmal zum Dinner, hindurchfuhr. Bei dieser Gelegenheit sah ich zum ersten Mal die vorher erwähnten Müßiggänger bei der Arbeit. Zu zweit oder zu dritt suchten sie sich einzelne Demonstranten aus, über die sie mit Schlagringen herfielen, bis sie am Boden lagen. Dann übergaben sie sie der uniformierten Polizei mit der Bemerkung, sie seien tätlich geworden. Dies war für uns eine neue Erfahrung und von stärkerer Überredungskraft als manche Lektüre. Auf Einladung des Studentenausschusses der Freien Universität Berlin berichtete ich im Auditorium Maximum über die Vorfälle anläßlich jener Demonstration (»Über die Servilität der Presse«). Die Veranstaltung verwandelte sich in ein *Sit-In*, das die Vorbereitungen für den Besuch des Schahs voranbrachte. Etwa eine Woche vor dessen Ankunft stand neben meinem Bett ein verlegener Beamter von einem Schöneberger Polizeirevier und überreichte mir einen Ausweisungsbefehl der Stadt Berlin. Als auf Proteste hin dieser Befehl wieder zurückgenommen wurde, hatte ich ein Angebot der University of California in San Diego schon angenommen.

Aus Gründen, die mir unbekannt sind, was die Niederschrift dieser Beobachtungen erschwert, hatte ich Schreiben vorher sehr leicht genommen. Unter der Voraussetzung, daß mir in dem Moment gar nichts einfiel, was ich besser fand als Schreiben, schrieb ich, aber nur dann, also selten und dazu noch langsam. Öffentliche Gegenstände, politische Ereignisse fand ich unappetitlich. Tatsächlich begann ich das Schreiben erst ernstzunehmen, als ich damit aufhören mußte. Das Aufhören war unbeabsichtigt wie vorher das Anfangen: gedankenlos und ohne daß ich Gründe hätte angeben können. Als ich nach einer Lesung beim Erscheinen meines ersten Buches hiernach gefragt wurde, wurde mir fast schwarz vor den Augen. Voller Angst erwiderte ich: weil es mir Spaß mache, was im Saal mit Zischen beantwortet wurde. Ich hatte eben immer, d. h. auch immer nicht geschrieben.
Was mich früher beim Schreiben glücklich gemacht hatte, war z. B. eine Situation zu erfinden: einen Architekten, der einen verwirrenden Garten baut; vier Freunde, die ihre täglichen Ausfahrten in einer Kutsche veranstalten, zwei feindliche Feldmarschälle, die jeder gleich klug sind; – und dann, sozusagen vor aller Augen, solche bedeutungslosen, sogar unsinnigen Anfänge sich von selbst entfalten zu lassen, dergestalt, daß ich ihnen mit Anstand und Leichtigkeit wiederum entkam, so daß am Schluß eine Sache ganz vollendet dastand, mit der man allerdings weiter nichts anfangen konnte, als darauf hinzuweisen, daß sie vollendet dastand.
Als das erste Buch erschien, sagte jemand, den ich kennenlernte, zu mir: »Das können Sie also. Was machen Sie nun?« Darüber hatte ich noch nicht nachgedacht. Auch Erlebnisse trennten sich immer von mir und jeden Tag stand ich wie ohne Erlebnisse, alles ausgegeben. Zusammenhänge, verbindende Ideen, Absichten gab es nicht. Ich hatte eine Geschicklichkeit entwickelt, jedes Material so weit von mir wegzuhalten, daß ich mich von ihm regieren lassen konnte. Urteile über die Umgebung waren mir unmöglich, ich nahm sie immer nur in so winzigen Einzelheiten wahr, daß jeglicher Versuch, auch die leichteste, montierte Manier, lächerlich schien. Jedenfalls hatte ich im Moment, wo ich zum ersten Mal gern etwas um einer anderen Sache willen mitteilen wollte und meine vorigen Arbeiten als musikalische Abenteuer empfand, keine Werkzeuge zur Hand.

Inzwischen bin ich sicher, daß im Moment des Zustandekommens einer literarischen Arbeit keine Zeit für Bewußtsein da ist, sonst käme wohl nichts zustande oder wäre alles überflüssig. Das Bewußtsein muß nach, also vor der Arbeit da sein, damit man während der Arbeit mit dem Material allein sein kann, durch keine Absicht abgelenkt.
Was man Kritik nennt, wäre dann der nachträgliche und in der Mehrzahl der Fälle unnötige Versuch, die abgeschlossene Arbeit hinsichtlich ihrer Nähe oder Entfernung vom Zeitgeist zu bestimmen, sie auf einen Nenner mit diesem zu bringen. Je mehr dies gelingt, desto günstiger fällt die Rezension aus, je weniger, desto ungünstiger. Kritiker sind die Vertreter des Zeitgeistes, Dramaturgen sogar seine Büttel, da sie, anstatt das Bekannte endlich bekannt zu machen, als die Anti-Zauberer, die sie sind, lediglich aus allem alles machen, z. B. aus Leichtigkeit Schwere oder aus Stille Lärm, je nachdem: so daß man es als fremd ganz beruhigt wegstellen und vergessen kann, und doch ist hieraus schon manches Schöne erfolgt.

In der Nacht vom 2. zum 3. Juni 1967 wurden wir von der Oper die ganze Wilmersdorfer Straße hindurch und den Kudamm hinuntergejagt. Frische Polizisten, die sich auf den Trittbrettern großer Mannschaftswagen ausruhen konnten, von denen sie hinuntersprangen, wenn sie uns eingeholt hatten, um auf uns einzuschlagen, riefen uns zu, wir hätten einen Polizisten erschossen. Einmal, mitten im atemlosen Rennen, sah ich wie in einem Traum immer wieder eine große Reklameschrift aufleuchten und verschwinden: »Publikumsbeschimpfung«. Dies fiel mir erst Wochen später auf, aus einer fernen Vergangenheit.

Einige Wochen nach der gescheiterten Demonstration gegen den Präsidenten von Brasilien, die ich vorher erwähnte, sagte am Savignyplatz, während es draußen hell wurde, ein Freund zu mir: »Heute über lateinamerikanische Diktatoren zu schreiben ist kein Risiko. Es hat mit dir nichts zu tun. Du kommst nicht darin vor. Es ist Feigheit.«
Hätte ich mich also doch um mich kümmern sollen, wie ich, als jemand mich verlassen hatte, derart litt, daß mir in einem Café

in der Nähe der Herzogstraße in München ein Glas mit heißem Tee, da ich zitterte, den Schoß verbrannte? Enthielte die Veröffentlichung solchen Unglücks mehr Risiko? Ist nicht sogar unsere Literatur reich an Beispielen für ein risikoloses Schreiben über sich selbst und ein riskantes Schreiben über Vorgänge in der Entfernung von Schreibtischen? Gibt es überhaupt ein Schreiben, das nicht den Schreiber enthält?
Die Munitionszüge fuhren nachts durch Del Mar, wo ich wohne, die Küste hinunter zum Hafen, wo die Schiffe ausliefen nach Vietnam. Ein Freund, der direkt an den Gleisen wohnte und damals im Stadtrat war, erzählte mir eines Tages, daß nun auch Panzer vorbeikämen. Über Vietnam waren damals schon mehr Bomben abgeworfen worden, als im ganzen Zweiten Weltkrieg über allen betroffenen Ländern. Zunächst wollten wir einen solchen Zug auf freier Strecke anhalten – ein Kinderspiel – und zerstören. Nach einiger Beratung begnügten wir uns damit, an einem Teil des Strandes, wo die Gleise vorbeiliefen, ein *Picnic* zu veranstalten, zu welchem viele Personen erschienen. Ein Freund rief von Carlsbad aus an, als der Zug bei ihm durchkam. Bald waren die Fässer und bereitliegenden Bohlen auf die Schienen gerollt, mit Benzin übergossen und entzündet. Die höchste und dauerhafteste Feuerwolke, im Himmel rußig verlodernd, zwang den fernen Krieg hier endlich zur Sichtbarkeit. Einen Tag lang kam der Zug nicht durch. Auf den Gleisen saß auch mein 1938 aus Königsberg hier eingetroffener Nachbar. Von Hubschraubern herab wurde über starke Lautsprecher ein Ausnahmezustand verkündet. Inzwischen war Nacht und die Hubschrauber verfolgten fliehende Demonstranten mit Scheinwerfern, bis sie von Sheriffs erreicht worden waren. Die Mehrzahl der Demonstranten konnte sich retten, da sie in beliebigen Häusern versteckt wurden.
Uns gelang es mit einer vom Zufall versammelten Gruppe Versprengter auf den Wegen, die man nur kennt, wo man wohnt, nach Hause zu gelangen, wo wir im dunklen Wohnzimmer die Nacht am Boden verbrachten. Einmal stand über dem Garten ein Hubschrauber und leichtfertige Wünsche wurden geäußert. Am Morgen verließen die Gäste einzeln das Haus, in dem ich zurückblieb. Fragen wie: »Was soll man schreiben?« oder »Soll man schreiben?« die mich damals aus Deutschland erreichten, waren keine Fragen dieser Gegenden.
Um die Zeit gab mir jemand die Geschichte von dem vietname-

sischen Mädchen zu lesen, die im *New Yorker Magazine* abgedruckt war. In einem der von den Amerikanern besetzten Dörfer war eine Patrouille zusammengestellt worden, die noch vor Morgengrauen in die umliegenden Berge aufbrechen sollte. Der Anführer der Patrouille, ein Sergeant, eröffnete den ihm zugeteilten Leuten, die über den Auftrag verärgert waren und sich murrend hierüber ausließen, man werde, um sich auch etwas zu amüsieren, einen Rundgang durch die Hütten des Dorfes antreten und hierbei das schönste Mädchen mitnehmen. Dies geschah wirklich, indem man aus ihrem Bett ein Mädchen herausholte, welches zufällig eine Erkältung hatte, und trotz der heftigen Beschwörungen der Mutter, die diesen Umstand pantomimisch darzustellen versuchte, mitnahm. Den ganzen Tag lang lief aber diese Mutter stolpernd und rufend hinter den Fremden her, wobei sie mit einem langen Schal in der Luft herumfuhr, den sie der kranken Tochter mitgeben wollte, bis sie es endlich, meiner Erinnerung nach gegen Abend, aufgab und umkehrte. Es folgte dann Schilderung gemeinsamer Vergewaltigung und Ermordung des Mädchens, deren bajonettierten Körper man einen Hügel hinabrollen ließ. Der Erzähler der Geschichte, der sich als einziger, unter Gefährdung seiner Person, an den Verbrechen nicht beteiligt hatte, brachte unter Mühsalen, für die allein er schon die höchste Tapferkeitsauszeichnung seines Landes verdient hätte, seine Kameraden vor ein Kriegsgericht, welches sie nach Verhandlungen, deren quälender Verlauf ihn ganz endgültig veränderte, zu geringfügiger Militärhaft verurteilte.

Die Lektüre dieser Geschichte fiel mir schwer, so daß ich sie sozusagen mit halb geschlossenen Augen und vorsichtig nur überfliegen konnte. Zum Beispiel weiß ich heute nicht mehr, ob der Erzähler sie selber aufschreiben, oder nur einem andern erzählen konnte, der sie für ihn geschrieben hat. Ich fragte mich damals, wie man sie schreiben könnte, so daß sie erträglich: weniger entfernt von uns wäre, und kam zum Ergebnis, daß ich, wenn ich sie hätte schreiben können, was freilich nicht möglich war, mich wahrscheinlich auf das Hinterherlaufen der Mutter konzentriert, mit ihrer Umkehr auch aufgehört hätte, als den Bildern, die alles andere drohend enthielten – durch Auslassung, Pause, Stille.

Solche eitlen Überlegungen erinnerten mich an die Notwendigkeit des Schreibens, jedoch konnte ich mir keine Sprache

vorstellen, die das Ende dieser Geschichte darstellen könnte, ohne sie zu verraten. Mußte man das Ende nicht, wenn auch stotternd, bekanntmachen? Aber von schreiender Unversöhnlichkeit empfand ich die Feindschaft zwischen dem Gegenstand und der Möglichkeit seiner Artikulation, zwischen Leiden und der Darstellung des Leidens, die doch diszipliniertes Verharren am Schreibtisch, sogar eine gewisse Heiterkeit: jedenfalls die Möglichkeit voraussetzte, eingreifendes Handeln zumindest aufzuschieben. Dies war die Konsequenz für mich: daß nämlich die Geschichte gar nicht zum Schreiben aufforderte, sondern zum Handeln, was natürlich keine Entscheidung gegen das Schreiben war, sondern im Gegenteil die ernsteste Parteinahme dafür.
Denn auch alle meine Erfahrungen, die ich machte, ließen nur noch zwei Möglichkeiten zu: Handeln, oder ein Schreiben, das vorher schon alles wußte. Wenn man es aber schon weiß, schickt man doch besser ein Telegramm?

In San Diego befinden sich Polizeipräsidium, Gericht, Rathaus und Gefängnis in einem einzigen, großen Gebäude. Ein Stadtzentrum, das es dort einmal gab, wurde zerstört. Nun steht, in der Mitte von nichts, dieses Gebäude, in dessen Gängen sich Richter, Polizisten, Stadträte, Büttel von morgens bis abends zulächelnd begegnen.
In diesen Gängen saß ich acht Tage lang in den Verhandlungspausen des Prozesses gegen mich und 17 Studenten. Nach einer erfolgreichen, eintägigen Blockade der Halbinsel Point Loma, wo die Luftaufnahmen aus Vietnam von Wissenschaftlern ausgewertet wurden; nach wiederholten, blitzschnellen Besetzungen des Physikalischen Instituts meiner Universität, das an Geheimaufträgen des Pentagon arbeitete, die wir anläßlich einer früheren Besetzung des Verwaltungsgebäudes der Universität zufällig gefunden hatten, hatte, auf Begehren meiner Universität, ein Richter des *Superior Court* eine »Einstweilige Verfügung« gegen mich erlassen, die es mir und weiteren von der Polizei nach Belieben nachzutragenden 99 Personen unter Androhung der gegebenen Höchststrafe verbot, an weiteren Demonstrationen teilzunehmen. Als eine unserer Assistentinnen wegen Mitgliedschaft in einer legal zugelassenen Partei von der Universität – wie inzwischen offiziell festgestellt

wurde: verfassungswidrig – entlassen wurde, veranstalteten wir vor den Diensträumen des Kanzlers eine »picket line« (Auf- und Abgehen mit Schildern). Hiermit sollten wir gegen den erwähnten richterlichen Befehl verstoßen haben und wurden daher wegen »Mißachtung des Gerichts« verurteilt.
Zu meinem Erstaunen betonte der Richter in seinen Schlußworten, wie sehr er es bedauere, ein vollkommen verabscheuungswürdiges Subjekt wie mich zu keiner höheren Strafe verurteilen zu können. Dies machte mir Angst, aber es schmeichelte mir auch, und schließlich gab ich mich mit der Überlegung zufrieden, daß man mich überschätze. Übrigens waren es gerade diese Worte des Richters, die mich in der Zelle später vor dem Schlimmsten bewahrten: da sie dort eher ankamen (und auch geglaubt wurden), als das Geheimzeichen, das die Büttel, wie ich später erfuhr, auf meinem Laufzettel anbrachten, den ich dem Kapo auszuhändigen hatte, und das mich als »snitch«, also zu verprügelnden Polizeispitzel ankündigte.

Am Morgen des letzten Verhandlungstages hatte ich, in zutreffender Erwartung des Urteils sowie der Gefängnisbedingungen, meine Taschenuhr zu Hause gelassen. Soeben hatte der Richter Mcomber, der übrigens bald hierauf starb, den von Presse und Zuschauern geräumten Saal verlassen, als ein Büttel, der sich vor uns aufpflanzte, uns unter Androhung körperlicher Bestrafung strengstes Redeverbot erteilte. Hiernach wurden wir aneinandergekettet und durch verwirrende Hintergänge in das im gleichen Gebäude befindliche Gefängnis geführt. In einer großen, offen einsichtigen Zelle (»receiving tank«) wurden uns die Ketten wieder abgenommen und wir mußten uns zusammen mit andern Gefangenen ganz entkleiden. Fröstelnd standen wir hier eine gute Stunde, bis weitere Sheriffs den Käfig betraten, jedes unserer Kleidungsstücke einzeln aufhoben, und, während sie es mit spitzen Fingern weit von sich weghielten, mit einem chemischen Mittel besprühten. Danach warfen sie alles übereinander in eine entfernte Ecke, in der es sich häufte.
Nun begann, wobei mit leuchtenden Augen auch dienstlich nicht beteiligte Sheriffs nähertraten, die Untersuchung aller Öffnungen des Körpers, dann, an einem Schalter, die Ausgabe von Gefängniskleidung, Blechbechern, Pferdedecken. Zur

Aushändigung eines Laufzettels, den wir dem diensttuenden Kapo des zugewiesenen Stockwerkes vorzuweisen hatten, wurden unsere Personalien noch einmal aufgenommen, was umständlich war. Meinen Freund Byron King fragte der diensttuende Sheriff, während er ihm in die blauen Augen schaute, nach der Farbe der Augen. »Sehn Sie doch!« antwortete er und wurde auf ein Zeichen hin, noch immer nackt, in eine dort befindliche, schalldichte Gummizelle geführt, die außer einem Bodenloch und einer in die Decke eingebauten Fernsehkamera nichts enthielt. Zwei Beamte folgten ihm dorthin mit gezogenen Schlagstöcken, und als sie nach einer Weile ohne ihn wieder herauskamen, hatten sie Blutflecken an ihren Uniformen, über welche sie sich laut beklagten. Als ich den Schalter erreichte, antwortete ich auf die Frage nach meiner Augenfarbe mit den Worten: »Brown, Sir!« Aber vor mir war ein junger Mexikaner an der Reihe, der wie aus einem Märchen aussah. Einem herbeigewunkenen Kollegen gegenüber bezeichnete ihn der Sheriff flüsternd als »real cunt«. Beide einigten sich mit fürchterlichen Gesichtsausdrücken darauf, ihn in eine ganz besondere Zelle im – wie ich später hörte – berüchtigten dritten Stock, der »einen schlechten Ruf« hatte, einzuweisen.
Der Junge verstand kein Englisch. Der Zufall ergab es, daß wir beide auf dem Weg in unsere Zellen ein paar Minuten allein waren. Meine Zelle war im fünften Stock. Absichtlich wurden wir voneinander getrennt in Zellen eingewiesen, in denen wir niemanden kannten. Anstatt, wie von mir erwartet wurde, gleich weiter die Treppe hinauf in den fünften Stock zu gehen, wartete ich zusammen mit dem Mexikaner am Eingang zum dritten Stock, bis der dortige Kapo vorbeikam, um ihm die Gittertür in den Gang von innen zu öffnen. Niemals vorher und niemals seither ist mir jemand, den ich eben erst kennengelernt hatte, so brüderlich nahe gewesen. Ich stand gelähmt, während er mir in hilflosen Gesten, als Frage, deren pantomimische Verneinung er erhoffte, vorzuführen versuchte, was ihn erwarte. Aus diesen Gesten ging hervor, daß er glaubte, man werde ihn lediglich schlagen.

Noch während des Prozesses, an einem freien Nachmittag, als ich nicht ins Gericht mußte, geriet ich einmal in die Bibliothek: plötzliche Stille, die ich erst jetzt erinnernd wahrnehme, eine andere Beschaffenheit der Luft, vorsichtiges Laufen, blinde Blicke aufblickender Lesender, zerstreutes Aufschaun. Unschuldig in den Regalen die Bücher. Der Gedanke erschreckte mich, dies alles für immer verloren zu haben.

Vermutete Gründe des früheren, versteckenden Schreibens, mit dem ich womöglich eben jetzt einmal aufhöre: Ekel vor der sofortigen Überführung von Erlebnis in Dichtung. Geht dem Schreiben über sich selbst nicht die Ernennung jedweder Erlebnisse zum Stoff dieses Schreibens voraus? Und wenn das so ist – und es spricht vieles dafür, daß es so ist –, dann entsteht doch gegenüber den Beobachtungen ein sozusagen berufliches, beschränktes Lebensverhalten, das sich in alle unschuldigen Vorgänge verwertend einzufädeln versucht, in den beginnenden Beobachtungen die literarische Umsetzung antizipiert, wie der kluge Kaufmann beim Anblick der Ware sich etwas erhofft. Jedoch verfälscht der vorwegnehmende Blick des Erlebnisdichters das ins Auge gefaßte Erlebnis. Die Wahrnehmung braucht den zerstreuten, erinnerungslosen Blick ohne Absicht. Auch schließt ja das erwartete Schauen eingreifendes Handeln deshalb aus, weil eine solche Aufgabe der voyeuristischen Position das Erlebnis, also den Text, zerstören könnte, und man müßte woanders etwas anderes suchen, was man beobachten könnte.
Weitere Gründe: Geschwinde Transmission bedeutet oft falsche Unmittelbarkeit, Überschätzung des Privaten, Trivialen, Lüge des »O-Tons«. Oft verschwindet hierbei die Scham, also Authentizität. In der Scham ist die Erinnerung an den Kontext. Schreibend wird die Welt degradiert. Es gebe nichts Wichtigeres als das Schreiben: diese Annahme ist für das Schreiben verhängnisvoll, denn nun müssen sich diejenigen, die dies glauben, ganz ernstnehmen als Personen, deren Handlungen die Fortsetzung des Wichtigsten von der Welt garantiert: durch ein klirrendes Glas ein Erdbeben auslösen. Heimlich erklären sie sich zu einer Jahreszeitschrift über sich selbst, welche dann unter wechselnden Titeln als Buch erscheint: Chronik bestellter Ereignisse, und doch ist hieraus schon manches Schöne erfolgt.

Es dauerte eine Weile, bis ich in der Zelle, in die ich eingewiesen worden war, jemanden gefunden hatte, der es mir gestattete, unter seinem Bett zu schlafen, denn für die 37 Gefangenen waren nur zwanzig Betten vorhanden, die doppelstöckig, auf jeder Seite fünf, in der Mitte einen schmalen Gang freiließen, wobei die Entfernung zwischen zwei Doppelbetten die hierarchische Stellung der Betteninhaber innerhalb der Zelle sofort erkennen ließ. Der bequeme Abstand zwischen den beiden ersten Reihen – man konnte dort die Arme fast unbehindert nach beiden Seiten hin ausstrecken –, der auf Kosten des Abstands zwischen den hinteren Reihen ging, die eng zusammenstanden, markierte einen Herrschaftsraum, den man nicht ohne Erlaubnis betreten durfte. Hier war ein Seil gespannt, an welchem ein Zettel mit den Worten »No Entrance« befestigt war. Die Mahlzeiten, die in einem Metallwagen von einem Kapo in die Zelle geschoben wurden, wurden hier zunächst gemustert und aussortiert, wobei die Portionen zugunsten der Zellenobersten beliebig verkleinert wurden. Kostbarere Nahrungsmittel oder solche, mit welchen sich wegen ihrer Haltbarkeit handeln ließ, wurden in Pappkartons unter den Betten versteckt, danach die verbliebenen Portionen in einem winzigen, die Zelle verlängernden Nebenraum, der jedoch nur den Betteninhabern Platz bot, verteilt, während diejenigen, die keine Betten hatten, sich zur Entgegennahme ihrer schmaleren Portionen in einer Schlange anstellen mußten, die sich die ganze Länge des erwähnten Mittelganges zwischen den Betten hin drängelte. Ein älterer Schwarzer war tagelang von den Mahlzeiten, die er beim Poker verspielt hatte, ganz ausgeschlossen.

Da ich als zuletzt Eingetroffener in stillschweigender Anerkennung der Hierarchie mich auch als letzter in die Schlange einreihte, blieb mir zum Verzehr meines Essens, im Stehen, kaum mehr als eine Minute Zeit, da inzwischen die Besitzer der Betten die Mahlzeit beendet hatten und die Zelle, wie es die Vorschrift verlangte, gründlich mit Wasser und Seife zu säubern begannen: ein ihnen von den Kapos verliehenes Privileg, aus welchem andere Rechte auch hergeleitet wurden.

Die Frage, wo ich schlafen dürfte, hatte ich bisher niemandem vorgelegt, da mir bald aufgefallen war, daß ich auf weit harmlosere Fragen von niemandem Antwort erhielt, obwohl

ich genau beobachtet wurde. Offenbar fehlte von irgendwoher ein kleines Signal. Den Schlafplatz erhielt ich, weil ich, als wäre ich nicht im Gefängnis, sondern zu Hause oder bei Freunden, meinen ohnehin wertlosen Platz in der Essensschlange aufgab, um einem Chicano zu helfen, welcher infolge einer bei seiner Verhaftung erlittenen, nicht ausheilenden Schußwunde, um die sich der nur in Legenden existierende Gefängnisarzt nicht kümmerte, nur auf einem Bein hüpfend fortbewegen konnte, dergestalt, daß fast aller Kaffee, den er im glühend heißen Metallbecher zu seinem Bett transportieren wollte, um ihn dort während der Säuberung der Zelle in Ruhe zu trinken, sich über den Schoß ergoß. Hier durfte ich schlafen, sogar, selbstverständlich nur auf ausdrückliche Einladung, auf seinem Bett manchmal sitzen, und vor dem Einschlafen flüsterte er nach unten zu mir: »Ich werde auf dich aufpassen!«, was in der ersten Nacht, die übrigens die einzige Nacht war, in welcher ich schlief, leider notwendig war.
Es erstaunte mich, daß meine Hilfeleistung für den Chicano, der in der Zelle, wie ich bald merkte, einiges Ansehen genoß, nicht als die aufdringliche Geste eines Touristen aufgefaßt wurde, der ich doch, wenn ich mein Leben mit dem der andern verglich, wirklich war. Rückblickend würde ich ohne Zögern zugeben, daß ich diese erste Probe aus List und Berechnung bestanden habe. Allein geschah dies wie in einer Anwandlung, aus der man vom Handeln erwacht.

Bei den Schlägereien, die übergangslos – und mit einer Heftigkeit, die sonst Katastrophen erst nach einigem Anlauf entwikkeln –, häufig dann ausbrachen, wenn einer der Gefangenen sich den Vergewaltigungsversuchen eines anderen, entschlossenen oder stärkeren widersetzte, erschreckte mich am meisten der Ausdruck von Lust in den Augen der Zuschauer. Es war eine Feststimmung, welche auch die Büttel ergriff, die sich gerade bei solchen Anlässen vor der offen einsichtigen Zelle lächelnd aufpflanzten. Sie sah ich, oder vielmehr: vor ihrem Anblick konnte ich mich nicht retten, da ich den anderen Anblick nicht ertragen konnte. Erst wenn die die gänzliche Zubodenstreckung des Opfers begleitenden Geräusche, für die keine Sprache ist, aufgehört hatten, betraten die Büttel die Zelle und zogen die leblos erscheinenden Opfer – in der ersten

Nacht waren es zwei – an den Füßen heraus in den Gang, wobei einmal einer von ihnen in jenem liebenswürdigen Slang, der seine Herkunft aus den Südstaaten verriet, den Vorfall mit dem Satz kommentierte: »Warum seid ihr nur alle so gewalttätig?«

Einige Wochen vor dem Prozeß verbrannte sich auf dem Campus, zwanzig Meter von meinem Schreibtisch entfernt, ein Student. Vorher hatte er ein Schild gemalt mit der Aufschrift: »Im Namen Gottes, hört auf mit dem Krieg!« Es war an einem Sonntag nachmittag und ich war bei einem Freund, fünf Minuten vom Campus entfernt, als der Anruf kam. Wir waren gleich dort und erfuhren die Einzelheiten. Heute ist an der Stelle, wo der Student sich verbrannte, nichts zu sehen.

Jahre später erlebte ich einmal auf dem Campus, in einem Moment, auf den keiner gefaßt war, Zusammenstoß und Absturz zweier Düsenjäger über dem Meer und gleichzeitig wild ausbrechenden Jubel, der alle erfaßte.

Mir fiel auf, daß die mir fremde Sprache, die in der Zelle gesprochen wurde, besonders reich an Idiomen und metaphorischen Ausdrücken war, die es erlaubten, falsches, angeberhaftes oder verlogenes Verhalten zu kennzeichnen. Fast ebenso häufig waren Ausdrücke, mit deren Hilfe Klage oder Bedauern über die Gefängnissituation (»snivelling«) verdammt wurden. Beides mußte also vermieden werden: die Unehrlichkeit und der Ausdruck des Leidens – was zunächst bedeutete, daß man nicht vorgeben durfte, einen Ausdruck oder ein Wort zu verstehen, das man nicht kannte. Dies fiel mir schon aus sprachlicher Neugierde leicht. Indem ich dauernd nach der Bedeutung mir unbekannter Ausdrücke fragte, versetzte ich, wie mir rückblickend klar wurde, die Gesprächspartner in die fast gönnerische Rolle von Ratgebern, welche sie als Feinde, zumindest für die Dauer der Unterrichtung, ausscheiden ließ. Zweifel, ob ich dies alles schaffen würde und eine fast hoffnungslose Furcht überkamen mich, als mir mit leuchtenden

Augen ein Mitgefangener den Rauschzustand schilderte, den er bei der Ermordung eines Mädchens erlebt hatte: wonach er mich zu einer Stellungnahme aufforderte.
Es war an einem Nachmittag. Er hatte mich mit der Erzählung, die fast eine Stunde dauerte, geweckt. Ich überlegte mir, daß die Frage der Wahrhaftigkeit der Erzählung, mit der er sich brüstete, unwichtig sei: die ausschmückende Erfindung genügte. Es war, vor einem zahlreichen Publikum, dessen begleitende Gesten mir den Verdacht erweckten, daß sie die Geschichte mehrmals gehört hätten und nur meiner Reaktion wegen zuhörten, ein Moment, welcher für mein Überleben in dieser Zelle entscheidend sein konnte.

Daß ich mich richtig verhalten hatte, erwies sich sofort, und wurde am nächsten Tage durch das entgegengesetzte Verhalten eines Häftlings bestätigt, bei dessen Eintritt wir uns verwunderten, weil er selbst in Sträflingskleidung einem Bankier, der er war, ähnlicher sah als einem Gefangenen.
Dieser Mann war an einem schönen Sonntagmittag auf dem Heimweg vom Kirchgang in einem Geschäft bei einem harmlosen Ladendiebstahl erwischt und, da man in Kalifornien am Wochenende Richtern, die einen auf Kaution freilassen könnten, nicht vorgeführt wird, in unsere Zelle eingeliefert worden, bis man einen Richter fände, was übrigens, nach Angaben eines Sheriffs, erst nach sechs Tagen gelang. Kaum daß dieser Mann die Zelle betreten hatte, wendete er sich um und klopfte gegen die Gitter, rief nach Advokaten und Bütteln, die ihn, direkt vor ihm stehend, nicht hörten. Dann drängte er sich klagend in die Mitte der Essensschlange, schließlich machte er sogar abfällige Bemerkungen über die Mahlzeit. Geradezu unendliches Gelächter erntete er für die Beobachtung, dies sei nicht Amerika, worauf man beschloß, ihn totzuschlagen.
Daß ich in die Beratung über die Zukunft des Bankiers eingeschlossen wurde, bewies mir, daß ich in der Zelle – natürlich auf Widerruf – akzeptiert worden war. Nun wurde ich mit einem Spitznamen: »the professor« angeredet, es war das einzige Mal in meinem Leben, daß ich mich über diesen Titel freute. Auch ungefährliche Fragen, wie man sie an gleichgestellte Personen richtet, wurden mir vorgelegt, z. B.

nach den Gefängniszuständen in Deutschland. Ihre wahrheitsgemäße Beantwortung, etwa daß ich dort Spaziergänge in frischer Luft unternehmen, in einem Bett schlafen, sogar Besuch empfangen durfte, erweckte sozusagen touristischen Neid: »Wie im Paradies«, wurde entgegnet.

Bei der Entlassung aus dem Gefängnis kamen mir in einem langen Gang, der nach draußen führte, zwei Sheriffs entgegen, die einen Gefangenen, der in Handschellen vor ihnen herging, einlieferten.
Zu Hause das Auflesen der Zeitungen vor der Tür. Stille der Küche, Reste des Frühstücks. Spiegel! Den Telephonhörer hob ich ab. Endlich stellte ich die Uhr, zog sie auf.
Ein halbes Jahr später saß ich aber am Wannsee und arbeitete an Übersetzung und Einleitung eines Buches, welches das ernstere Schicksal anderer Menschen darstellen sollte, soweit es in glaubhafteren, bürgerlichen Zeitungen zugänglich war (*Täglicher Faschismus*). Nachts sprach ich auf dem Weg in die Küche, wo ich mir Tee zubereitete, mit dem Portier, der mir zu erklären versuchte, es sei alles vergeblich. Eines Tages veranstaltete eine Gruppe befreundeter Schriftsteller dort ein festliches Essen, in dessen Verlauf die Mehrzahl die Ansicht vertrat, es sei bei den gegenwärtigen Verhältnissen nicht angebracht, für oder gegen eine Sache Partei zu ergreifen, da dies bedeute, daß man gegen diejenige Sache sei, für die man sich nicht entschieden habe. Als Schriftsteller müsse man über den Fronten stehn. Wie im Paradies.

Ferner kann man sozusagen auf- und abgehend schreiben, wobei man dem von weitem sichtbaren Material, ehe es bedrohlich wird, Plätze zuweist, an welchen es später domestiziert glänzen darf im Dienste einiger großer, über hunderte Seiten gespannten Metaphern, derer die Ideen offenbar bedürfen, um hoffähig zu werden: Schreiben als Verwaltungsarbeit, die das Material exekutiert, und doch ist hieraus schon manches Schöne erfolgt.

März vorvorigen Jahres kam der Präsident Brasiliens, bei dessen Namensnennung in seinem Lande viele Gespräche abgebrochen werden, zu einem Staatsbesuch nach Berlin. Vor dem Charlottenburger Schloß, in welchem er zu einem Festessen empfangen wurde, versammelten sich zu einer Demonstration außer den drei von mir benachrichtigten Personen vier weitere, von denen einer …

Wegschaun

Die Verantwortung beim Schreiben

Die Schauspieler überzeugen mich durch ihre Gegenwart immer wieder zu meinem Schrecken, daß das meiste, was ich bisher über sie aufgeschrieben habe, falsch ist. Es ist falsch, weil ich mit gleichbleibender Liebe (erst jetzt, da ich es aufschreibe, wird auch dieses falsch), aber wechselnder Kraft über sie schreibe und diese wechselnde Kraft nicht laut und richtig an die wirklichen Schauspieler schlägt, sondern dumpf sich an dieser Liebe verliert, die mit der Kraft niemals zufrieden sein wird und deshalb dadurch, daß sie sie aufhält, die Schauspieler zu schützen meint.

J. D. Salinger, dessen 1951 erschienener Roman *Fänger im Roggen* einer der wichtigsten und erfolgreichsten Romane der neuen amerikanischen Literatur ist, hat es in Deutschland aus unbegreiflichen Gründen nicht leicht gehabt. Außer dem Erstlingsroman sind hier bisher zwei schmale Bände Kurzgeschichten, *Für Esmé* (1959), *Kurz vor dem Krieg gegen die Eskimos* (1961), sowie der Roman *Franny und Zooey* (1963) erschienen. Sein neustes Buch *Hebt den Dachbalken hoch, Zimmerleute und Seymour wird vorgestellt* (aus dem Amerikanischen übersetzt von Annemarie und Heinrich Böll) wird es noch schwerer haben. Es kommt nach Deutschland zu einem Zeitpunkt, da es unter Eingeweihten als Geheimtip gilt, daß die sogenannte *New Yorker* Schule verblaßt, der *New Yorker* Stil zu glatt, perfekt geworden, die Zeitschrift *The New Yorker* fast schon gestorben sei. Diese Ansicht, die in Amerika so alt ist wie der *New Yorker* selbst, verbreitet auch eben in der Londoner Zeitschrift *Town* ein Herr Wolfe. Wird ihr bei uns geglaubt, so wäre eine Literaturschule durchschaut, noch ehe sie angeschaut wurde, und dies zu einem Zeitpunkt, da sich in Deutschland selbst eine realistisch-lakonische Schule zu etablieren sucht, die den Beobachter an jene *New Yorker* Schule erinnert, dessen Autoren, wie Salinger, Knowles, Updike oder die Engländerin Elizabeth Taylor sich hier nicht durchgesetzt haben.
Von den eben Genannten unterscheidet sich Salinger dadurch, daß man ihm gegenüber den Verdacht hegt, er sei ein *one-book-author*: ein Schriftsteller, der sozusagen nur ein Buch in sich habe und diesem Buch, auch wenn er weitere schreibe, im

Grunde kein neues hinzufüge. Daß diese Frage gerade bei Salinger öfter gestellt wird, ist besonders interessant. Allerdings möchte man, wenn man sich umschaut, finden, daß es rundum fast nur *one-book-authors* gibt, auch wenn diese zahlreiche Werke, sogar verschiedener Gattungen, mit schreiend unterschiedlichen Titeln, fleißig vorlegen, so daß bei ihnen weniger auffällt, was bei einem Mann wie Salinger, der sehr wenig schreibt, sofort auffällt: daß nämlich Schriftsteller – dies eine bekannte These – einen einmal gefundenen, ganz eigenen, unverwechselbaren Elan stilistisch oder thematisch immer nur neu zu variieren suchen. Darunter leidet nur, wer Varietät für eine Tugend hält.
Es ließe sich dennoch unterscheiden zwischen Schriftstellern, die sich der Tatsache bewußt sind, daß sie immer nur ein Buch schreiben, das sie entweder längst geschrieben haben oder erst in ferner Zukunft schreiben werden, und solchen, die sich der Illusion hingeben, sie schrieben mehr als ein einziges Buch. Im Falle Franz Kafkas beispielsweise könnte man einmal erwägen, ob er, von dessen sicherem künstlerischem Urteil fast nie gesprochen wird, nicht gewußt hat, daß man auf die Romanfragmente ruhig verzichten konnte, da er sie in einigen der kürzesten Prosastücke bereits geschrieben hatte, während man im Falle Thomas Manns den Verdacht nicht los wird, daß er glaubte, mit jedem seiner sehr vielen Bücher ein ganz neues Buch geschrieben zu haben.
Diese scheinbar irrelevanten, abschweifenden und unerlaubt allgemeinen Überlegungen sind gerechtfertigt durch das jüngste Buch Salingers, dem keine Rezension gewachsen ist. Zumindest ist Salinger ein Schreiber, der sich hierüber Gedanken gemacht und erstaunliche Konsequenzen gezogen hat, nämlich die, wenn auch nicht keine Bücher mehr, so doch nur noch Nichtbücher zu schreiben. Bezeichnend hierfür ist schon, daß er an den Anfang des zweiten Textes – man kann der unmöglichen Gattungsbestimmung wegen nur von »Text« sprechen – des vorliegenden Buches das oben wiedergegebene Kafkazitat, sowie ein in die gleiche Richtung gehendes Kierkegaardzitat stellt, um es erst einige Seiten später als solches zu identifizieren. Das Kafkazitat befaßt sich mit der Schwierigkeit beim Darstellen von Personen, dem Mißverhältnis von Engagement und künstlerischem Vermögen, dem Überwiegen des einen auf Kosten des andern. In dem erwähnten Text, »Seymour wird

vorgestellt«, tut Salinger nun nicht mehr und nicht weniger, als daß er diese Erfahrung auf 140 chaotischen, qualvollen, zuchtvollen, traurigen, ausgelassenen Seiten vorführt und zur Ansicht bringt. Was dabei herauskommt, ist einer der imperfektesten und gelungensten, intimsten und schamhaftesten, wildesten und diszipliniertesten, heitersten und traurigsten Texte, die man je gelesen hat.

Der Text läßt sich kaum beschreiben. Viel leichter läßt sich sagen, was er nicht ist, als was er ist. Es handelt sich nicht um einen Roman, eine Geschichte, einen Essay, auch nicht um einen Brief, ein Tagebuch, gewiß nicht um ein Gedicht, und doch all dieses – und doch, das wird, falls er es hören wollte, Salinger betrüben, um große Literatur. Die Figur, die Salinger darzustellen sich bemüht und die er nicht darzustellen vermag, ist die des älteren Bruders des Erzählers Buddy: beide Mitglieder jener aus den früheren Büchern bekannten Glaß-Familie. Der Selbstmord von Seymour Glaß war schon im letzten Absatz der Geschichte »Ein herrlicher Tag für Bananen-Fisch«, sein Hochzeitstag in der einen Geschichte des vorliegenden Bandes geschildert worden. Wohlgemerkt: geschildert, also untergebracht in nahezu perfekten Geschichten mit Anfang, Mitte und Ende, also, nach Ansicht des Erzählers, erledigt. Das »Versagen der letzten elf Jahre«, das der Ich-Erzähler hier reflektiert, besteht darin, daß er glaubte, eine Figur ließe sich in einer Geschichte mit einem Ende darstellen. »Willst du Schriftsteller sein oder Hersteller guter Geschichten?« heißt es einmal. Ist die Geschichte gelungen, so kann das nur daran liegen, daß die Figur verfälscht wurde, d. h. überschätzt oder unterschätzt. Die Konsequenz, die der Erzähler aus dem als »Credo« bezeichneten Kafkazitat zieht, ließe sich so formulieren: Man muß als Schriftsteller etwas finden, dem man nicht gewachsen ist, das zu schwer ist, und es dann tun, um zu sagen: Seht, ich kann's nicht. Dies jedenfalls hat Salinger hier getan.

Wie es dazu kam, ist im vorliegenden Band klar zu erkennen. Liest man den ersten Text des Bandes, so wohnt man dem letzten Versuch des Erzählers bei, der Figur Seymours in einer »Geschichte« habhaft zu werden, und zwar (wie durch eine einleitende Parabel erläutert wird), durch Auslassung der zu schildernden Figur selber. Vom Helden der Geschichte lenkt nicht dessen Anblick, das, was von ihm sichtbar würde, ab, die

Darstellung beschränkt sich auf das, was der Held zurückgelassen hat, was von ihm erinnert wird. Charakterisierung noch weitgehend durch direkte Rede. Als Gegenfigur zu den Nicht-Erwachsenen des großen Erstlingsromans erscheint hier ein taubstummer, fast blinder, lieber, also dem Erwachsenenleben bereits wieder, statt noch, enthobener Greis, der sofort als »Freund« bezeichnet wird, durch seine innere Abwesenheit die eitle Umgebung entlarvt. Die Figur nun, die in dieser ganz und gar geglückten Geschichte durch Auslassung fiktiv umkreist wird, wird im zweiten Text diskursiv, durch Sammlung von Realität und Spekulation, zu erinnern gesucht. Was also in der ersten Geschichte poetisch gelingt, genügt dem Erzähler im zweiten Text nicht mehr. An einer einzigen Stelle des zweiten Textes entsteht plötzlich, quasi wider Willen des Erzählers, eine poetische, vollendete Szene, und sofort bricht der Erzähler nächtens ab, legt sich hin und schläft, statt weiterzuschreiben. Dies ist eine der unvergeßlichen »Stellen« der modernen Literatur.

Die »Stelle« war ihm zu leicht. Denn die Frage, *wie* etwas gemacht sei, kann gegenüber Schriftstellern von einem bestimmten Punkt ihrer Entwicklung an nicht mehr relevant sein. Von einem bestimmten Punkt an wissen sie, daß sie alles können, und dann fragt es sich, ob sie einfach alles tun, nur weil sie es können, oder ob nicht das Risiko, das sie eingehen, wichtiger ist, und wieweit es sie aus der Fassung bringt.

Was Salinger versucht, liegt außerhalb seiner Kräfte. Es gibt Peinlichkeiten, Sentimentalitäten. Das Buch verlangt, wegen seiner Langsamkeit, geduldige Leser. Der weder augenzwinkernde, noch ironische, höchstens selbstironische Erzähler nimmt dem Leser nicht mit der einen Hand weg, was er ihm mit der andern gegeben hat. Eingelassen sind politische, literarische, akademische Kritik. An keiner Stelle ist Salinger der Versuchung erlegen, eine Erkenntnis (wie etwa die der Unfaßbarkeit einer Figur durch einen Erzähler) zu einer formbestimmenden Theorie aufblühen zu lassen. Er verstreut seine Einfälle, findet und verliert seine Ideen, es findet sich keine Spur von Absicht, das Buch ist sehr frei, weswegen man sich gegenüber dem Autor geniert, es gut zu finden, da ihn der Gedanke stören könnte, man denke, er habe es daraufhin angelegt. Nämlich einmal heißt es in dem Buch, man solle sich als Schriftsteller das eine, einzige Buch, das man unbedingt

lesen müsse, denken. Und nun solle man dieses eine Buch selber schreiben.
Salingers neues Buch handelt also, unter anderem, von den Maßstäben und der Verantwortung beim Schreiben. Würde es zur Pflichtlektüre für Schriftsteller – diese müßten ringsum sehr stutzen, zweifeln, die Feder aus der Hand legen, Ruhe träte ein in Druckereien, Buchmessen würden veröden, Feuilletons verdorren, auch dieses.

Zweitrangigkeit des Lebens

1959 legte John Updike seinen ersten Roman *The Poorhouse Fair (Das Fest am Abend)* vor. Der Roman konzentrierte sich auf einen Schauplatz. Geschildert wurde der Ablauf eines Tages in einem Armenhaus in New Jersey. Diese Beschränkung erlaubte es dem Autor, seine Kräfte auf wenige, gut zurechtgestellte Typen zu versammeln. Es war aber auch die Beschränkung eines anderen Genres, der Kurzgeschichte nämlich (mit der Updike schon vorher im *New Yorker* debutierte), die dem Erstling zugute kam. In zyklisch gereihten Szenen und Bildern wird das programmatische Motto (»Denn so man das thut am grünen Holz, was will am dürren werden?«) exemplifiziert: Altern als der Zustand, in dem eine Sinngebung für das gelebte Leben mißlingt, in dem die vertane Vergangenheit blöde vergegenwärtigt wird – ein Zustand noch blinderen Hasses, gesteigerter Dummheit, erschreckender Vulgarität und Hoffnungslosigkeit.
Gewisse Schwächen des ersten Romans – Lyrismen, polierte Landschaftsstaffagen, funktionslose Wetterbeobachtungen, häufige Umsetzung von Vorgängen in abstrakte Farbvorstellungen – sind in Updikes zweitem Roman *Hasenherz* überwunden. Der Originaltitel *Rabbit, Run* ist leider unübersetzbar. Man hat sich auf die Konnotation des Spitznamens des Helden: *Feigling* festgelegt und dadurch nicht nur den Imperativ »Lauf!«, sondern überhaupt die Bestimmung des Helden als des Davonlaufenden aufgeben müssen. Harry Angstrom, der Held des Romans, der sich Rabbit, Kaninchen, nennen läßt, erscheint durchweg auf der Flucht, und zwar in alternierende,

letztlich beliebige Richtungen. Dreimal verläßt er seine Frau, zweimal seine Geliebte, und er läuft am Ende des Romans wie am Anfang.
»Jungen, die Basketball spielen um einen Telegraphenmast herum, an den sie ein Brett genagelt haben. Beine, Schreie.« Dieser Einsatz ist lakonisch – Szenenanweisung. Das Erzählte wird dadurch unmittelbar präsent. Die Eingangsszene löst Erinnerungen an Rabbits Jugend aus, deren Konfrontation mit der Gegenwart dann fast automatisch zur Eheflucht führt. Diese Flucht ist nicht meditiert. Fast von allein ignoriert der Wagen die Straße, in die er wieder einbiegen sollte, überspringt gleichsam die Kreuzung und gleitet in die Nacht hinein, irgendwohin. Die nun einsetzende Schilderung der Nachtfahrt, des Mannes in seiner Metallklause, allein mit seinem Radio, gehört zu den besten Passagen dieses Romans.
Rabbit war zu seiner Schulzeit ein großer Basketballstar. Ist das ein Zufall? Soll nur gezeigt werden, wie vorzeitige Größe durch die Widrigkeiten eines alltäglichen Lebens enttäuscht wird? Schon daß Rabbit sich nicht auf seinen alten Ruhm beruft, spricht dagegen. Vielmehr versucht er, seine Sporterfahrungen gleichnishaft für jede Alltagssituation einzusetzen. Er leidet, ohne das zu wissen, in Wahrheit an der Disproportion von Spiel und Leben, keinesfalls aber von Ruhm und Alltag: »Ich hab mal Basketball gespielt. Und zwar sehr gut. Und wenn man mal erstrangig gewesen ist bei einer Sache, ganz gleich, bei welcher, dann kriegt man es nicht mehr fertig, was Zweitrangiges zu tun. Und diese kleine Chose da, die meine Frau und ich laufen hatten, Mann, die war weiß Gott zweitrangig.« Das Zweitrangige, das Rabbit nicht tun will, ist also das Leben. Rabbit flieht nicht, wie der Klappentext des Verlags nahelegt, vor dem »American way of life« (ob die Aussicht auf dergleichen Enthüllungen, auch »Laszivität«, wirklich die Käufer in Marsch setzt?), Rabbit flieht vor der »Zweitrangigkeit« des Lebens überhaupt. Er glaubt an die Perfektion, an die »Ordnung«, die, wie »Erwachsene« wissen, nur im Spiel erreichbar ist (»Wann wirst du erwachsen?« wird er einmal gefragt); für ihn sind Gedanken »Korbbälle«, als hätten sie, wie diese, ein erreichbares Ziel; er hat sich die Hoffnung auf etwas »Besseres« noch nicht austreiben lassen, er beschäftigt sich noch immer mit jenen »kindischen« Fragen, die zu stellen alle anderen vergessen haben, er hat noch »nicht aufgegeben«, er

hat noch nicht resigniert, er »kämpft noch immer auf seine dumme Weise«.
Dieser Kampf erscheint als dauernde Kapitulation, als stetes Zurückweichen vor der jeweiligen Umgebung, die wiederum immer nur eine Station auf einer immerwährenden Flucht ist. Daß im Leben nicht die schönen Ordnungen eines Spiels gelten, das wird ihm nicht einmal angesichts der grauenhaft gescheiterten Existenz seines alten Trainers klar, an den er sich, natürlich, zuerst um Hilfe wendet. Auch die Hilfe des fortschrittlichen, episkopalischen Priesters ist umsonst. Längst gibt es, im Gegensatz zum Spiel, keine »richtige« und »falsche« Seite mehr, man kann nicht einfach, wie er, der Spielbefangene, meint, von der einen auf die andere Seite überwechseln, beide Seiten sind »richtig« und sind »falsch« zugleich, in seinem »bürgerlichen« und in seinem »freien« Leben hat er Verantwortung auf sich geladen. Jeder Wechsel von der einen zur anderen Seite zieht ihn immer tiefer in eine ganz furchtbare Schuld hinein, an der nun freilich alle anderen teilhaben, für die die befriedigende Alternative von »richtig« und »falsch« Geltung hat: also die Gesellschaft, aber bitte nicht nur die amerikanische.
Für Rabbit bedeutet Erwachsensein: Übernahme von Bindungen und Verantwortlichkeiten und zugleich Verlust von Freiheit. Freiheit ist aber das Glück, dem er nachjagt. Er registriert den Verlust von Glück, den das Erwachsensein, das verlogen, chaotisch und dumm ist, mit sich bringt, als jenes »Etwas, das aus seinem Leben gewichen ist ... Es liegt für immer hinter ihm. Das einzige, was ihm zu tun bleibt, ist, sich in das System zu fügen und seinem Sohn die Chance zu geben, das alles ebenso unbeschwert auszukosten, wie er es selber gekostet hat.« Daß er dieser Einsicht nur einmal, nach der ersten Rückkehr zu seiner Familie, mächtig ist, daß er ihr nicht zu folgen vermag, daß er sich auch nicht auf der – von der Gesellschaft her gesehen – »falschen« Seite einrichten kann, das macht ihn, wiederum von der Gesellschaft (und vom Erzähler?) her gesehen, zum »Hasenherz«, zum Kaninchen, das überall scheu nur verschnauft und dann auf- und davonspringt. In dauerndem Aufbruch wird das Glück der Freiheit erfahren: »Hinter der unbedarftesten Landschaft der Welt ... ist etwas, das darauf wartet, von mir entdeckt zu werden.« Glück verheißt schon der Anblick des Wagens: »Geheimnisvoll

steht sein Wagen da in der Cherry Street, am kühlen Frühlingsmittag, und wartet auf ihn. Als habe sich eines der Zimmer eines Hauses, das ihm gehört, losgemacht und sei versunken hier, an diesem Kantstein, und als rage es nun, da die Fluten der Nacht zurückgewichen sind, schimmernd auf vom Grund, leicht geneigt, aber unbeschädigt, bereit, loszusegeln, sobald ein Schlüssel herumgedreht wird . . .« Bald »ist der Himmel leer und kalt in der Windschutzscheibe, und Rabbit fühlt nichts vor sich«. Glück verheißt der manipulierbare Gegenstand, »er hat einen ausgeprägten Sinn für die kleinen Handlanger der Zivilisation: für all die Reiber und Schneider und Halter«, Glück verheißt immer der isolierte, unmotivierte, gegenwärtige Vorgang. In der knappen, fast erschreckend klaren Vorgangsschilderung zeigt sich Meisterschaft. Zudem versteht er sich auf Bilder. Autos im Verkehr: »Wie Baumstämme auf einem Strom, so gleiten sie alle nebeneinander hin oder aneinander vorüber.« Ein alter Lüstling nötigt eine Dame auf ihren Platz: »Ein Gnom am Eingang zu seiner Höhle.« Frauen, die sich niederlassen: »Dies geschäftige Geraschel, als bauten sie ein Nest.«

In den Passagen, die Vorgang an Vorgang knüpfen und jeden gleichsam aus sich selbst, aus eigener Kraft ablaufen lassen, hält sich der Erzähler zurück und wird nicht hörbar. In manchen anderen Passagen hingegen, leider auch Träumen, die nicht für sich selbst sprechen, drängt sich der fiktive Erzähler vor und besteht auf einer deutlichen Distanz zum Helden, so, wenn er (wer sonst könnte da sprechen?) gleich zu Anfang Rabbit hämisch einen »braven Christen« nennt. Der Erzähler setzt sich auf ein hohes Roß, erlaubt andererseits später dem Helden Einsichten, die er ihm vorher abzusprechen schien, und die zudem, wäre er ihrer wirklich fähig, Rabbit in eine ganz andere Richtung hätten laufen oder vielleicht gar verweilen lassen. Ist der Roman nicht integriert? Man gewinnt den sympathischen Eindruck, daß der Erzähler Held und Welt nicht durchschaut, daß er nicht Herr sein kann und daher auch nicht Herr sein will über seinen leidenden, aber auch grausamen, seinen gewinnenden und zugleich abstoßenden, seinen klugen und dummen Helden, und daß also des Erzählers Schwierigkeiten aus dem Material kommen. Hinter der unsouveränen Erzählhaltung steht eine Notwendigkeit. Der Erzähler ist ehrlich. Es offenbart sich hier das Dilemma des herkömmlichen Erzählers gegenüber einem Helden, den er durchschauen muß, um ihn erzählen zu können, den er aber nicht erzählen kann, ohne daß er ihm in aller Öffentlichkeit – auch ihm – davonläuft.

Mal auf zwei, mal auf vier Beinen

Die gelegentlich vernommene Forderung, der Kritiker müsse sich gegenüber dem Gegenstand der Kritik zu einem klaren »Ja« oder »Nein« bekennen, wäre gerechtfertigt, wenn es entweder nur gute oder nur schlechte Bücher gäbe. Da dem nicht so ist, da vielmehr viele Bücher schlecht, wenige gut, eine große Anzahl aber sowohl gut als auch schlecht sind, wäre es töricht, klare Antworten zu verlangen. Denn daß zumindest im Roman ein Plus und ein Minus kein Minus ergeben, ist gerade die These der leidenschaftlichsten Anhänger dieser Gattung, die in diesem Zusammenhang auf die Durststrecken gerade in den besten Romanen geradezu triumphierend hinweisen. Kein Roman kann sich auf der Höhe seiner besten Stellen halten, er muß seine Schritte kalkulieren, damit das Beabsichtigte, das aus irgendeinem Grund statt auf fünf auf fünfhundert Seiten gesagt wird, hervortrete. Es gehört daher eine gewisse Leichtfertigkeit dazu, oder blinder Wagemut, heute, in vorheriger Kenntnis solcher konventionellen Gattungsbegrenzungen, einen Roman zu schreiben sowie zu veröffentlichen. Es ist die Unverfrorenheit der echten Künstlertypen unter den Schriftstellern, die Uwe Herms meinte, als er kürzlich bemerkte, ein Schriftsteller sei, wer auch dann noch schreibe, wenn ihm nichts einfalle. Herms hat damit ein Gesetz der Romankunst formuliert.
Daß der Roman weitergeschrieben werden will und muß, wenn »nichts« passiert, ist in der Tat ein Charakteristikum auch des neuen Romans von John Updike. Man muß es als legitim bezeichnen, wenn man bedenkt, daß die realistischen Charaktere sich von ihren dramatischen Szenen erholen, in ihrer langweiligen Alltäglichkeit vorgeführt werden müssen. Hierin unterscheidet sich *Der Zentaur* nicht von den früheren Romanen des Verfassers. Jedoch wirkt die Fabel des jetzt in Deutsch-

land vorliegenden, dritten Romans weniger spektakulär, weniger ausgedacht und läßt sich daher nicht leicht wiedergeben. Geschildert werden die drei letzten Tage eines amerikanischen Kleinstadtlehrers namens George Caldwell: beliebige, traurige Tage in einem vergeblichen Leben, das nur deshalb etwas über den Durchschnitt herausragt, weil seine Vergeblichkeit vom Helden selbst und von seinem Sohn Peter (der in dreien der neun Kapitel als monologisch sich erinnernder Erzähler hervortritt) unbeholfen reflektiert wird. Schwächen der früheren Romane: häufige Paraphrasierungen, Lyrismen, »wie«- und »als ob«-Vergleiche, Träume kehren hier wieder. Um so stärker wirken die bekannten Lieblingsmotive Updikes: Gespräche mit Mädchen an Lunchtheken, Sportszenen, Frühstükke in fremden Küchen und vor allem und immer wieder und meisterhaft: Männer allein oder zu zweit in Autos, unterwegs auf Landstraßen. Hier sind die Höhepunkte des Romans: die Fahrt des Lehrers mit seinem Sohn in die Schule, an einem Wintermorgen, nachdem der alte Buick lange nicht anspringen wollte. Beider vergeblicher Versuch, den Wagen am gleichen Abend in Gang zu bringen. Und schließlich ihr Steckenbleiben im tiefen Schnee in der folgenden Nacht. Zwischen diesen Pannen ereignet sich nichts Außerordentliches: Schulstunden, Gespräche mit Kollegen und Schülern, dem Arzt, dem Inhaber einer Autowerkstatt, Besuch eines Basketballspiels, eines Kinos. Indem Updike auf eine spektakuläre Fabel verzichtet, hat sich zugleich sein Blick für das Zufällige, das Individuelle verschärft. Diese beiden Helden, Vater und Sohn, sind so glaubhaft wie selten Charaktere der modernen Literatur. Wie Harry Angstrom, der Held des vorigen Romans, leidet George Caldwell an der furchtbaren Vorstellung vieler Männer, seine Freiheit verpaßt, sein Leben verloren zu haben. Und wie viele Väter, wird auch dieser Vater von seinem Sohn wegen dieses Versagens (das Opfer, das er seiner Familie bringt) zugleich verachtet und geliebt. Das Verhältnis des Sohnes zum Vater ist bestimmt durch Mitleid und Scham einerseits, durch Bewunderung andererseits. Daß der Vater mit dem Leben nicht »fertig« wird, daß er um seine Stellung zittert, sich verleugnet, betrogen wird, das erregt zugleich Abscheu und Liebe des Sohnes, der letzten Endes die Verrücktheiten und die Verwundbarkeit seines Vaters der Stärke und Sicherheit anderer Männer vorzieht. Zugleich wecken diese Erfahrungen sein

Verlangen, einer Umgebung zu entfliehen, in der ein anderer sich opfern muß, damit er selbst frei sein kann.
Also ein realistischer, bewundernswert sentimentaler Roman, dessen starkes Engagement nicht von Ideen oder festen Vorstellungen ausgeht, sondern von genauer Beobachtung menschlicher Umstände. Leider ist aber der Roman dennoch mißglückt, denn Updike hat sich mit der schlichten Darstellung dieser Wahrheiten nicht zufriedengegeben. Es genügte ihm nicht, die Vorgänge für sich selbst sprechen zu lassen. Er ist der Zwangsvorstellung professioneller Romanciers erlegen, ein Roman müsse eine über das Individuelle hinausgehende »Bedeutung« haben. Wie im Titel schon angedroht, interpretiert er selbst Caldwell als Chiron, den »edelsten von allen Zentauren«, der sich »als Sühne für Prometheus' Schuld« opferte. Diese (unnötige) Interpretation wird dem Leser durch einen banalen Kalenderspruch Karl Barths, durch mythologischen Prolog und Epilog und durch Einfügung einer Anzahl von wirren Kapiteln aufgedrängt, in denen Caldwell plötzlich als Mischung von Pferd und Mensch durch die Stadt galoppiert, während sein Sohn Peter als Prometheus gefesselt auf dem Felsen träumt. Den Helden mal auf zwei, mal auf vier Beinen auftreten zu sehen erschwert die Lektüre, da man, blind für die erscheinende realistische Handlung, immer nur die mythologische sucht, die sie bedeuten soll. Ganz abgesehen davon, daß es schwierig ist, hier Achilles, dort Aphrodite, schließlich Apollo, Ares, Artemis und viele viele andere zu identifizieren, die in einem rührenden »Mythologischen Register« aufgeführt sind: auch einzelne, im Roman verstreut auftretende allegorische Motive sind durchaus nicht integriert und wirken peinlich deutlich, funktionslos. Kann man die schönen, alten Geschichten nicht besser wiedererzählen, indem man die Spuren verwischt? Ist es nötig, wahren und menschlichen Charakteren griechische Gewänder überzustreifen, damit sie universell wirken? Das ist pennsylvanisches Weltniveau. Weder erhellen die mythologischen Bezüge die Wirklichkeit, noch gelingt deren offenbar beabsichtigte Poetisierung. Innerhalb des Romans, den Updike schreiben wollte und der ihm nicht gelang, glückte, was er nicht schreiben wollte: eine ganz einfache, durch Beobachtung gedeckte Geschichte von den traurigen Illusionen des erwachsenen Lebens, von den unvermeidlichen Niederlagen der Väter, derentwegen sie geliebt werden.

Notwendigkeit des Inzidentellen

Von amerikanischen Kritikern hört man manchmal den Vorwurf, der deutsche Roman vernachlässige, was, ziemlich unübersetzbar, »the circumstantial« genannt wird, zugunsten des Abstrakten, der Idee, der Planung, der Absicht. Der deutsche Roman biete zu oft eine fertig ausgedachte Welt, seine Helden entbehrten des Inzidentellen, jener zufälligen, beobachteten, individuellen Merkmale, durch die sie erst glaubwürdig würden.

Diese alten Vorwürfe treffen uns nicht, da wir ja unsere Fehler zu unseren Tugenden erklären, indem wir Psychologie und Realismus als unfein ablehnen und stolz darauf sind, keine realistischen Romane vorzeigen zu können. Es ist wahr, daß es bei uns kaum jemanden von Talent gibt, der sich damit zufriedengäbe, einfach eine Geschichte zu erzählen und sich darauf zu verlassen, daß das Inzidentelle, dem er sich anvertraute, für sich selbst spräche. Hierzu gehörten Bescheidenheit und Sicherheit, die keine spektakulären Erfolge verheißen; niemand wird rufen, nun habe man neue Töne vernommen, eine neue Stimme sei laut geworden, ein eigenwilliges Talent trete auf. Das Material muß bei uns verändert, verzerrt, gedehnt, verfremdet, verwischt, gesteigert werden, sprachliche und strukturelle Eingriffe schreiben die Interpretation vor, determinieren das Material, statt es zu befreien.

Dies sind Überlegungen, zu denen die Lektüre von Jonn Knowles: *In diesem Land (A Separate Peace,* aus dem Amerikanischen von Uwe Johnson) Anlaß gibt, aber auch die schlechte Rezeption der Romane Salingers in Deutschland.

Der vorliegende Roman ist genremäßig leicht eingeordnet. Auf den ersten Blick handelt es sich um einen Pubertätsroman. Die Struktur ist simpel. Der Ich-Erzähler nimmt einen Besuch in seinem alten, in Neuengland gelegenen Internat (dies der bescheidene Rahmen) zum Anlaß, die Geschichte seines letzten Schuljahres dort zu erzählen. Die Erzählgegenwart ist bedeutungslos, der Erzähler ignoriert sie. Was passiert in diesem Jahr? Wir erfahren von Sportwettkämpfen, Klassenarbeiten, legalen und illegalen Schülerunternehmungen, Rivalitäten, Freundschaften und Feindschaften.

Im Mittelpunkt des Romans steht die Freundschaft zwischen

dem Erzähler und seinem Mitschüler Phineas. Der Erzähler charakterisiert sich selbst als den intellektuelleren Typ: skeptisch, mißtrauisch, der bessere Schüler, während Phineas als Sportgenie geschildert wird: vital, hellwach, zutraulich, mühelos im Erfolg. Das zentrale Ereignis in diesem Roman, das alle folgenden Ereignisse auslöst, ist nun, daß der Erzähler, in einem Moment, den er sich selbst nicht erklären kann, verursacht, daß Phineas von einem hohen Baum herabstürzt und zum Krüppel wird, später, nachdem er erfahren hat, daß der Erzähler den Unfall verschuldete, nochmals stürzt und an den Folgen dieses zweiten Sturzes stirbt.
Diese scheinbare Jugendtragödie nun wird durch die Datierung des Erzählten zur Kriegsgeschichte. Die geschilderten Ereignisse spielen nämlich im vorletzten Jahr des letzten Weltkrieges, das anfängliche Schulidyll wird durch Meldungen von Kriegsschauplätzen unterbrochen, die niemand glaubt, die Datierung der Ereignisse rechtfertigt den ironischen Originaltitel des Romans.
Dies ist ein Kriegsbuch, obwohl erst auf den allerletzten Seiten des Romans zusammen mit den zu Besuch auftretenden, nicht ernstzunehmenden Vätern einige Soldaten auftauchen. Dort, wo in diesem Buch die Jugendtragödie, der »private« Krieg aufhört, beginnt der »wirkliche«, der öffentliche Krieg. Denn es zeigt sich, daß durch den zeitlichen Hintergrund privates, zufälliges Geschehen an öffentlichem Geschehen gemessen wird und zu messen ist. Jenes erscheint als der Beginn von diesem, beides wird nicht, wie sonst immer in Kriegsbüchern, gegeneinander ausgespielt. Es wird nicht jedes für sich behandelt, als handle es sich um verschiedene Sphären, die nichts miteinander zu tun hätten, als hätte, was »in diesem Land« geschieht, nichts mit dem zu tun, was woanders vor sich geht, als begänne nicht jeder öffentliche Krieg zunächst als privater Krieg, als sei dieser unvermeidbarer als jener, als würde nur dieser von Menschen, jener aber von anderen geführt, nur nicht von uns.
Der amerikanische Pubertätsroman hat bisher immer das Leiden an der Welt der Erwachsenen dargestellt. Bei Salinger wird jene Welt durchschaut und abgelehnt. Es wird gezeigt, was durch den Eintritt in jene Welt alles aufgegeben wird. Bei Knowles wird die Schuld an der gebrechlichen Einrichtung der Welt nicht mehr der älteren Generation zugeschoben. Zwar

entlarvt der verkrüppelte Sportler Phineas den Krieg als eine böse Erfindung fetter, alter Männer. Aber es stellt sich später heraus, daß er nur deshalb gegen die Erwachsenen und ihren Krieg spricht, weil er wegen seiner Verkrüppelung nicht mehr Soldat werden kann. Der Anti-Erwachsenenelan ist also psychologisch relativiert, der Roman gibt dem Inzidentellen nach und gewinnt dadurch an Wahrheit: »Weil es klar schien, daß Kriege nicht gemacht werden von Generationen und ihrem besonderen Stumpfsinn, sondern von einer Torheit des menschlichen Herzens.«

Knowles zeigt zwar auch das Leiden an der Welt der Erwachsenen (zum Beispiel in der Figur Lepers), aber er erbringt auch den Nachweis, daß jeder einzelne, so, wie er ist, dazu beiträgt, diese Welt schlecht zu machen. Diese Beweisführung ist pädagogisch nützlicher und künstlerisch direkter, weil die Schuld nicht einem anderen Land, einer anderen Generation aufgebürdet wird, sondern etwa dem Erzähler selbst, seinem geheimen Helden, hier, mitten im Frieden dieses Landes.

Dieser Beitrag zur Frage der Entstehung der Kriege im einzelnen ist aber nur möglich, wenn der Romancier nicht von einer statisch als so und so erkannten und definierten Welt ausgeht, in der die Bösen böse, die Guten gut, die Lauen lau sind. Zu zeigen ist meiner Ansicht nach im Kriegsroman die Sekunde des Beginns des Bösen, der langsame, unbemerkte Weg dorthin. Dieser Weg ist hier aufgezeichnet, und zwar – darin besteht ein besonderer Vorzug dieses Romans – so unauffällig, daß der Erzähler es selbst nicht zu bemerken scheint. Es ist kein gerader, kein leicht einsehbarer Weg, keine sprachlichen oder formalen Exzentritäten markieren ihn. Und er ist überwuchert, wie im beobachteten Leben, von Zufälligkeiten und Inzidenzen, die kein Plan liefern könnte. Der Leser muß ihn selbst finden, hier wie dort. Der einzige vergleichbare Text, der mir aus der deutschen Literatur bekannt ist, ist Klaus Roehlers »Mond im Auge« (*Das Atelier*, Fischer Bücherei).

Notizen zu James Thurber

Die Vorstellung, daß jetzt irgendwo jemand sitzt und es sich gefallen läßt, ein »Humorist« genannt zu werden, fällt schwer. Wer's ist, will's nicht sein, wer's sein will, ist's nicht. Das unterscheidet diesen Beruf von manchen anderen Berufen, bringt ihn in die Nähe des Berufs des Berufsberaters. Beide Berufe setzen Prüfung und Zurückweisung aller anderen Berufe voraus, daher ihre Exklusivität. Man beobachte die Reaktion auf dem Gesicht eines Berufsberaters, wenn man ihm mitteilt, daß man Berufsberater werden wolle. Auf Nichtberufe kann man sich nicht vorbereiten.

Daß der »Humorist« nicht jemand ist, der sich eines Tages entschlossen hat, das, was er sieht, ulkig zu finden, beweist der Fall Thurber. Wenige Monate vor seinem Tode beschwerte sich Thurber in einem Aufsatz über die Sprachgewohnheit der Leute, die ein Geräusch in einem Motor oder das Verschwinden eines Ehemannes »komisch« nennen. Eichmann habe Hitlers Plan zur Ausrottung der Juden »Unsinn« genannt. Was könne man von einer Zeit erwarten, die das Böse, den Schrecken, die Geisteskrankheit nicht vom »Unsinn« zu unterscheiden vermöchte? Komisch findet Thurber sehr wenig, und was er komisch findet, beschreibt er nur selten. Er befindet sich nicht auf der Jagd nach komischem Material. Er hat sich selbst als »Präintentionalisten« bezeichnet und damit einen interessanten Beitrag zur Selbsterkenntnis des »Humoristen« geliefert. Bei Thurber läuft die Exekution der Absicht voraus, er schreibt zunächst, was er sieht, er registriert, ehe er spekuliert, es wird bei ihm festgestellt, nicht beabsichtigt. Keine Prätention, nicht die Absicht, zu vergnügen, bringt den Text hervor, sondern der Wunsch, etwas so zu zeigen, wie es ist.

Wie ist es nun? Was ist das für eine Welt, die dieser »Humorist« schildert? Es ist eine Welt von Opfern und Folterern. Nur auf den allerersten Blick sind die Opfer die amerikanischen Ehemänner und die amerikanischen Väter, sind die Folterer die amerikanischen Ehefrauen, die mit der Technik verbündet sind. Den Thurberschen »Herrn in den besten Jahren«, dessen Abenteuer mit anderen Frauen an der eigenen Feigheit und Bequemlichkeit scheitern, kann man sich in jeder Gesellschaft jedes Landes vorstellen. Es handelt sich um den in seinen

Gewohnheiten gefangenen, im wörtlichen Sinne »lebensmüden«, normalen Berufsinhaber, erschütternd, sein eigenes Opfer, nichts Neues also. Oder die einsame alte Frau in einem riesigen Mietshaus, die, nur um Gesprächspartner zu finden, den plötzlichen Tod ihres längst nicht mehr vorhandenen Vaters meldet? Oder der Mann, der, um sich von der Außenwelt abzuschließen, überall eine Kiste sucht, in die er hineinkriechen könnte? Oder »Tante Ida«, die völlig verbittert ihr sinnloses Leben beschließt? Oder der Mann, der, wie jeden Abend, »Sieben Uhr Abends« nicht weiß, was er tun soll und dann, im Verlauf der Geschichte, auch wirklich nichts tut? Das alles ist nichts Neues, wir kennen es, wir haben es irgendwo schon einmal gesehen. Aber Thurber beschreibt dieses »Nichts«, diese »monströsen Trivialitäten, die das ganze Gefüge der Zivilisation bedrohen«. Seine Tugend besteht darin, daß er sich an die Evidenz der Trivialitäten hält, daß er sich auf die Feststellung der nächsten, sichtbaren Banalitäten beschränkt. Da fallen ein paar Stecknadeln ins Waschbecken und eine alte Freundschaft geht in die Brüche. Da kommt es, ganz folgerichtig, zur Ehescheidung, weil der Ehemann die Cartoon-Ente Donald Duck über Greta Garbo stellt. Da kommt es, ganz glaubhaft, zu dreifachem Mord und Selbstmord, weil der Ehemann einen Vogel rufen hört, den die Frau nicht hört. Zwei Bouletten, die der Ehemann auf der Heimfahrt essen will, die Frau aber erst zu Hause, bringen es an den Tag: das Heim ist eine Hölle, die Heimfahrt ist eine Hölle, die Dinge, diese Besenstiele, Töpfe, Betten, Türen springen mit uns um und wir tanzen mit in diesem burlesken Höllenreigen.
Dieser Hölle entflieht der Thurbersche Mr. Mitty à la Anselmus im *Goldenen Topf* ins Reich der Tagträume. Von seiner Frau gelegentlich unterbrochen – die Frauen erscheinen bei Thurber als die Feinde der Phantasie und des Spiels –, sieht er sich als berühmter Chirurg, als Flugzeugführer, schließlich als Opfer eines Exekutionskommandos. Immerhin darf er weiterleben. Daß diese Tagflucht der Thurberschen Helden gefährlich ist, zeigt Mr. Bruhl, der sich, aus Abenteuerlust, mit einem Gangster identifiziert und willig ermorden läßt, während ein weiterer nicht einmal im Irrenhaus vor seiner nörgelnden, perfektionistischen Frau sicher ist.
Nur ganz selten gelingt es den Thurberschen Helden, sich durch ihre Tagträume und Spinnereien wirklich zu retten. So

im »Einhorn im Garten«, wo Strenge und Nüchternheit durch pure Imagination besiegt werden. Wir kennen nur eine einzige Geschichte Thurbers, »Das Geheimnis der Topas-Manschettenknöpfe«, in der das gemeinsame, »sinnlose« Spiel zweier Menschen das höchste Glück ahnen läßt. Da kriecht ein Mann nachts im Straßengraben herum, damit seine Frau vom Auto aus prüfen kann, ob seine Augen in der Dunkelheit wirklich wie Katzenaugen leuchten.

Glücklich, wenn auch um den Preis der Sicherheit, sind bei Thurber die Spinner und Gammler, Aufschneider, Falschspieler, Quacksalber, Einsiedler, Käuze: die »Asozialen«. Ihre Botschaft, die Botschaft der Freiheit, verkünden in den Fabeln, oder besser: den Antifabeln, immer wieder die Tiere. Die Tiere zeigen, wie von jeher in der Fabel, noch einmal und schärfer die »gebrechliche Einrichtung der Welt«. Hier ergibt sich auch deutliche politische Satire. Vor allem verwendet Thurber aber die Fabelform, um klassische Fabelweisheiten umzudrehen und zu widerlegen. So wird aus »Sorge in der Zeit, dann hast Du in der Not« bei Thurber: Maß und Voraussicht schränken ein, Ordnung ist tödlich, ähnlich wie Kleists »Findling« die bösen Folgen guter Taten zeigt.

Und Thurber selbst? In einem »Schlußwort« berichtet er, wie er auf Martinique, als die Schiffssirene die Reisenden wieder an Bord rief, einen »kurzen, wilden und wunderbaren Augenblick« erlebte, als er sich entschloß, nicht aufs Schiff zurückzukehren. Er fährt fort: »Ich tat es doch. Und ich entdeckte, daß jemand die Hose meines Abendanzugs gestohlen hatte.« Die Frage ist nicht, ob es sich lohnt, wegen eines solchen Augenblicks zu leben. Die meisten Thurberschen Helden kennen nicht die Möglichkeit eines solchen Augenblicks. Sie bleiben Gefangene der Ordnung und Gewohnheit, Teilnehmer der allgemeinen Burleske.

Und warum ist Thurber nicht auf Martinique geblieben? Zur Entschuldigung führt er an, daß seine Augen zu schlecht seien. Wo immer Martinique sei, hätte er gleich zum Arzt gehen müssen. Er ist der Gefangene der Haut, von der er umgeben ist, der Augen, die so schlecht sind, aber doch oft mehr sehen als unsere. Das Studium eines Sprachführers wird bei ihm zur Weltanalyse. In Touristensätzen wie: »Ich habe meine Uhr (Brille – Ring) liegen lassen« oder »Was ist los?« erkennt er die Welt.

Notizen zu Bob Dylan

Zum ersten Mal hörte ich Dylan vor neun Jahren, im Auto eines Freundes langsam den Broadway hinaufschaukelnd. Das Lied begann, frei übersetzt, etwa so: »Gott sagte zu Abraham: ›Töte mir einen Sohn!‹ Abraham sagte zu Gott: ›Offenbar bist du zu Späßen aufgelegt!‹ Gott sagte: ›Natürlich kannst du machen was du willst, aber unsere nächste Begegnung könnte für dich ungünstig ausgehen.‹ Abraham sagte: ›Wo hättest du den Mord denn gern?‹«
Es war der Anfang des Titelsongs von Dylans sechster Platte *Highway 61 Revisited*, die ich zusammen mit den vorherigen Dylan-Alben gleich gekauft habe. Mir gefielen zunächst die politischen Lieder der ersten drei LPs, in denen die Brechtsche Forderung, »das Böse« durch Nennung von Namen sowie Adresse zu identifizieren, erfüllt wird. Der »New Morning« der zwölften Platte ist lyrisch-langweilig, weil der Blick nach vorn nur verschwommene, ausgedachte Bilder bringen kann. Dagegen sind die frühen politischen Lieder gesungene Nachrichten konkreter Untaten, rassistischer Morde vor allem. Schlußfolgerungen, Botschaften sind nicht nötig. Verglichen mit deutschen politischen Songs sind sie unkomplizierter, sinnlicher, spontaner.
Dylan sieht mehr und schwitzt weniger, er strengt sich sozusagen nicht an. »Not to Push« und »Not to Try« – so formulierte er 1963 sein ästhetisches Programm. In den Songs bleibt die Spontaneität erhalten, weil die Bilder wirklich gesehen und nicht erfunden sind. Ihre Einprägsamkeit ist für Dylan besonders typisch: »Dein Vater betritt unser Zimmer in einer Napoleon-Bonaparte-Maske, und du fragst mich, warum ich weg will.«
Dieser Einprägsamkeit entspricht die Schärfe einzelner Sentenzen: »Zwanzig Jahre Schule, und man steckt dich in die Frühschicht.« Die verrückten Bilder werden in den Landstraßen- und Liebesliedern durch Beobachtungen gedeckt, in denen jeder Amerikaner die Wirklichkeit wiedererkennt, so daß zum Beispiel Jack the Ripper als Präsident der Handelskammer ganz glaubwürdig erscheint. Die Liebeslieder sind, vor allem in *Blonde on Blonde*, zugleich auch Tagelieder oder Parodien auf Tagelieder, wobei schon in »Down the Highway«

die Reise nach Osten geht, »direkt bis zur Freiheitsstatue«. Die Marschrichtung der US-Zivilisation wird damit zurückgenommen.

Warum singt Dylan seine Lieder bewußt so, daß auch Amerikaner sie nur mühsam verstehen können? Bei einem großen Teil der Rockmusik ist die Verfremdung der Texte durch brüllendes oder im Lärm der Elektronik versinkendes Singen immerhin dadurch gerechtfertigt, daß es sich nicht lohnen würde, diese Texte zur Kenntnis zu nehmen: barbarisches, inhaltsloses Ton-Ornament. Dagegen sind Dylans Verse poetisch, und er hat betont, wie sehr er sich wünscht, daß man sie beachtet.

Interessant ist es, Dylans Lyrik von anderen gesungen zu hören, etwa Manfred Manns Version des hinreißenden Liedes »Mighty Quinn«. Beim klaren Vortrag werden diese Texte sozusagen weggesungen: Die Melodie trägt den Text, das heißt, sie nimmt ihn auf den Arm – der Versinhalt wird tatsächlich unhörbar. Dylans Singen dagegen zwingt zum konzentrierten Zuhören, zum Finden von Beobachtungen, die in Wirklichkeit ja auch gefunden werden müssen und keineswegs als Leuchtschriften über den Straßen stehen. Man höre, wie schon in »Oxford Town« (1963) der Text der fröhlich hüpfenden Melodie widerspricht, als sei er von ihr verschleppt worden und schäme sich ihrer Gesellschaft. Der Vortrag zeigt also beides: die Fiktion heiteren Lebens am Mississippi und die entsetzliche Wirklichkeit.

Erst mit *Nashville Skyline* (1969) erscheint die Utopie: Es wird gelogen, daß die Liebenden zusammenbleiben, das Tagelied wird zum Bleibelied, Resignation verbreitet sich, die in Dylans Liedern wohl bis heute nicht überwunden ist.

Hinschaun

Schlechte Nachrichten aus Deutschland

Wie sehen die Wahlen in der Bundesrepublik aus amerikanischer Perspektive aus? Die Frage kann nicht gestellt werden, ohne eine Reihe weiterer Fragen auszulösen. Natürlich wird das amerikanische Interesse an den bevorstehenden Wahlen in der Bundesrepublik nicht stärker und nicht geringer sein als das amerikanische Interesse an der Bundesrepublik überhaupt. Nun hat man sich in letzter Zeit über das sogenannte »Deutschlandbild« der Amerikaner große Sorgen gemacht. Fragt man einen deutschen Auslandskorrespondenten nach der Quelle seiner genauen Kenntnisse des amerikanischen Deutschlandbildes, so hält er einen Stoß amerikanischer Leitartikel hoch, zeigt auf den Fernsehapparat oder berichtet von Gesprächen mit Politikern. In Wirklichkeit ist dieses Deutschlandbild kaum zu bestimmen. Schon der Versuch ist irreführend, weil durch ihn der Eindruck erweckt wird, ein amerikanisches Deutschlandbild existiere zwar, nur sei es schwierig, es zu bezeichnen. Hingegen ist dieses Deutschlandbild derartig vage, daß es viel fruchtbarer wäre, sich die Frage vorzulegen, warum von einem Deutschlandbild der Amerikaner keine Rede sein kann.

Ich glaube, daß sich schon in der Frage nach dem Deutschlandbild der Amerikaner eine Selbstüberschätzung verrät, die z. B. auch in der deutschen Auffassung davon, was ein Vorkommnis zu einer Nachricht macht, zum Ausdruck kommt. Immer wieder kann man beobachten, daß Besuche deutscher Politiker in Amerika oder amerikanischer Politiker in Deutschland zwar in der deutschen Presse behandelt, in der amerikanischen Presse dagegen fast totgeschwiegen werden, es sei denn, sie fallen zufällig mit irgendeiner Krise zusammen. Hierin äußert sich keine besondere Unfreundlichkeit gegenüber Deutschland. Jeder aufmerksame Beobachter der Nachrichtenpolitik amerikanischer und deutscher Zeitungen und Rundfunkstationen muß bestätigen, daß in beiden Ländern die Auffassungen darüber, was eine »Nachricht« ist, weit auseinandergehen. Die

Amerikaner, deren Gewissen auf dem Gebiet der Pressefreiheit rein ist, sind beherzter in der Auswahl von Meldungen, der redaktionellen Interpretation und Würdigung von puren Vorkommnissen. Ein Vorkommnis ist, nur weil es aus einer Hauptstadt gemeldet wird, in Amerika noch lange keine Nachricht. Telegrammaustausche unter Staatsoberhäuptern, Gratulationsbesuche, Empfänge, Höflichkeitsvisiten, Bankette, die deutschen Hofberichterstattern das Wasser im Munde zusammenlaufen lassen (und von denen das in Amerika kostenlos versandte *Bulletin* der Bundesrepublik zehrt), werden in Amerika als das, was sie sind, abgetan: nämlich als langweilig. Freilich muß man schnell dazusagen, daß dergleichen »Anlässe«, wie man sie in der deutschen Presse nennt, hier derartig an der Tagesordnung sind, daß ein fremder Minister beim Betreten des Weißen Hauses die Hosen verlieren müßte, um in einer Zeitung erwähnt zu werden. Das bedeutet unter anderem, daß, im Gegensatz zum deutschen Zeitungsleser, die Amerikaner nicht unentwegt von »neutralen« oder jedenfalls nicht-negativen Nachrichten über andere Länder bespült werden, daß sie auf diese Weise aber auch von der in Deutschland üblichen, versteckten Regierungspublicity verschont bleiben, die in scheinbar reinen Meldungen Aktivitäten von Regierungen vortäuscht, die in Wahrheit völlig belanglos sind. Andererseits ist es eine Folge der amerikanischen Nachrichtenpolitik, daß »ungünstige« oder Krisennachrichten aus anderen Ländern, besonders aber aus Deutschland, mehr ins Gewicht fallen, denn da man es inzwischen fast überall glaubt, daß in der Bundesrepublik demokratische Zustände herrschen, hält man die dauernde Bestätigung dieses Glaubens oder dieser Hoffnung für überflüssig, während umgekehrt Vorkommnisse, die dieser Hoffnung widersprechen, einen höheren Nachrichtenwert haben müssen.

Es ist natürlich wahr, daß diese Meldungen ein Mißtrauen nähren, das auch ohne sie da ist und noch lange dauern wird. Wehleidigkeit darüber ist nicht angebracht. Man muß sich, vielleicht noch für Generationen, in Deutschland damit abfinden, daß die besten Nachrichten aus Deutschland schlechte Nachrichten sind, daß also der Nachrichtenwert einer Meldung aus Deutschland leider höher ist, wenn sie eine Hoffnung widerlegt, als wenn sie sie kräftigt.

Welche Nachrichten sind es nun, die in Amerika das Mißtrauen gegenüber der Bundesrepublik stärken konnten? Es sind, man muß es leider sagen, zum großen Teil Nachrichten, für deren Zubereitung man die gegenwärtige Regierung oder Regierungspartei der Bundesrepublik verantwortlich machen muß. Ihre Aufzählung an dieser Stelle ist überflüssig. Es wäre eine Liste der bekannten Fehlentscheidungen, Nichtentscheidungen, Versäumnisse und Verfehlungen der bisherigen Regierungen der Bundesrepublik, die in diesem Jahr durch die Nahostpolitik und die Behandlung der Verjährungsfrage reichhaltig zu werden scheint. An prominentester Stelle dieser Liste steht hierzulande ohne Zweifel die *Spiegel*affäre. Mit der *Spiegel*affäre im Herbst 1962 ist der Zeitpunkt fast genau bezeichnet, zu dem das bis dahin eher verdeckte Mißtrauen zum erstenmal wieder sehr deutlich hervorgetreten ist. In einem Land, in dem die Pressefreiheit seit 189 Jahren nie ernstlich bedroht wurde, haben die damaligen Ausschreitungen der Bundesregierung einen ungeheuren Schock ausgelöst. Über die *Spiegel*affäre wurde wahrscheinlich ausführlicher berichtet als über irgendein anderes Ereignis der deutschen Nachkriegsgeschichte, und es sind seither immer wieder Pressefotos von deutschen Politikern zu sehen, deren Anblick allein schon genügt, die alten Vorstellungen von den fettleibigen, schweinsäugigen Deutschen mit den zwei schrecklichen Querfalten im Nacken zu bestätigen – Vorstellungen, für deren Zustandekommen man die letzte deutsche Regierung vor Adenauer verantwortlich machen muß.

Physiognomische Vorurteile sind sicher indiskutabel, aber sie spielen, wie viele Trivialbeobachtungen, bei der Beurteilung fremder Nationen eine entscheidende Rolle. Gewiß ist es aufschlußreich, zu beobachten, welche Trivialitäten bei welchen Nationen besonders auffallen. Amerikanern fällt an Deutschen z. B. oft die zu perfekte, glatte, modische und uniforme Kleidung auf (Röhrenhose, spitze Schuhe, Spreizkragen, »Windsor«-Knoten, symmetrisch). Was sie betonen, ist die Uniformität und die Provinzialität, die sich darin ausdrückt, daß die Deutschen noch an »Mode« glauben. Als ich das letzte Mal aus Deutschland zurückkam, stürzte mir ein Student entgegen und fragte mich, mit dem Ausdruck des Ekels, ob es wirklich wahr sei, was er über die Deutschen gehört habe. Ich fragte ihn, was er meinte. Es kann doch nicht stimmen, rief er zurück, es ist doch nicht möglich. Was denn? fragte ich. Ich

habe gehört, rief er, daß in Deutschland bei Rotlicht tatsächlich kein Fußgänger über die Straße geht.
Man muß zugeben, daß es verständlich ist, daß eine solche Beobachtung gerade in Deutschland einem Amerikaner unvergeßlich bleibt. Ein ähnliches Frage- und Antwortspiel habe ich hier etwa ein dutzendmal mitmachen müssen. Ich glaube es nicht, es ist unverständlich, ruft der Gesprächspartner. Was meinen Sie denn? fragt man. Bitte, antwortet er, es kann ja sein, daß ich mich irre, bitte sagen Sie mir, ob es wirklich stimmt, daß in den 15 Jahren seit Gründung der Bundesrepublik noch nie die Opposition eine Regierung bilden konnte? Man muß es zugeben, und dann hört man dasselbe wie nach den Trivialbeobachtungen. Die Deutschen glauben an Autorität, hört man, sie riskieren nichts, sie wählen Väter-, Großvätertypen, sie wissen nicht, daß Kritik immer gut ist, Autorität immer und überall angezweifelt werden muß, sie wissen nicht, daß Wechsel, Veränderung schon um der Veränderung willen gut ist.
In der Tat ist es doch aufschlußreich, daß man in den beiden Ländern mit den genau entgegengesetzten Parolen gewinnt, in Deutschland mit der Parole: »Keine Experimente«, in Amerika mit der Parole »It's Time for a Change«. Und zwar war nicht etwa Kennedy der erste, der mit dieser Parole gewonnen hat, es ist seit langem die magische und an Faszination nie verlierende Wahlparole vieler Oppositionskandidaten, Demokraten wie Republikanern. Voriges Jahr beispielsweise hat sie trotz des überwältigenden Wahlsiegs der Demokraten bei den Bundeswahlen in Massachusetts dem republikanischen Gouverneurskandidaten zum Sieg verholfen. Eine Nation ist glücklich zu schätzen, die Jahr für Jahr an den Wahlurnen kundgibt, daß sie Autorität und Macht, auch wenn sie sich in den besten Händen befinden, nie lange traut, daß Veränderung besser ist als Sicherheit, ja, eine Verschlechterung der Umstände lieber hingenommen wird und ein kleineres Risiko bedeutet, als die wiederholte Bestätigung einer Regierungspartei im Amt, dessen Macht auf die Dauer den Besten korrumpiert.

Satellitenmentalität

»Auf die Frage, was denn überhaupt unter ›publizistischer Betreuung Berlins‹ zu verstehen sei, meinte Mende, Lemmer könne über die besondere Lage Berlins Artikel in der Auslandspresse veröffentlichen und Vorträge im Ausland halten.«

Frankfurter Rundschau, 13. 1. 1966

Vor einigen Jahren war ich in Northampton / Massachusetts Zeuge einer Unterhaltung zwischen Kenneth Galbraith und dem Labour-Politiker Richard Crossmann, in deren Verlauf dieser den Amerikanern Vorwürfe machte, daß sie zu viel Rücksicht auf ihren »westdeutschen Satelliten« nähmen. Heute, da ich nach fast zwölfjähriger Abwesenheit zum ersten Mal wieder für längere Zeit in Deutschland, und zwar in Berlin, lebe, gebe ich Crossmann nachträglich recht.

Es ist bekannt, daß man, besonders an amerikanischen Universitäten, fast täglich dazu provoziert wird, die Deutschen in Schutz zu nehmen oder zu versuchen, dieses sehr unerklärliche Volk zu erklären. Mein bisheriger Aufenthalt in Berlin hat leider nur dazu beigetragen, die Ressentiments der Amerikaner (deren »Freundschaft« für die Deutschen bekanntlich überschätzt wird) zu bestätigen. Es liegt mir fern, dieses traurige Urteil, das zudem viele Menschen weder erstaunen noch erschüttern wird, durch Bücherverbrennungen in Düsseldorf, durch Hakenkreuzpinseleien, Brandstiftungen oder Bombenanschläge in Berlin zu begründen. Da handelt es sich um symptomatische Einzelaktionen offen oder versteckt auftretender Gruppen von Irren. Ein demokratisch funktionierendes Land könnte diese »lunatic fringe« verkraften.

Wichtiger als solche Aktionen selbst ist die Reaktion der Öffentlichkeit auf solche Ereignisse. So reagierte, ausgerechnet am 30. Januar 1966, der Berliner *Tagesspiegel* auf den Bombenanschlag gegen eine Vietnam-Kundgebung am Steinplatz mit der Vermutung, bei den Tätern handle es sich vermutlich um Anhänger von Wolfgang Neuß, der auch in der Versammlung auftrat. Wohl weil dieser als Märtyrer erscheinen sollte. Hierüber kann man längere Zeit nachdenken.

Zur Erhellung der gegenwärtigen Berliner Situation kann man nicht umhin, den »Fall Neuß« noch einmal zu erinnern. Im vorigen Herbst wandten sich die Berliner Zeitungen mit einem Spendenaufruf an die Öffentlichkeit. Von den eingebrachten Geldern sollten Medikamente nach Südvietnam, vor allem aber Porzellannachbildungen der Berliner Freiheitsglocke an die unglücklichen Witwen der in Vietnam gefallenen Amerikaner postalisch verschickt werden. Man muß sich das vorstellen: wie in Worcester / Massachusetts der Postbote einer trauernden Hinterbliebenen das Miniaturglöckchen einer Berliner Porzellanmanufaktur übereicht, die, wie man jetzt behauptet, einige Monate vor dem vom »Springer«-Konzern initiierten Spendenaufruf in wirtschaftlichen Schwierigkeiten war. Und dies alles, weil die angebliche Parallelität zwischen Vietnam und Berlin zur Solidarität mit unseren Freunden und Beschützern zwinge, die, wie Hans Scholz im *Tagesspiegel* schrieb, er »nicht einmal in Gedanken« kritisieren wolle. Lassen wir die Frage der Parallelität beiseite. Willy Brandt ist nicht General Ky, die Regierung von West-Berlin ist frei gewählt. Betrachten wir nur die Satellitenmentalität, die abschätzige Ansicht von amerikanischer Demokratie, die in solchen Worten zum Vorschein kommt. Welche Amerikaner, so hat Sebastian Haffner im Sender Freies Berlin mit Recht gefragt, dürfen wir eigentlich nicht kritisieren? Schließlich wird Johnsons Vietnam-Politik heftig kritisiert vom Fraktionsführer der Demokratischen Partei, Senator Mansfield, vom Vorsitzenden des Außenpolitischen Ausschusses, Senator Fulbright, von den Senatoren Javits und Morse und Robert und Teddie Kennedy.

Der erstaunlichen These, daß Demokratie Kritik nicht einschließe, schloß sich Neuß nicht an. Vielmehr polemisierte er heftig gegen den erwähnten Spendenaufruf in einem Extrablatt seiner satirischen Zeitung *Neuß-Deutschland*. Will man bei einer eigenen Auflage von 6000 Stück gegen eine Auflage von insgesamt eineinviertel Millionen (dies etwa die Gesamtauflage der West-Berliner Zeitungen) hörbar werden, muß man wohl schreien. Daß er die Zeitungsleser »Belogene« nannte, wurde ihm ganz besonders übelgenommen. Indessen wird wohl kein Mensch bestreiten, daß eine Zeitung nicht nur durch Verbreitung von Falschmeldungen, sondern auch durch einseitige Auswahl der vorhandenen Nachrichten lügen kann. Das Traurige, das Skandalöse war nun die Konformität der Reaktion der Berliner Zeitungen: allesamt verhängten sie prompt eine Anzeigensperre gegen Neuß' Kabarettprogramm, dem ein redaktioneller Boykott folgte.[1]

Die Frage, ob sich eine Boykottabsprache nachweisen läßt, muß das Gericht beantworten. Daß sich in solchen Fällen die betreffenden Parteien stets darauf berufen, jede aus freiem Entschluß zufällig identisch gehandelt zu haben, läßt die Schwierigkeit eines solchen Nachweises ahnen. So hat zunächst das Berliner Kammergericht Neuß' Antrag auf Erlaß einer Einstweiligen Verfügung zur Aufhebung der Anzeigensperre kostenpflichtig (DM 15 000) abgewiesen, was die Berliner Zeitungen triumphierend und ohne Respekt vor dem Gericht dazu veranlaßte, zu behaupten, dieses habe Neuß eine »Lehre« erteilt. Es sollte von Gerichten nicht behauptet werden, daß sie zur Belehrung des jeweils unterlegenen Gegners da seien.

Wie lebt man nun in einer Stadt, die sich gern als »frei« bezeichnet, deren Presse aber, zur vermeintlichen Unterstützung der »Freiheit«, diese selbst pervertiert? Wie lebt man in einer Stadt, in der sämtliche Zeitungen, ob absichtlich, ob zufällig, eine bestimmte Meinung unterschlagen? In der – sagen wir ruhig: zufällig, es ist schlimm genug – wirtschaftlich geschädigt wird, wer es wagt, eine von der herrschenden Meinung – sagen wir ruhig: irrig – abweichende Meinung öffentlich – sagen wir ruhig: aggressiv – zu äußern? Wie lebt man hier, wenn man, wie ich, die letzten zwölf Jahre in einer Kleinstadt in Neu-England gewohnt hat, deren 150 Jahre alte, konservative Tageszeitung, die *Hampshire Gazette*, beispielsweise am Tage der Anti-Vietnam-Demonstrationen auf der Titelseite drei Berichte bringt: einen Bericht des rechtsrepublikanischen Redakteurs, daneben einen Bericht eines Teilnehmers an den Demonstrationen und daneben eine Zusammenfassung der Nachrichtendienste? Wenn man am *Smith College* in den vergangenen Semestern wöchentlich Widerspruch und Demonstrationen erlebt hat, ohne daß irgend jemand deshalb, wie das an der Berliner Freien Universität geschah, in der Presse verunglimpft wurde?

In Berlin kann man sich täglich informieren, man kann es aus

[1] Erst neuerdings drucken *nacht-depesche* und *Telegraph* die Anzeigen wieder ab. Um so trostloser das Finale: der kürzlich, nach den letzten Kundgebungen gegen die amerikanische Vietnam-Politik Anfang Februar erfolgte Ausschluß von Neuß aus der SPD, womit die Berliner Landesleitung einer Partei die Berliner Presse nachträglich ins Recht setzte.

der *Frankfurter Rundschau*, der *Süddeutschen Zeitung*, der *New York Times*, die auf der ersten Seite in einem zweispaltigen Artikel objektiv über den Neuß-Fall unterrichtete, sowie mit Hilfe des vorzüglichen Berliner Nachrichtenprogramms des amerikanischen Militärsenders AFN (täglich 18.20 Uhr). Im RIAS protestierte Friedrich Luft. Studenten organisierten eine öffentliche Diskussion mit den Berliner Journalisten. Von acht eingeladenen Redakteuren erschienen zwei, und diese sagten, nicht sie, sondern die Verleger seien verantwortlich, während die Verleger im Prozeß sagten, nicht sie, sondern die Redakteure seien verantwortlich. Nun versteht man, was man selbst nicht miterlebt hat: in Deutschland ist nie jemand verantwortlich. Und wehe diesem Land, wenn die fremden Truppen einmal abziehen sollten!

Aber man kann auch mit Verlegern und Journalisten privat sprechen. Der Verleger Maier vom *Tagesspiegel* sagt dann gern, er habe Körbe voll Leserpost, die seine Maßnahmen gutheiße. Die etwa 100 Unterschriften Berliner Bürger unter einer Bittschrift zur Aufhebung des Boykotts erwähnt er nicht. Und die Journalisten? Sie glauben, wenn von den schlechten Berliner Zeitungen die Rede ist, sei die journalistische Qualität gemeint. Wenn es nur das wäre! Besonders hier hört man immer wieder die bekannten Argumente der sogenannten »inneren Emigration«. Die Journalisten wollen lieber im mikroskopisch kleinsten Bereich Gutes tun (Filmkritik). Daß sie dadurch das allgemeine Übel noch bestätigen, entgeht ihnen.

Gewisse Parallelen zur Situation in der DDR (Biermann-Neuß) sind augenfällig. Bei einem Vergleich der Ost-Berliner mit den West-Berliner Zeitungen macht man es sich aber zu leicht, wenn man behauptet, diese seien ebenso schlecht wie jene. Die Ost-Berliner Presse bezeichnet sich selbst nicht als »frei« in dem Sinne, in dem wir dies beanspruchen. Sie »dient« bewußt einem Konzept, das eine einmal zu erlangende Freiheit weit voraus in die Zukunft verlegt, und sich, um ihrer gründlichen Vorbereitung willen, ihren Gebrauch vorläufig noch versagt. Ich selbst halte dies für eine Perversion. Aber für unseren gegenwärtigen Zusammenhang ist allein wichtig, daß die Ost-Berliner Presse gar nicht mit den gleichen, hohen Ansprüchen von Unabhängigkeit auftritt wie die unsere, und daß man – dies gilt auf jeden Fall – an die eigene Umgebung höhere Ansprüche stellen muß.

Ferner bedenke man, daß der West-Berliner Presse das Alibi fehlt, durch eine Regierung bedrückt zu werden. Anläßlich der Hetze der West-Berliner Presse gegen die angeblich »rote Sylvester-Show« in der Kongreßhalle zeigte sich nicht zum ersten Male, daß der Senat sich vorbildlich verhält. Auf der gleichen Seite, auf der die Berliner *Bild*-Zeitung praktisch zu Demonstrationen gegen diese Veranstaltung aufrief, wurde mit typisch teutonischem Selbstmitleid gemeldet, wie in der ganzen Welt das Mißtrauen gegenüber Deutschland neuerdings zunehme. Selten sah man Ursache und Wirkung so unschuldig durch Umbruch vereinigt.

Wiedersehen auf dem Bahnhof Friedrichstraße *oder* Vorschlag, die Polizei aufzulösen

I.

1. »Das Paar verbrachte scheinbar in bester Harmonie den ganzen Tag an der Havel. Abends fiel B. über sie her und erwürgte sie. Dann verknotete er ein Handtuch um den Hals des Mädchens, warf die Leiche in eine Kiefernschonung und fuhr ohne Licht davon. Eine Stunde später war B. bereits von der Polizei gefaßt. Ein aufmerksamer Autofahrer hatte den verdächtigen Wagen des Angeklagten bemerkt und sich die Nummer notiert.« (*Die Welt*, 9. 3. 1966)
2. »In letzter Zeit hatte K. das Ausland und die Bundesrepublik unsicher gemacht. In Stockholm prellte er einen Hotelbesitzer. Wie auch in mehreren Städten Westdeutschlands. In Heidelberg verschwand der 20jährige mit zwei geliehenen Beatle-Perücken. Und in Lübeck erleichterte er einen Studenten um mehrere hundert Mark. Ein Westberliner erkannte ihn Dienstag abend auf dem Bahnhof Friedrichstraße wieder. Und heftete sich an seine Fersen. Überwachte ihn in der S-Bahn, verfolgte ihn im Bahnhof Zoo und veranlaßte die Festnahme.« (*B. Z.*, 17. 3. 1966)
3. »Sch. brach in der Umgebung der Fritz-Reuter-Allee Scheibenwischer und Außenspiegel ab. Zeugen beobachteten ihn. Sie veranlaßten seine Festnahme.« (*B. Z.*, 18. 3. 1966)
4. »Die Bande war aufgeflogen, als einer ihrer ›freien Mitarbei-

ter‹, ein 18jähriger, in einer Wirtschaft ein Bratwürstchen mit einem Tausendmarkschein bezahlen wollte. Der Wirt alarmierte die Polizei.« (*B. Z.*, 18. 3. 1966)

5. »Nach einer Verfolgungsjagd stellte ein Passant gestern in den frühen Morgenstunden in der Adalbertstraße in Kreuzberg den 22jährigen Martin L. aus Tempelhof. L. hatte in der Adalbertstraße einen Schaukasten eingeschlagen und sieben Bücher daraus entwendet.« (*Die Welt*, 19. 3. 1966)
6. »Beim Diebstahl eines Radios aus einem parkenden Personenwagen überraschten Passanten gestern früh in der Kolberger Straße in Wedding den 23jährigen Bernd H. aus Wedding.« (*Die Welt*, 19. 3. 1966)
7. »Eine aufmerksame Angestellte eines Altersheims in Wilmersdorf veranlaßte in der Nacht zum Freitag die Festnahme einer 50jährigen Frau.« (*B. Z.*, 19. 3. 1966)
8. »Nach einem Hinweis aus der Bevölkerung konnte die Polizei gestern einen aus einem Heim entwichenen 14jährigen Jugendlichen stellen, der in einer Spandauer Laube Unterschlupf gefunden hatte.« (*Die Welt*, 20. 3. 1966)
9. »Der Aufmerksamkeit eines Hausbewohners verdankte die Polizei heute in den frühen Morgenstunden in Tempelhof die Festnahme von drei Einbrechern. Der Mieter hörte bei seiner Heimkehr Stimmen aus dem bereits geschlossenen Lokal in seinem Wohnhaus und alarmierte sofort telefonisch die Polizei.« (*Der Abend*, 21. 3. 1966)

II.

»Für jedes in der *B. Z.* als gestohlen gemeldete und wiedergefundene Auto erhält der Finder eine Buchprämie. Aber nicht nur gefundene Autos werden von der *B. Z.* honoriert. Selbstverständlich gibt es für jede Mitteilung von allgemeinem Interesse gutes bares Geld. Denn auch sonst gilt: Viele Augen sehen mehr. Und viele Ohren hören mehr! Wann und wo immer Sie etwas hören oder sehen, und Sie sind sicher, daß es auch Ihre Mitmenschen interessiert, rufen Sie die Telefonnummer 750231 an und verlangen Sie die *B. Z.*-Redaktion.« (*B. Z.*, 23. 3. 1966)

III.

Da im Zentrum Europas ein Volk lebt, dessen Angestellte und Autofahrer aufmerksam, dessen Hausbewohner, Mieter, Passanten zugleich Zeugen sind, die notieren, Hinweise geben, viel hören und sehen, sich an Fersen heften, die Jagd aufnehmen, überwachen, überraschen, verfolgen, stellen, die Festnahme veranlassen, aber nur selten gutes bares Geld für diese freiwilligen Dienste empfangen, schlagen wir für dieses Gebiet die baldige Auflösung der Polizei vor. Die dadurch freiwerdenden Gehälter könnte man an die Bevölkerung verteilen.

Journalismus als Menschenjagd

Die West-Berliner *B. Z.* veröffentlichte am 21. Januar 1966 einen mit »Peer« unterzeichneten Artikel mit der Überschrift: »Das Gesetz verlangt: Mit Mördern leben.« In diesem Artikel wird ein Beschluß des Bundesverfassungsgerichts in Karlsruhe kommentiert, demzufolge Mordverdächtige nach ihrer Festnahme bis zum Zeitpunkt ihrer gerichtlich festzustellenden Schuld oder Unschuld auf freien Fuß gesetzt werden können. Der erste Absatz des Artikels lautet: »Mit Mördern leben – das ungefähr verlangt ein Beschluß des Bundesverfassungsgerichts von der deutschen Bevölkerung. Dieser Beschluß nämlich räumt auch Mördern nicht mehr und nicht weniger als Haftschonung ein.«

Wenn man nach längerer Zeit zum ersten Mal wieder deutsche Zeitungen liest, kommt man bereits über die Dummheit und Brutalität dieses ersten Absatzes kaum hinweg. Man fragt sich: Findet ein Prozeß nicht statt, um die Schuld oder Unschuld eines Bürgers festzustellen? Wie kann man also einen Bürger einen Mörder nennen, ehe er vor Gericht gestanden hat und schuldig gesprochen wurde? Die *B. Z.* und mit ihr ein großer Teil der deutschen Presse weiß es schon vorher. Ist für die *B. Z.* genau wie für die Richter in Kafkas *Prozeß*-Roman Anklage schon identisch mit Schuld? Sollte die *B. Z.*, wenn sie auf sich selbst hörte, dann nicht schleunigst die Schließung der Gerichte fordern? Hört die *B. Z.* auf sich selbst? Liest sie sich selbst? Versteht sie, was dort steht? Haben wir es mit Journalisten zu tun, die sich wünschen, daß der Festnahme eines Verdächtigten auf der Stelle seine Aburteilung durch einen Polizisten folgt? Fragen über Fragen, die nur ein Psychologe beantworten kann.

Mir scheint nach wie vor, daß die Identität von Anklage und Schuld außer dem Angeklagten selbst oder einem Zeugen nur dem lieben Gott bekannt sein könnte. Wer sie sonst behauptet, ist entweder dumm oder unzivilisiert, d. h. im vorliegenden Fall ein Gegner des Rechtsstaats.
Wir stellen also fest, daß wir die Motive für solche Behauptungen nicht klären können. Naivität können wir dem zitierten »Peer« von der *B. Z.* keinesfalls zubilligen, denn im ersten Absatz seines Kommentars findet sich das Wort »ungefähr«. Es heißt dort: »Mit Mördern leben – das ungefähr verlangt ein Beschluß des Bundesverfassungsgerichts.« Dieses »ungefähr« ist logisch kaum zu rechtfertigen. Entweder verlangt er es oder er verlangt es nicht. Gerichtsbeschlüsse erheben keine »ungefähren« Forderungen. Dieses »ungefähr« ist der Ausdruck des schlechten Gewissens des Verfassers. Mit dem »ungefähr« will er sich eine Hintertür offenhalten, durch die er entschlüpfen zu können meint. Das »ungefähr« ist das einzige, was von der zutreffenden Überlegung übrig geblieben ist, daß Anklage und Schuld nicht identisch sind.
Aber der Artikel, mit dem wir uns, da er leider typisch ist, noch etwas länger befassen müssen, kommt zu Folgerungen. »Peer« schreibt: »Ich warte nur auf den Tag, da dieser Beschluß ... in Berlin Schule macht. Da der erste Mörder ... in seine Wohnung zurückkehren darf. Ich bin gespannt, was dann auf Kosten des Steuerzahlers zum Schutze dieses Kapitalverbrechers unternommen werden muß. Denn es ist wohl kaum anzunehmen, daß sich die Bevölkerung mit dem Beschluß des obersten deutschen Verfassungsgerichts bedingungslos abfinden wird. Daß sie tatenlos einen Menschen in ihrer Mitte duldet, der einen anderen Menschen getötet hat.« In diesen sorgfältig formulierten Sätzen wird der, wie es durchgängig heißt, »deutschen Bevölkerung« nicht mehr und nicht weniger als Lynchjustiz zugetraut. Lynchjustiz wird von ihr erwartet. Der Verfasser selbst sagt, daß er dem Tag mit Spannung entgegensieht. Er schreibt natürlich nicht: »Geht und schlagt Mitbürger tot, die eines Kapitalverbrechens angeklagt sind.« Hingegen läßt er durchblicken, daß er Verständnis für so eine Reaktion hätte. Er schreibt, sehr raffiniert, daß Deutsche unter sich gewisse andere Menschen nicht »tatenlos« dulden, daß sie sich mit der Nachbarschaft anderer Menschen nicht »bedingungslos« abfinden. Das sind allerdings Tatbestände, die aus

der Vergangenheit bekannt sind. Da braucht man das Vokabular nicht mehr zu untersuchen.

Wenn man genau zusieht, kann man freilich, der Aussage der zitierten Sätze folgend, dem Artikelschreiber nicht nachweisen, daß er sich mit dem Terror selbst identifiziert. Er sagt lediglich, daß er »gespannt« ist, nur »auf den Tag wartet«, an dem ein unter Anklage befindlicher Mitbürger auf freien Fuß gesetzt wird. Er gibt ferner zu verstehen, daß das oberste deutsche Gericht durch seine Entscheidung die Bürger zur Lynchjustiz provoziert. Wäre es nicht aber eine Selbstverständlichkeit, daß ein zivilisierter Journalist sich von dem gleichen Terror distanziert, dem er eben mit Spannung entgegenzusehen behauptet hat? Statt dessen heißt es am Schluß: »Es hieße, Geduld und Disziplin zu überfordern, wenn man hier bedingungslose Zustimmung zu einem Beschluß erwartet, der einen verfassungsmäßigen Grundsatz so extrem dem Wort nach auslegt.«

Hier, im letzten Absatz, dürftig durch einen Konjunktiv verhüllt, bekennt sich endlich der Schreiber. Übersetzt in einfaches Deutsch wird hier gesagt: »Man darf von der Bevölkerung nicht erwarten, daß sie die Gesetze achtet.« Die Auslegung der Verfassung ist die Aufgabe des Bundesverfassungsgerichts. Genau diese seine Aufgabe und ihre Erfüllung wird dem Verfassungsgericht hier zum Vorwurf gemacht. Und dies in einem Land fast ohne demokratische Tradition, in einem demokratisch sehr labilen Land, dessen Verfassung unantastbar sein sollte.

Es ist schwierig, hier aufzuzählen, in wie vielen Punkten der Artikel gegen die zugegebenermaßen ungeschriebenen Regeln verantwortlichen journalistischen Schreibens verstößt. Eine Liste der auffälligeren Verstöße wird hier nur versucht, damit wir Anhaltspunkte für einige Beobachtungen beim Lesen deutscher Zeitungen haben. Niemand fordert gern verantwortliches Verhalten von jemand anderem. Man zögert, an jemand anderen Forderungen zu stellen. Aber ich glaube doch, daß in diesem Lande hier kein einziger Artikel geschrieben werden sollte, der die unendlich langsame, mühevolle und höchst gefährdete Entwicklung der Bundesrepublik zu einem demokratischen Staat auch nur im geringsten in Frage stellt.

Unkorrekte, falsche Berichterstattung ist der Presse nur sehr schwer nachzuweisen. Bei internationaler wie bei lokaler Berichterstattung ist man fast immer auf den Vergleich mit der Berichterstattung anderer Zeitungen angewiesen. Da meine Beobachtungen in Berlin, also vornehmlich an West-Berliner Zeitungen angestellt wurden, entfällt die Möglichkeit eines Vergleichs; denn die acht West-Berliner Tageszeitungen sind in ihrer Berichterstattung nahezu identisch.[1] Ich versuche daher, mich auf Verstöße zu beschränken, die sofort evident sind, die an der Tagesordnung sind und nicht etwa Ausnahmen, und die zudem in einer Reihe von Zeitungen beobachtet wurden. Daher die Liste.

Der zitierte Artikel behauptet 1. die Identität von Anklage und Schuld. Ein Angeklagter ist schuldig, weil er angeklagt ist. 2. Der Artikel läßt gegenüber dieser Behauptung ein schlechtes Gewissen erkennen, das sich im Vokabular äußert. 3. Der Artikel versucht, die eigene Meinung als feststehende, allgemeine Meinung zu etablieren. 4. Der Artikel kritisiert die Verfassung der Bundesrepublik Deutschland und das Bundesverfassungsgericht. 5. Der Artikel erklärt sein Verständnis für eine Lynchjustiz.

Versucht man, diese Beobachtungen auf einen Nenner zu bringen, so ergibt sich, daß in diesem Artikel ein gestörtes Verhältnis zur Demokratie und zum Rechtsstaat zum Ausdruck kommt. Die Frage, ob die hier spürbare antidemokratische Haltung bewußt verschlüsselt ist, aus Opportunismus oder aus Feigheit, oder ob sie unbewußt zum Ausdruck kommt, könnte nur durch ein persönliches Gespräch mit dem Artikelschreiber, notfalls durch einen Psychoanalytiker beantwortet werden. Als Nebenresultat halten wir aber fest: den Verdacht, daß wir es mit einem unreflektierten Antidemokraten zu tun haben, einem Menschen, der eine historisch nachweisbare deutsche Neigung in die heutige Zeit herübergerettet oder von vornherein in sich vorgefunden hat – die Neigung, Schwächere zu hassen, weil sie schwächer sind, Minoritäten zu verab-

[1] Dies gilt auch für die Tendenz, in der Überschrift einen sekundären, winzigen Bestandteil einer Meldung ungebührlich hervorzuheben, wie im *Tagesspiegel* vom 13.4.1966: »Viele Gastarbeiter bei den Ostermärschen«, und vom 21.5.1966: »Vietcong unterstützen Rebellion in Da Nang« (Hauptschlagzeile der ersten Seite). – Weitere Aufsätze zur Berliner Zeitungssituation: Vgl. Reimar Lenz, »Foltern für die Freie Welt, Der Vietnam-Krieg im Spiegel der deutschen Presse«, *konkret*, April 1966; Otto Köhler, »Berlin – Hauptstadt ohne Presse«, *pardon*, April 1966.

scheuen, ob sie nun Zigeuner oder Juden, Fremdarbeiter oder Kommunisten, Vorbestrafte, Gammler oder womöglich – Angeklagte sind.

Deutschen Zeitungslesern wird diese Personenliste bekannt vorkommen. Ältere erinnern sich noch an die Zigeuner und Juden, jüngere lesen täglich von den zuletzt erwähnten Personenkreisen. Vor mir liegt ein Kommentar der rechts-opportunistischen Tageszeitung *Die Welt* vom 22. März 1966, in dem unter der Überschrift »Gastarbeiter« berichtet wird, daß sich die »Stimmen mehren, die davor warnen (den Gastarbeitern) die Tore zu weit zu öffnen. (Diese Stimmen) weisen auf Gefahren einer Überfremdung hin, die in der Schweiz ... schon zu heftigen Reaktionen der eingesessenen Bürger geführt hat.« »In den Chor der Mahner«, so triumphiert die *Welt,* »reihen sich auch manche Gewerkschaftler ein.« Im Vergleich zu dem Artikel in der *B. Z.* begegnen wir hier überlegener journalistischer Geschicklichkeit. Der Kommentator der *Welt* versteht es besser als sein Berliner Kollege, Meinungen zu verbreiten, ohne sie genau als solche zu identifizieren.
Wie operiert der Schreiber dieser Glosse? Er beschwört ominöse, selbstverständlich anonyme »Stimmen«, die von der Gefahr der »Überfremdung« sprechen. Widerspricht er diesen »Stimmen«? Nein, sondern er führt zwei zusätzliche Quellen an, die diesen »Stimmen« Kredit verschaffen sollen, nämlich erstens die »Schweiz« und zweitens »manche Gewerkschaftler«. Zum Beweis für die Richtigkeit einer solchen Behauptung ein Land anzuführen, für das wegen seiner Größe ganz andere Bedingungen gelten, das andererseits kürzlich einen Ausländer vertrieben hat, weil das Dach seines Hauses einige Zentimeter über das des Nachbarn hinausragte, finde ich eigenartig. Provinziell erscheint mir daran der oft zu beobachtende Bezug auf das Ausland. Der *Tagesspiegel* vom 17. März 1966 brachte eine Agenturmeldung, derzufolge sich ein CDU-Abgeordneter bei einer Anfrage im Bundestag über die angeblich radikalen Studenten der Berliner Freien Universität auf einen Bericht des ultrakonservativen Berliner Korrespondenten der konservativen *Neuen Zürcher Zeitung* stützte, der wirklich gräßliche Alpträume hinter sich haben muß: er sagt nämlich voraus, daß »die revolutionär Gesinnten im nächsten Semester 3000 bis

4000 Studenten auf die Straße« bringen werden.[1] Das verkehrte Verhältnis zum Ausland drückt sich auch in Formulierungen wie »Das deutsche Weltblatt«, dem Untertitel der *Zeit*, oder in Worten wie »Weltstadt« aus. Die Springersche *Berliner Morgenpost* bemüht sich seit Monaten in einer so bezeichneten Artikelserie um die Klärung der Frage: »Berlin – Weltstadt oder Provinz?« Ein Blick auf den Titel dieser Artikelserie genügt, um die Frage zugunsten der zweiten Alternative zu beantworten. Die Worte »Berlin – Weltstadt oder Provinz?« sind über eine Vignette gesetzt, auf der man einen Landmann sieht, der den Acker pflügt, und zwar direkt vor einem riesigen Wolkenkratzer, der aus tausend Fenstern leuchtet.

Provinzialität, wie man sie hier beobachtet, scheint mir nicht so sehr etwa Weltabwendung zu sein, als vielmehr gerade ängstliches Starren nach außen, Weltsucht. Dann ist die Welt dort, wo man selbst nicht ist. Diese Überlegungen würden vom Thema wegführen, wenn diesem Weltdrang oder wie man es nennen soll, im Innern nicht diese Unsicherheit gegenüber den eigenen Geschäften entspräche und allem, was hier und jetzt, neben einem, fremd ist. So erscheint ein Ausländer in Deutschland exotisch, betörend, wenn er auf der Durchreise ist. Aber ein Ausländer, der eben noch mit der Gloriole der Welt, der großen und weiten, umgeben war, verliert jegliche Attraktion, wenn er sich als Nachbar hier niederläßt. Dies gilt für alle Minoritäten, wie z. B. auch Gammler, die aus dem Stadtbild der großen Städte dieser Welt doch nicht wegzudenken sind, aber besonders in Berlin, einer Stadt mit einer großen aufklärerischen Tradition, verfolgt werden.

Die *Berliner Morgenpost* vom 9. März 1966 berichtet selbst unter der Überschrift »Jugendamt soll gegen Gammler einschreiten«, daß »erboste Passanten« ihren jugendlichen Mitbürgern zugerufen haben: »Alle ins Arbeitshaus.« In dem Bericht findet sich kein Wort des Widerspruchs gegen solche Parolen. Der *Abend* vom 9. März 1966 bezeichnet diese

[1] Vgl. hierzu das Interview mit Prof. Sontheimer, *Spiegel* vom 16. 5. 1966. – Zur Technik der Argumentation mit anonymen »Stimmen« vgl. *Neue Zürcher Zeitung*: »Es gibt *manche* Stimmen, die Ky in Schutz nehmen, und *nicht wenige*, die dem südvietnamesischen Ministerpräsidenten anraten, die rebellischen Städte mit Gewalt niederzuzwingen und solange mit Kriegsrecht zu herrschen, bis Vernunft, *gegenseitige* Toleranz und Achtung wieder eingekehrt sind.« (Zitiert nach der *Welt*, 21. 5. 1966. Hervorhebungen von mir.) Es ist kein Wunder, daß die *Neue Zürcher Zeitung* als die beste Zeitung Deutschlands gilt.

Berliner Bürger, die tatsächlich nur dadurch charakterisierbar sind, daß sie aus Gründen, die niemanden etwas angehen, keine Lust haben, zum Friseur zu gehen, als »verwahrloste Jugendliche«. Der *Tagesspiegel* vom gleichen Tage ist etwas differenzierter. Gammler gehören zur »Internationale der beatniks, sind so ungepflegt wie möglich, arbeitsscheu, leicht reizbar, betont krawallfreudig und allergisch gegen Uniformträger«. Für diese Allergie scheint der *Tagesspiegel*, der eben sein 20jähriges Jubiläum feierte, kein Verständnis zu haben. Er fährt fort: »Das ›Recht auf Versammlungsfreiheit‹, die grundgesetzlich verankerte ›Würde und Unantastbarkeit‹ des Menschen überhaupt führen sie täglich im Munde, wenn sie ihren Mitmenschen so sehr auf die Geschmacksnerven gegangen sind, daß sich die Obrigkeit zum Einschreiten gezwungen sieht.«

Die Beispiele für dergleichen Aufforderungen zur Intoleranz, für mangelnden Respekt vor der Meinung und dem Aussehen des anderen, sind so grob und vielfältig, daß man sich damit begnügen kann, sie aufzuzählen. Aufschlußreich sind z. B. die Berichte über die vorübergehende Festnahme des Sohnes des Regierenden Bürgermeisters, Lars Brandt. Unter der Überschrift »Brandt-Sohn war wieder mal dabei« berichtet der *Kurier* vom 5. März 1966, daß Lars Brandt als »Rotzjunge« beschimpft wurde, »weil er sich schützend vor die Gammler gestellt hatte«. Die *Morgenpost* gleichen Datums berichtet, daß Passanten »dem Sohn des Regierenden Bürgermeisters wegen seines Eintretens für Toleranz Prügel angeboten« hätten. Sie und die anderen Berliner Zeitungen finden die Tatsache, daß ein Mitburger in diesem angeblich demokratischen Land physisch bedroht wird, wenn er für Toleranz eintritt, ganz und gar nicht kommentierwürdig. Der *Abend* vom gleichen Tage überschreibt seine Meldung über diesen Vorfall mitleidig-hochnäsig mit dem Schiller-Zitat: »Schnell fertig ist die Jugend mit dem Wort...« Selbstverständliche demokratische Prinzipien zu vertreten, das charakterisiert der *Abend*, den man als eine freiwillige Springer-Zeitung bezeichnen kann, als Jugendleichtsinn. Die *Morgenpost* vom 10. März 1966 spricht von »Mähnenvagabunden«. Die *Welt* vom gleichen Tage greift tief in die Saiten. Diese »Zusammenrottungen«, schreibt sie, boten »übrigens auch eine Gelegenheit zur Einmischung für kommunistische Provokateure«. Sie verschweigt aber, daß genau zwei Tage vorher die Provokationen der von der West-Berliner Presse angestachelten sogenannten Passanten einem Mann Gelegenheit zu antisemitischen Hetzreden gaben, wie man einer Meldung des *Abend* vom Vortage entnehmen kann.

Die *Welt* liefert ein erschütterndes Beispiel für den Einfluß der Gammler. Das muß man langsam lesen: »Ein junges Mädchen war mit einem sittsam geflochtenen Zopf erschienen, hatte eine Weile zugesehen und dann löste sich die Jugendliche sichtbar auf – mit einer wilden Mähne wurde sie gegenüber den Polizisten renitent.« Der *BDM*-Sprache dieses Satzes entspricht der Schluß dieses sogenannten »Berichtes« der *Welt*: »Hier nämlich (in umliegenden Restaurants) gibt es gute Anhaltspunkte für die Behörden, die Zellen dieses Unwesens zu erkennen und, sofern sie sich gegenüber der Bevölkerung als schädlich erweisen sollten, auszumerzen.«

Viele der Worte dieses freiwilligen Springer-Schreibers, insbesondere aber das letzte Wort, gehören zweifellos zur Vernichtungssprache der deutschen Konzentrationslager. Was aber noch bedeutsamer ist: dieser Artikel, und mit ihm viele andere, zeigt, daß man es sich zu leicht macht, wenn man sagt, in Deutschland stünde es schlecht um die Demokratie, weil die Deutschen leider eine schlechte Regierung hätten. Der Druck kommt von »unten«. In Hunderten von Leserbriefen und in Artikeln wie dem oben zitierten werden »die Behörden« immer wieder angefleht, »einzuschreiten«. In der *Morgenpost* vom gleichen Tage wurden Leserbriefe veröffentlicht, in denen »Durchgreifen« gefordert wird, und zwar gegen »diese dreckigen Elemente«. Vielleicht das schlimmste Zeugnis hierfür findet sich in der *B. Z.* vom 9. März 1966. Dem nun schon üblichen Gammlerartikel ist ein Photo beigefügt, auf dem man ganz deutlich erkennt, wie ein Passant einem jungen, sogenannten Gammler einen Fausthieb versetzt. Schonenderweise hat aber die *B. Z.* das Gesicht des aggressiven Passanten durch einen schwarzen Querstrich unkenntlich gemacht. Zu diesem Bild paßt dann vorzüglich die Bildreportage der *Bild*-Zeitung vom 23. März 1966, die die jubelnde Überschrift »Europa-Center: ›Leibwache‹ gegen Gammler« trägt. Es wird gemeldet, daß der Eigentümer des weltstädtischen Europa-Centers sich von einem lokalen Karate-Institut eine »Leibwache« von sechs »eisenharten Könnern« engagiert hat, die »für diesen Zweck speziell geschult« wurden. In dem Artikel findet man folgende Formulierungen aus dem Wörterbuch des Unmenschen: Die Privatpolizisten sollen »unmißverständlich durchgreifen«. Ihr »oberstes Gebot« ist »bedingungsloser Einsatz ihrer Kampf-Techniken«. Ihre Kunst »erlaubt den Einsatz aller Mittel«. Der Wind wird den »Gammlern« »notfalls kräftig durch die Knochen pfeifen«. Der Reportage ist ein Bild beigefügt, auf dem einer der Herren einem andern Herrn an den Haaren den Kopf nach hinten reißt. In ihrer Bildunterschrift preist die Zeitung dies als den »Original-Gammlergriff« an. SS-Humor oder Springer-Humor?

Kann man Beispiele von solcher Primitivität noch kommentieren? Verlangt noch jemand von einem, der zwölf Jahre lang keine deutsche Zeitung mehr gelesen hat, daß er sich zu diesen Beispielen äußert, die willkürlich aus einem dicken Stoß ähnlicher Beispiele herausgegriffen sind? Vor diesem Aufmarsch an Barbarei und Unmenschlichkeit, Terror und Menschenjagd versagt einem die Sprache.

Bliebe zu diesem Thema vielleicht noch nachzutragen die sehr leise, lakonische Meldung des *Abend* vom 11. März 1966, derzufolge ein 16jähriger Lehrling, den man gezwungen hatte, sein Beatle-Haar abzuschneiden, Selbstmord beging. An dem Tag, an dem er sich tötete, gab es in West-Berlin keine Zeitung, in der Mitbürger nicht auf das abscheulichste verunglimpft wurden, weil sie eine Frisur hatten wie er.

Nun könnte man sich sagen, und als Zeitungsleser sagt man sich das auch: Sind es nicht immer die berühmten deutschen »Passanten«, die diese Vorfälle provozieren? Das stimmt. Es sind die Passanten. Aber man könnte diese Passanten auch Zeitungsleser nennen. Man könnte auch fragen, wie die Passanten dazu kommen, sich anders zu benehmen als Passanten in anderen, glücklicheren Ländern. Wie kommt es, daß nur Passanten in einem bestimmten Land in der Mitte Europas so sind wie sie sind? Ist es angeboren? Hat es etwas mit Klima, Ernährung, Längen- und Breitengraden zu tun? Wieder muß ich sagen, daß ich nicht weiß, warum Passanten hier anders sind als woanders. Aber eines kann ich doch sagen. In den angelsächsischen Ländern, die ich kenne, sind nicht nur die Passanten anders, da sind auch die Zeitungen anders.

Daß in diesem Land mit seiner ungefestigten demokratischen

Tradition die Zeitungen eine besondere erzieherische Aufgabe haben, wird niemand abstreiten. Daß die deutschen Zeitungen diese Aufgabe, mit wenigen Ausnahmen, etwa der *Frankfurter Rundschau* und der *Süddeutschen Zeitung*, nicht erfüllen, ist vielleicht weniger deutlich zu bemerken. Die hier summierten Stimmen allein müßten aber auch den gläubigsten deutschen Zeitungslesern zu denken geben. Es ist ja eigenartig, daß keine einzige der zitierten Zeitungen jemals ein Interview mit einem Gammler brachte. Die angegriffenen Minoritäten selbst kommen nicht zu Wort. In der Berliner Presse ist mir kein einziger Versuch zu Gesicht gekommen, sich mit diesen Mitbürgern wirklich auseinanderzusetzen, um womöglich zu erfahren, was das für Menschen sind, wie das in der *Zeit* immerhin geschah. Entweder wurden die Tatsachen nicht geprüft oder das Ergebnis dieser Prüfung wurde verheimlicht. Befremdlich ist an diesem Verfahren nicht zuletzt der Mangel an Neugier – einer Tugend, ohne die man sich guten Journalismus nicht vorstellen kann.

Die beobachteten Tendenzen zeigen sich auch in der Prozeßberichterstattung der deutschen Presse. Die *B. Z.* vom 9. März 1966 berichtet unter der Überschrift »Vom Geständnis ist nicht mehr die Rede« über den ersten Tag eines Mordprozesses. Der Artikel beginnt: »›Meine Geständnisse entsprechen nicht der Wahrheit.‹ Das sagte gestern vor dem Moabiter Schwurgericht der 23jährige Mechaniker M. B. Der Staatsanwalt wirft dem ... Angeklagten Mord aus niedrigen Beweggründen vor.« So weit, so gut. Es ist bekannt, daß gegenüber der Polizei zu Protokoll gegebene Geständnisse im Prozeß widerrufen werden können und dann als nicht vorhanden betrachtet werden müssen. Die Kriminalgeschichte kennt eine Fülle von Fällen, wo sich gegenüber der Polizei abgelegte Schuldgeständnisse im nachfolgenden Prozeß als falsch herausstellten. Und selbst wenn ein Angeklagter ein gegenüber der Polizei abgelegtes Schuldgeständnis aufrechterhält, kann er deswegen noch nicht als schuldig bezeichnet werden. Aber lesen wir jetzt weiter, was die *B. Z.* vom ersten Prozeßtag berichtet. Sie fährt fort: »Am ersten September 1964 erwürgte B. auf einem Parkplatz in Wannsee seine 19jährige ehemalige Freundin ...«
Dazu kann man nur sagen: War der Reporter der *B. Z.* bei diesem Mord anwesend? Wie kann er sonst eine These, deren

Wahrheitsgehalt das Gericht eben erst feststellen will, als Tatsache hinstellen? Der dreiste Indikativ herrscht. Darin müßte jeder zivilisierte Mensch einen Verstoß gegen die Regeln des Rechtsstaats erkennen. Allerdings habe ich bisher vergeblich in deutschen Zeitungen nach Protesten gegen diesen barbarischen Brauch gesucht. Diese Art von Berichterstattung muß doch die Zeitungsleser in jene terroristischen »Passanten« verwandeln, für deren Gewaltaktionen der eingangs zitierte »Peer« von der *B. Z.* so viel Verständnis hat. Sie muß in ihnen doch die Vorstellung kräftigen, daß, wer angeklagt ist, auch bereits schuldig sei. Denn die bösen, ungedeckten Tatsachenbehauptungen werden ja noch feuilletonistisch garniert. In dem zitierten Artikel heißt es weiter: »Allerdings: es wirkte nicht allzu überzeugend, was dieser selbstgefällig auftretende Angeklagte mit dem verkniffenen Mund und der geschwollenen Redeweise dem Schwurgericht da erzählte.«

Zugegeben: in diesem so traurigen Land, in dem heute noch so über andere geschrieben wird, die sich nicht wehren können, – in diesem Land war es fast nie Sitte, gegenüber Schwächeren, Benachteiligten, Fremden, Armen, Erniedrigten oder Schuldigen großzügig zu sein. *Fairness*, Sympathie für den *underdog*, galten, wie man bereits an den Wörtern erkennt, nie, aber wirklich nie als eine deutsche Nationaleigenschaft. Es gehört Mut dazu, dies zu sagen, weil es ein Gemeinplatz ist. Der Erklärungen dafür sind viele; meist erklären sie wenig. Hier, am vorliegenden Fall, ließe sich aber vielleicht ein Grund dafür ablesen, daß es nicht anders werden will. Denn die oben zitierte Art der Charakterisierung eines noch nicht schuldigen oder von mir aus ruhig sogar schuldig gesprochenen, von mir aus sogar wirklich abstoßend häßlichen Mitbürgers in einer Zeitung empfinde ich als unmenschlich.

Der Bericht des *Abend* gleichen Datums über den gleichen Fall beginnt mit den Worten: »Geständnisse zu widerrufen, ist seit langem eine gern geübte Methode von Angeklagten in Schwurgerichtsprozessen.« Die *Welt* steht, wie üblich, nicht hintan. Auch sie berichtet am gleichen Tage über den gleichen Prozeß. Auch hier wird der Inhalt der Anklage im Indikativ wiedergegeben. Der Reporter der *Welt* hat dem Angeklagten offenbar noch lange nach der Tat stille Gesellschaft geleistet: »Abends, kurz vor 23 Uhr, fiel B. über sie her, und erwürgte

sie. Dann verknotete er ein Handtuch um den Hals des Mädchens, warf die Leiche in eine Kiefernschonung und fuhr ohne Licht davon.«
Sehr oft belehrt die deutsche Presse schon lange vor einem Prozeß, nämlich gleich nach der Verhaftung eines Mitbürgers, Richter und potentielle Geschworene über die wahren Tatbestände. Der *Abend* vom 16. März 1966 berichtet von der Festnahme eines Kellners. Die Anklagepunkte erscheinen im Indikativ. Ebenso in *Bild* vom 23. März 1966. Von einem Mitbürger, der sich am Vortage bei der Kriminalpolizei gemeldet hatte, weil er, wie er gesagt haben soll, gehört habe, daß man ihn suche, und der daraufhin festgenommen wurde – von diesem Mitbürger berichtet *Bild*: »Der gelernte Monteur stand erst am Anfang seiner Betrügerkarriere ... Mit dem weltmännischen Gehabe des Weitgereisten gab er sich Zechkumpanen als Diplomingenieur aus ... So hat er bereits drei seiner Opfer um 1700 Mark geprellt.« Nicht nur wird hier, wie üblich, Anklage und Schuld identifiziert. Mit dem Satz »er stand erst am Anfang seiner Betrügerkarriere« wird zudem von dem gottähnlichen *Bild*-Skribenten gleich über die Zukunft des Mannes entschieden. Da der Springerling Vorstrafen nicht melden kann, werden diese fehlenden Vorstrafen geschwind in die Zukunft verlegt. Damit hat der Verfasser, der übrigens Hans J. Nicolai heißt, über das Leben eines anderen Menschen im voraus und öffentlich entschieden.[1]
Die Entdeckung, daß einer ihrer Mitbürger vorbestraft ist, scheint viele deutsche Journalisten besonders zu erfreuen. Ein Beispiel soll genügen. Am 21. März 1966 berichtete die *B. Z.*, eine 50jährige Krankenschwester habe in der Öffentlichkeit »schwere Vorwürfe gegen einen beamteten Arzt in Wilmersdorf und gegen ein von ihm geleitetes Altersheim erhoben«. Der Arzt erstattete daraufhin Anzeige wegen Verleumdung gegen die Krankenschwester. Wir haben also eine anklagende, alte Krankenschwester auf der einen Seite und einen anklagenden, »beamteten« Arzt auf der anderen Seite. Auf wessen Seite schlägt sich nun die *B. Z.*? Sie sollte selbstverständlich vor Klärung des Falles für keine beider Seiten Stellung nehmen.

[1] In diesen Zusammenhang gehört eine Meldung der *Frankfurter Rundschau* vom 21. 5. 1966, derzufolge ein noch heute gültiges Bayerisches Gesetz vorbestraften Mitbürgern bei Landtagswahlen das Stimmrecht auf Lebenszeit aberkennt.

Was sie tut, zeigt uns die Überschrift. Sie zeigt uns auch, warum sie es tut: »Kronzeugin mit Vergangenheit. Ehemalige Zuchthäuslerin erhebt schwere Vorwürfe gegen Altersheimleitung.« Der nun folgende Artikel verrät uns mit keinem Wort den Grund der Vorwürfe der Krankenschwester, sondern er befaßt sich hauptsächlich mit der sogenannten Vergangenheit der sogenannten Ex-Zuchthäuslerin. Dabei kommt es zu dem Satz: »Verständlich, daß die Vorwürfe dieser Frau gegen den Arzt ... heute von der Kripo mit allen Vorbehalten aufgenommen werden.« Hierzu kann man nichts mehr sagen. Das ist Journalismus als Menschenjagd. Man fragt sich, was dabei herauskäme, wenn man mit der gleichen Strenge die »Vergangenheit« aller älteren Mitarbeiter des Hauses Springer durchforschen würde.

Nun könnte man fragen: Warum *Bild, B. Z., Welt, Abend, Tagesspiegel* oder *Kurier*? Nimmt überhaupt jemand diese Zeitungen ernst? Und läßt sich auf dem wichtigeren Felde der Politik nicht mehr und Bedeutenderes gegen sie einwenden? Dazu ein Zitat aus der *Welt* vom 22. März 1966, wo ein Herr Allemann schreibt, »daß die Demokratie für die Deutschen in der Bundesrepublik zur Selbstverständlichkeit geworden ist«. Der dies schreibt, glaubt es wirklich, und er glaubt es mit allen seinen Kollegen von den andern, zitierten Zeitungen, in denen täglich in Leitartikeln oder Kommentaren Bekenntnisse zur Demokratie abgelegt werden. Aber was nützen uns allgemeine Bekenntnisse, wenn im Innern der Blätter, auf den Lokalseiten, die wir beobachtet haben, wenn also dort, wo Demokratie beginnt und sich bewähren muß, nämlich im allerengsten, eigenen Umkreis, die einfachsten demokratischen Grundregeln verletzt werden? Was nützen uns Leitartikel über Toleranz, wenn gegen Minoritäten gehetzt wird?
Aufschlußreich ist in diesem Zusammenhang die Berichterstattung der genannten Blätter über den relativen Wahlerfolg der *NPD* in Bayern. In einem »Gespräch« der *B. Z.* vom 24. März 1966 mit dem Vorsitzenden der bayerischen *NPD*, Franz Florian Winter, findet man fast alle jene Techniken wieder, die wir eben bei der Behandlung anderer Minoritäten beobachtet haben. Der West-Berliner *Telegraph* vom 22. Mai 1966 berichtet von »erregten Debatten empörter Berliner« mit Angehörigen der *NPD*, die am Europa-Center für ihre Partei

warben. Was passierte? »Die Proteste der Berliner steigerten sich schließlich zu Tätlichkeiten.«
Dabei wird mir nicht wohl. Im Gegenteil, es ängstigt mich sehr. Denn bin ich nicht durch meine Lektüre zu dem Schluß gezwungen, daß auch dieser physische Terror und die tendenziöse Berichterstattung über die *NPD* den gleichen, unklaren und unreflektierten Motiven entspringt wie die über Gammler oder Angeklagte, Gastarbeiter oder Kommunisten? Es hat sich nun offenbar herumgesprochen, daß der deutsche Faschismus überhaupt nichts Feines ist oder war. Das ist nun, mit Waffengewalt, demonstriert worden. Angesichts solcher jedermann verständlichen Argumente schrumpft nun die Zahl derjenigen, die noch den Mut haben, Nazis zu sein. Damit haben wir eine neue Minorität. Also auf zur »Tätlichkeit«.
Mit anderen Worten: Herr Allemann hat womöglich Recht. Die Demokratie ist für die Deutschen zur Selbstverständlichkeit geworden. Aber nicht, weil sie sie verstanden haben oder praktizieren, sondern weil sie unwiderleglich über sie gesiegt hat, weil sie rundum mächtig ist. Für Macht hat man Verständnis. Daß dieser Vorgang in deutschen Redaktionsstuben reflektiert wird, bezweifle ich stark. Mir scheint, wir haben es hier mit einem Opportunismus zu tun, der von sich selbst nichts weiß. Die Gefahr, dies ist mein Eindruck als Zeitungsleser, ist hierzulande nicht das Erwachen eines neuen Faschismus. Der ist nicht Mode, und auf Mode gibt man in Deutschland sehr viel. Die Gefahr ist, das erwiesen auch die Wahlerfolge der *NPD*, die Festigung der gegenwärtigen Verhältnisse, die tägliches, anonymes, undemokratisches Verhalten zunehmend fördert, ohne daß diese Tatsache hinreichend reflektiert wird.
Als letztes Beispiel für diese Vermutung sei noch einmal der eingangs erwähnte »Peer« der Berliner *B.Z.* zitiert. Am 4. März 1966 berichtet er über einen eben anlaufenden Prozeß gegen einen Berliner Gastwirt. Dieser »hat Polizeibeamte beleidigt. Mit Schimpfworten, die hier nicht wiedergegeben werden sollen. Der Mann hat den gesetzlichen Tatbestand der Beleidigung eindeutig erfüllt. Davon beißt die Maus keinen Faden ab.« Soweit nichts Neues. In den folgenden Absätzen geschieht aber etwas Neues. »Peer« setzt sich nämlich für den angeklagten Gastwirt ein. Er nimmt ihn in Schutz. Er plädiert für »rein menschliches Verständnis«. Wir erkennen unsern

»Peer« nicht wieder. Ist das noch der gleiche »Peer«, der zwei Monate vorher ganz prinzipiell Menschen schuldig sprach, die eben erst angeklagt waren? Was ist geschehen?
Die Antwort finden wir drei Absätze weiter unten. Der interessante Absatz beginnt: »Der Beleidiger ist ein Jude. Er hat in der Nazizeit Furchtbares erlebt. Er gehört zu jenen, die durch Hitlers uniformierte Schergen verfolgt wurden. Seine Familie wurde ausgerottet.«
Ist es wirklich ein Zufall, daß in dieser Zeitung ein Angehöriger einer Minorität in Schutz genommen wird, von der sich inzwischen herausgestellt hat, daß sie zu Unrecht gejagt wurde? Kann man sich da freuen, wenn es sich erweist, daß deutsche Journalisten wenigstens bei einer einzigen Minderheit eine Ausnahme machen? Kann es sein, daß es sich bei ihnen allmählich herumgesprochen hat, daß Juden Menschen sind? Warum werden dann Angehörige anderer Minoritäten nicht in Schutz genommen? Warum nur Juden? Schlechtes Gewissen oder unreflektierter Opportunismus?
Die fremden Truppen, die dieses Land Gott sei Dank besiegt haben, haben für die Einrichtung demokratischer Institutionen gesorgt. Diese Institutionen sind nun da, und sie funktionieren einigermaßen. Aber sie brauchen Menschen, die sie tragen. Die Freiheit, die krank ist, kann nur durch die Freiheit kuriert werden.

Nachrichtensendungen im Fernsehen

Vorspann »Heute«
So beginnen allabendlich die Nachrichten des »Zweiten Deutschen Fernsehens«.
Vorspann »Tagesschau«
Und so beginnen die Nachrichten der »Arbeitsgemeinschaft Deutscher Rundfunkanstalten«. In beiden Fällen der *Countdown* der Sekundenzeiger auf die angekündigten Zeiten, die zur Befriedigung des Zuschauers genau eingehalten werden. Die in Funkstille vorgeschalteten Uhren verheißen Pünktlichkeit, Zuverlässigkeit, Aktualität. Die Titel, die den Vorspann mit dröhnender Vorbereitungsmusik abschließen: im ZDF das

aus allen Gegenden der Welt in die Bildmitte hineineilende »Heute«, in der ARD das vor einem über die ganze Welt verteilten Wald von Fernsehantennen nach oben gekippte Wort »Tagesschau«, vervollständigen den Eindruck: hier weiß man eine ganze Menge.
Gegen beide Einsätze läßt sich, außer daß sie unbescheiden sind, nichts einwenden. Auf die Sekunde eingehaltene Sendezeit, die abendliche Selbstdemonstration dieser Pünktlichkeit, suggerieren beim Zuschauer eine Exaktheit und Gründlichkeit, auch Schnelligkeit der Wiedergabe, die kein Nachrichtenprogramm der Welt erfüllen könnte, schon gar nicht, wenn für die Wiedergabe der Nachrichten in der ARD weniger als 15 Minuten, im ZDF weniger als 25 Minuten zur Verfügung stehen. Wozu noch bemerkt werden muß, daß diese weniger als 25 Minuten an den Wochenenden, also am Samstag und Sonntag, im ZDF allen Ernstes auf 10 Minuten zusammenschrumpfen. Warum? Weil mehr Leute Zeit haben, Nachrichten zu sehen? Oder richtet man sich im ZDF nach der Fülle des vorliegenden Nachrichtenangebots? Hat man voll Trauer erfahren, daß an Wochenenden fast nichts passiert?
Ich habe beide Nachrichtensendungen über einen Zeitraum von etwa 3 Wochen, das heißt vom 8. August 1971 bis zum 26. August 1971, täglich angeschaut und dabei einige Beobachtungen gemacht, deren Gültigkeit durch die notwendige Beschränkung der Beobachtungszeit natürlich begrenzt ist, das muß ich betonen. Auch läßt meine Kritik außer Betracht zum Beispiel die wichtige Frage der Selektion, da diese Frage auch bei den anderen Medien, wie Zeitung und Rundfunk, zu diskutieren wäre. Ich möchte mich auf fernsehspezifische Fragen konzentrieren.
Innerhalb des genannten Zeitraums brachte die »Tagesschau« durchschnittlich ungefähr 12, »Heute« etwa 18 getrennte Ereignismeldungen pro Sendung. Oft hatte natürlich die »Tagesschau« dadurch, daß sie 15 Minuten nach »Heute« einsetzt, die Möglichkeit, neuere Meldungen zu bringen. Dieser Vorteil der »Tagesschau« würde sich übrigens weiter vergrößern, wenn das im Sommer von ARD und ZDF angenommene neue Programmschema 1973 tatsächlich, wie geplant, in Kraft tritt, da dann die Nachrichtensendung des ZDF auf 19.00 Uhr vorverlegt werden soll: denn der Nachrichtenfluß ist zwischen 18.00 und 19.30 Uhr am stärksten, Auslandsnachrichten aus

Nord- und Südamerika, Japan und dem Fernen Osten treffen hauptsächlich ab 18.55 Uhr ein; also der ohnehin begrenzte Anteil außereuropäischer Nachrichten würde dann weiter zurückgehen. Zunächst eine kurze Charakterisierung der Nachrichten, die meine Berichtszeit dominierten: Täglich berichtet wurde über die Berlin-Verhandlungen der vier Botschafter im Alliierten Kontrollratsgebäude in West-Berlin, ferner über die Dollar-Krise und die von Nixon verkündeten Notstandsmaßnahmen, schließlich über die Kämpfe zwischen den britischen Expeditionsgruppen und der katholischen Minderheit in Nordirland.

Nehmen wir als Beispiel die erste Meldung der »Tagesschau« vom 22. August 1971:

Einspielung: »Am Vorabend des 33. Viermächtegesprächs deutete alles darauf hin, daß die Botschafter morgen ein Rahmenabkommen über die Zukunft West-Berlins schließen. Ihr neues Treffen findet nicht, wie üblich, im ehemaligen Kontrollratsgebäude, sondern in der Residenz des amerikanischen Botschafters statt.«

»Es deutet alles darauf hin«, so beginnt der Sprecher und verliest somit eine Nachricht, deren Substanz die Ankündigung einer für den nächsten Tag erwarteten Nachricht ist, in diesem Fall den Abschluß der Berlin-Verhandlungen der vier Botschafter. Wie wird nun dieses »alles«, das in den Worten des Nachrichtensprechers auf das Eintreffen der für morgen erwarteten Nachricht hindeutet, begründet? Hören wir noch einmal den Sprecher:

Einspielung: »Am Vorabend des 33. Viermächtegesprächs deutete alles darauf hin, daß die Botschafter morgen ein Rahmenabkommen über die Zukunft West-Berlins schließen. Ihr neues Treffen findet nicht, wie üblich, im ehemaligen Kontrollratsgebäude, sondern in der Residenz des amerikanischen Botschafters statt. Politische Beobachter ziehen daraus den Schluß, daß die vier Botschafter morgen nur noch die Texte des mehrsprachig ausgearbeiteten Vertrages vergleichen. Diese These wird auch durch die schon heute festliegenden Zeiten für das Treffen gestützt.«

Als Quelle erscheinen jetzt also jene »politischen Beobachter«, die der Fernsehzuschauer auch schon aus anderen Meldungen als »unterrichtete Kreise«, »ungenannte Sprecher« – jedenfalls Herren ohne Familiennamen kennt. Eine Identifizierung der

Nachrichtenquellen, wie wir sie aus den Zeitungen kennen, zum Beispiel der Nachrichtendienste, gibt es im Fernsehen, jedenfalls bei verlesenen Meldungen, nur in Ausnahmefällen. Hingegen folgt nun aber ein Film:
Einspielung (Tagesschau vom 22. 8. 1971): »Heute kamen hier die westlichen Botschafter Kenneth Rush, Jean Sauvagnargues und Roger Jackling mit dem Regierenden Bürgermeister Schütz zusammen.«
Was zeigt uns nun dieser Film? Er zeigt uns, daß vier zweibeinige Herren ohne Schwierigkeiten vier Autos verließen und auf ein Haus zugeschritten sind, in dem einer von ihnen wohnt, wie der Off-Sprecher sagt. Die Herren selber brauchte er nicht zu identifizieren, da wir sie seit anderthalb Wochen ähnlich rüstig auf Auto- oder Haustüren schon zuschreiten sahen, zum Beispiel *(Einspielungen):* am 10. August,
am 11. August,
am 12. August,
und so weiter. Was leisten diese Filme? Fügen sie den vom Sprecher schon verlesenen Informationen irgendwelche neuen hinzu? Die Frage muß man verneinen.
Gewiß, wir werden hier Augenzeugen, wir können verifizieren, daß es die in Rede stehenden Herren wirklich gibt, daß sie, von Haut umgeben, tatsächlich in Berlin sind. Da wir, die Augenzeugen, gar nichts von ihnen erfahren, vom Sprecher aber alles, und da wir, schließlich, in der Eile der vorüberziehenden Bilder diese Lücke zwischen der Unergiebigkeit der Auftritte der Herren und den Kenntnissen des Sprechers nicht reflektieren, so bleibt als Effekt: Hut ab vor der Allwissenheit des Sprechers.
»Man kennt schon«, schreibt der Fernsehkritiker Wolf Donner in der *Zeit,* »das Sofa, auf dem die Herren sich niederlassen und die Bewegung, mit der sie die Beine übereinanderschlagen, die Ehrengarde am Flughafen, den Konvoi und die Kurve, in die er einbiegt. Eine sterile Ikonographie feiert sich selbst«: Beispiel für Unsichtbarkeit des Sichtbaren.
Allabendlich erblickt also der Zuschauer, zur Illustrierung jeweiliger Nachrichten, Bilder, die ihm, da er sie schon seit Jahren kennt, ohne dies zu reflektieren, immer vertrauter werden, das heißt es werden erwartete Anblicke einer Welt offeriert, die man, so wie man sie im Fernsehen immer wieder erblickt, nie als fremd empfindet. Warum ist dies bedenklich?

Weil die Zulieferung vertrauter Anblicke auch die alarmierendsten Nachrichten, statt den Zuschauer zu erschrecken, zum Nachdenken, zu Fragen zu provozieren, weil also die vertrauten Anblicke den Nachrichten die Fremdheit, das Provozierende wegnehmen. Kurz gesagt: die Filme erfüllen eine Ablenkungsfunktion, schon weil sie, das ist ein Gemeinplatz, leichter rezipiert werden als die sie einleitenden oder im Off begleitenden Texte. Hierfür zwei Beispiele: Zunächst einen Ausschnitt aus einem längeren Filmbericht des Brüsseler Korrespondenten der ARD vom 22. August 1971 über die Reaktionen der EWG auf die Notstandsmaßnahmen Präsident Nixons:

Einspielung: »... so besteht ja beispielsweise bereits seit langem eine Wirtschafts- und Währungsunion zwischen Luxemburg und Belgien und es hat sich gezeigt, daß das beiden Ländern bislang nur genützt hat. Es ist unübersehbar, daß sich die Beneluxländer jetzt wieder zu Vorreitern einer europäischen Einigung gemacht haben, denn in dem Kommuniqué wird ausdrücklich erwähnt, daß man glaubt, diese Lösung sei nicht nur für die drei anderen Partner, für Frankreich, Italien und die Bundesrepublik akzeptabel, sondern daß sie auch von den Engländern in Zukunft akzeptiert werden könnte. Und der belgische Finanzminister Baron Snoy erklärte heute ...«

Und immer so weiter. Als zweites Beispiel einen Ausschnitt aus einem längeren Filmbericht eines Korrespondenten des ZDF vom 12. August 1971 über Pläne zur Reformierung der Bundeswehr:

Einspielung: »... Marschziel ist eine Bundeswehr, in der jeder Angehörige nicht nur weiß, was er zu welchem Zweck tut, sondern auch eine leistungsgerechte Bezahlung für seinen Dienst erhält. Die Vorstellung vom ›in jeder Funktion verwendbaren Einheitsoffizier‹ ist längst ebenso überholt wie das gleiche Bild vom Einheits-Unteroffizier. Immer kompliziertere Waffensysteme verlangen fachgerechte Behandlung und funktionsgerechten Einsatz. Und die Zahl länger dienender Freiwilliger, die diese Geräte bedienen und warten können, wird in Zukunft eher sinken als steigen. Deshalb muß eine Verbesserung der Personallage auf qualitativem Gebiet erreicht werden. Dieser Aufforderung wird nach Meinung des Gutachtens das heutige Bewertungs- und Besoldungssystem, das Dienstgrade honoriert, nicht gerecht, weil es zum Beispiel hohe Belastungsunterschiede innerhalb gleicher Tätigkeiten nicht berücksichtigt. Deshalb der Vorschlag: tätigkeitsorientierte Bewertung und Besoldung unabhängig vom Dienstgrad, der nur noch äußeres Zeichen der Autorität und damit Mittel der militärischen Führung wäre. Angelehnt an die Praxis in vielen großen Zivilunternehmen soll das Personal der Streitkräfte nicht mehr grundsätzlich überall einsetzbar sein, sondern in spezialisierte Verwendungsreihen aufgegliedert werden.

Jeder Soldat wäre dann an der Planung und Gestaltung seiner Laufbahn mitbeteiligt, denn er kennt ja die Ausbildungskriterien und Aufstiegschancen von vornherein genauso wie die Möglichkeit, von seiner Verwendung in eine andere umzusteigen. Die Kommission kommt zu dem Schluß, daß nach einem solchen grundlegenden Strukturwandel Verbände mit komplizierten Waffensystemen und operativen Schwerpunktaufgaben vorwiegend aus länger dienenden Freiwilligen bestehen könnten. In Verbänden mit einfacheren Waffen und Geräten brauchten die Wehrpflichtigen dann nur noch so lange wie unbedingt notwendig zu dienen. Damit könnte sogar der Grundwehrdienst auf 12 Monate herabgesetzt werden, sofern der Rückgriff auf Reservisten für den Bedarfsfall gewährleistet wird. Die Komponente Freiwilligkeit im Wehrpflichtsystem würde stärker als bisher betont.«

Diese beiden Beispiele darf man repräsentativ nennen und beide haben gemeinsam, daß die Verlesung relativ komplizierter Texte, denen man selbst bei der Zeitungslektüre nur mit ziemlicher Konzentration folgen könnte, von Reizbildern begleitet ist, die die Aufmerksamkeit von der Materie selbst ablenken: die Texte werden unhörbar. Fahrten über Brüsseler Boulevards, das Vorzeigen von Firmenschildern etlicher Finanzunternehmen, Gedränge bei der Verkehrsinsel: das sind Anblicke, die mit der Problematik des *floating* oder eines gespaltenen Dollarkurses etwa soviel zu tun haben, wie die Erörterung des Leistungsprinzips mit der knirschenden Vorwärtsbewegung gepanzerter Raupenfahrzeuge. Der Grund hierfür ist weder Böswilligkeit noch Inkompetenz. Das Kamerateam, das binnen Stunden eine Wirtschaftsanalyse mit beweglichen Bildern illustrieren könnte, gibt es nicht. Vielmehr scheint man bei beiden Programmen des Deutschen Fernsehens einem Zeigezwang zu unterliegen, den man offenbar als medienbedingt begreift. Die Nachrichten soll man *sehen* kön-

nen, da sonst das Medium in die Niederungen eines gefilmten Hörfunks hinabsänke. Da das Deutsche Fernsehen seinen in neuester Zeit immer zahlreicheren Kritikern vorwirft, sie blieben bei der Kritik stehen, statt konkrete Vorschläge zur Verbesserung der Nachrichten zu machen, würde ich hier zunächst vorschlagen: Ehrlichkeit. Auf Filme, die den Ereignismeldungen oder Hintergrundberichten nichts hinzufügen, sollte man radikal verzichten. Statt dessen könnte man die Schwierigkeit der Erlangung von Informationen dem Zuschauer mit vorführen. Nicht nur würden dadurch die Nachrichtenquellen genauer identifiziert, nicht nur wäre dies spannender, vor allem würde der Zuschauer lernen, Nachrichten zu mißtrauen, sie kritisch zu hören, zu sehen, zu lesen. Hierzu müßte man allerdings auf das starre Nachrichtenschema, das die »Tagesschau« charakterisiert, verzichten, denn man könnte dann nicht mehr, wie das dort der Fall ist, einen Sprecher mit unbeweglicher Pokermiene die Nachrichten als polierte, unantastbare Funde präsentieren lassen, die ihm, sagen wir, Zeus auf den Schreibtisch gelegt hat. Eher müßten die Nachrichten sozusagen vorgeschlagen, in Erwägung gestellt, vielleicht den Zuschauern sogar wieder weggenommen werden – eine distanzierende Art der Darbietung wäre verlangt, wie sie, jedenfalls auf den ersten Blick, die Nachrichten des ZDF zu versuchen scheint, wo ein moderierender Studioredakteur zwischen vom Sprecher verlesenen Ereignismeldungen, Filmen und Korrespondentenberichten vermittelt oder sogar in Live-Diskussionen mit Korrespondenten den Ereignishintergrund zu konturieren versucht, wie zum Beispiel in der Sendung vom 9. August 1971 im Gespräch über die Kämpfe in Irland:
Einspielung (Studioredakteur):
»Die Lage dort hat sich jetzt in einer Weise zugespitzt, die noch Schlimmeres befürchten läßt. Die Verantwortlichen in Belfast, London und auch in der irischen Hauptstadt Dublin stehen vor einer Aufgabe, die dem Außenstehenden unlösbar erscheinen muß. Wir haben unseren Londoner Korrespondenten Carl Weiss gebeten, uns einige zusätzliche Informationen zu geben, die das Bild weiter aufhellen können. Guten Abend, Herr Weiss, wir haben in den Nachrichten jetzt schon im einzelnen gehört, was sich in Belfast und anderswo abgespielt hat, wie ist diese Verschärfung der Lage zu erklären?«
(Carl Weiss): »Der Beschluß zu den Maßnahmen ist, wie man

heute weiß, schon vorige Woche gefaßt worden, bei einer Blitzkonferenz, zu der Faulkner nach London gekommen war und da mit Premierminister Heath, dem Innenminister Maudling und dem Verteidigungsminister Lord Carrington gesprochen hatte. Ich glaube, die drei Politiker wurden zu dieser Beschlußfassung bewogen durch neue Informationen, wonach die IRA entschlossen war und offenbar auch die Mittel nun hat, neue Terrormaßnahmen zu ergreifen. Der eigentliche Zeitpunkt der Verkündung wurde wohl Faulkner überlassen, und er wurde durch das besonders hektische Wochenende dazu genötigt. Dieses Wochenende war, wie vieles in Irland, eine Mischung aus der historischen Legende und dem puren Zufall. Die Legende fordert von der kommenden Woche, vor allem vom 12. August, wieder diese provozierenden Märsche der Protestanten in Erinnerung an den August 1689. Und der Zufall wollte es, daß ein nervös gewordener englischer Soldat einen Lastwagenfahrer erschoß, von dem die einen sagen, er habe eine Pistole gezogen, es seien Schüsse gefallen und die anderen sagen, der Auspuff habe den Lärm gemacht. Das führte in dieser nun immer wieder tragischen Verkettung von Revanche und Rache zu den Zusammenstößen dieses Wochenendes.«

Dieser gewiß ernst gemeinte Korrespondentenbeitrag enthält fast alle klassischen Elemente liberaler, das heißt vom Inhaltlichen absehender Berichterstattung. Ich will sie hier nur nennen, nicht weiter auf sie eingehen, da diese Art von Berichterstattung nicht fernsehspezifisch ist, vielmehr die Berichterstattung anderer Medien ebenso kennzeichnet. Es sind dies vor allem: die Zurückführung von Kämpfen und Konflikten auf irrationale Ursprünge, wenn der Korrespondent, mit bekümmertem Gesicht, zur Begründung der Kämpfe von einer »Mischung aus Zufall und Legende« spricht. Aber wir hören nichts von der jahrhundertelangen Ausbeutung Irlands durch den englischen Kolonialismus und wie es dazu kommt, daß die Katholiken eine Minderheit bilden, ärmer als die Protestanten, auch darüber erfahren wir nichts. Die Vermutung wird suggeriert, daß sie ärmer sind, weil sie an Legenden glauben, da kann man nichts machen. Und daß man sie, unter Mißachtung der Bürgerrechte, nachts aus den Betten zerrt und in sogenannte Haftlager steckt, das haben sie selber gewollt. Der Korrespondent bezeichnet es in einem Anglizismus als »ironisch«, womit er wohl sagen möchte, daß das Schlimme, das den Opfern widerfährt, von diesen nicht etwa erlitten, sondern lebhaft begrüßt werde, denn es verschafft ihnen »Publizität«. Wie man also sieht, hängt die Hintergrunddiskussion einer Ereignismeldung ab vom Standpunkt des jeweiligen Korrespondenten.

Was nun die Rolle des moderierenden Studioredakteurs angeht, so kann man sich tatsächlich nicht vorstellen, und ich habe es leider nicht beobachten können, daß er einem seiner Korrespondenten widersprochen hätte. Vielmehr beschränkt sich seine Funktion doch auf verbindende Zustimmung einerseits, dem Zuschauer zugelächelte Verknüpfung der einzelnen Nachrichten andererseits. Es zeigt sich nämlich, daß die Aura von Authentizität, die in der »Tagesschau« durch trockenen Vortrag der Meldungen erreicht wird, in der ZDF-Sendung »Heute« durch gemütliche Zutraulichkeit und charmante Verkrampftheit des Moderators womöglich viel erfolgreicher, das heißt gefährlicher ist. Der »Tagesschau«-Sprecher ist offiziös, trocken, der »Heute«-Moderator buhlt in die Linse, was man schon sprachlich an Verlegenheitsvokabeln wie: »ja« und »wohl« erkennen kann, auf die sich seine An- und Absagen oft stützen, Vokabeln, die Einverständnis mit dem Hörer implizieren, Meinungen transportieren, über die in der ganzen Welt längst ein Konsensus herbeigeführt ist wie in den folgenden kurzen drei Absagen. Die beiden ersten beziehen sich auf die Weigerung Frankreichs, auf die amerikanischen Währungsmaßnahmen gemeinsam mit den anderen EWG-Partnern zu reagieren, der letzte Kommentar bezieht sich auf den Parteiwechsel des Oberburgermeisters von New York, John Lindsay.

Einspielung (»Heute« vom 18. 8. 1971): »Vielleicht sollten sich jetzt alle Seiten mal daran erinnern, daß wir wirklich in einem Boot sitzen. Vielen Dank, Frau Krause-Brewer.«

(»Heute« vom 20. 8. 1971): »Man muß sich wohl wirklich fragen, was eigentlich noch alles passieren muß, bis jeder Mitgliedsstaat der Europäischen Wirtschaftsgemeinschaft einsieht, daß zugunsten dieser Gemeinschaft nationale Interessen in den Hintergrund treten sollten.«

(»Heute« vom 11. 8. 1971): »Es gibt ja in der Demokratischen Partei schon eine Reihe namhafter Anwärter auf die Präsidentschaftskandidatur. Unter ihnen wird schließlich der ausge-

wählt werden, dem man es zutraut, Präsident Nixon in der Wahl 1972 zu schlagen, bestimmt keine leichte Aufgabe.«

Betrachten wir nun einmal den weichen Teil der täglichen Nachrichtensendungen beider Programme, den die »Tagesschau«, wie immer, so auch am 22. August 1971 mit der feststehenden Formel einleitete: »Und jetzt Meldungen in Schlagzeilen.«

Einspielung (»Tagesschau« vom 22. 8. 1971): »Jetzt Meldungen in Schlagzeilen: Der südvietnamesische Vizepräsident Ky, den das Oberste Gericht in Saigon überraschend als Kandidaten bei den Präsidentschaftswahlen am 3. Oktober zugelassen hat, will sich bis Dienstag entscheiden, ob er gegen den amtierenden Präsidenten Thieu antritt.

Bei einer Gasexplosion, die wahrscheinlich durch die unsachgemäß angebrachte Gaszuleitung eines Küchenherdes verursacht wurde, ist in Düsseldorf eine Frau schwer verletzt worden und ein Schaden von mehreren hunderttausend Mark entstanden.

Bei den Rudermeisterschaften in Kopenhagen wurde der Bodensee-Vierer des DRV (unser Bild) wieder Europameister. Großer Sieger war jedoch die DDR, deren Boote vier Gold- und drei Silbermedaillen gewannen.«

Von der Kontextfrage, die in dem eben gehörten Schlagzeilenblock die Meldung von den sogenannten Wahlen in Südvietnam mit einer Gasexplosion in Düsseldorf eng verkettet, müssen wir hier absehen, obwohl dies eine wichtige Frage ist. Es ist zunächst noch wichtiger, den hiermit beginnenden Teil der Nachrichtensendung zu charakterisieren. Zumeist werden hier jene Nicht-Nachrichten untergebracht, die im Kalender schon Jahre vorher als Nicht-Nachrichten feststehen: in meiner Berichtszeit beispielsweise die 80. Geburtstage der Herren von Thadden-Trieglaff und Mitzenheim, der 75. Geburtstag eines Herrn Kammhuber usw. Ferner die Jahrestage vom Moskauer Vertrag, Mauerbau und sowjetischen Überfall auf die ČSSR, zu denen mitgeteilt wurde, daß heute vor einem bzw. zehn bzw. drei Jahren, übrigens aus Moskau bzw. Berlin bzw. Prag, Nachrichten da waren, übrigens heute aber nicht, das ist die Nachricht. Ähnliche, mit Hilfe eines Kalenders vorher zu Nachrichten ernannte Langweiligkeiten waren, um nur einige zu nennen, in meiner Berichtszeit: Bundesgartenschau Köln, Blumenschau Brüssel, Chirurgenkongreß Ham-

burg, Herrenmodemesse Köln, sogar das umständliche Vorzeigen eines sehr großen Hauses in Düsseldorf, in welchem Ausstellungen von Konsumgütern eröffnet werden.
Ähnliche Ablenkungsfunktionen erfüllen Mitteilungen öffentlicher Huldigungen verflossener Nachrichten, wie die Verlesung von Glückwunschtelegrammen oder Konfettiparaden, die Tode älterer Herren, ausbleibende Unfälle anläßlich der Rückkehr von Fahrzeugen von Urlaubern auf Autobahnen oder wirkliche Unfälle von Zügen, von Flugzeugen, von Autos, von Schiffen, Nachrichten von Bränden, von Einstürzen, von Unwettern zum Beispiel in Indien, Kroatien, Stürmen mit Spitzengeschwindigkeiten in der DDR, Hageln in Südfrankreich, Taifunen in China. Fast alle diese Nachrichtengebiete haben gemeinsam, daß sie den Blick des Zuschauers auf natürliche, unvermeidbare Vorgänge richten, somit die ohnehin bei ihm schon vorhandene Tendenz fördern, alle Berichte resignierend hinzunehmen: den Tod eines Greises wie die Wahlen in Südvietnam, den Taifun in China wie die industrielle, kriminelle Verseuchung unserer Flüsse. Fragt man also nach dem hier obwaltenden Nachrichtenverständnis, so kommt heraus, daß zwar eine unvermeidbare Auffälligkeit wie ein Taifun in China als Nachricht begriffen wird, nicht aber eine Filmreportage aus Vietnam, für deren Einsetzung man sich im ZDF vom 25. August folgendermaßen entschuldigte:
Einspielung: Studioredakteur:
»Zum Schluß noch ein Beitrag, wie wir ihn an sich selten in unserer Sendung haben, weil sein Inhalt mit dem aktuellen Tagesgeschehen nicht unmittelbar zu tun hat. Dieser Beitrag kommt aus Vietnam, er zeigt skizzenartig die Atmosphäre des Landes, das seit über 25 Jahren vom Krieg überzogen ist und dessen ohnehin ungewisses Schicksal durch den Abzug der Amerikaner noch problematischer werden wird. Hans Scheicher berichtet, Kamera Harry Erben:
Hans Scheicher:
Der Krieg in Vietnam ist wie ein alter Mann, der böse ist und abgestumpft. Er will nicht mehr, aber er kann nicht vergessen. Für die amerikanischen Soldaten dauert der Krieg nicht 25 Jahre, sondern jeweils 1 Jahr. Das ist ihnen lang genug.«
Leider können wir jetzt die Unverschämtheit des poetisierenden Vergleichs des Krieges mit einem alten Mann hier nicht untersuchen. Halten wir aber fest, was entscheidend ist; daß

das täglich sich Ereignende, nämlich die fortdauernde Barbarei fremder Truppen in Vietnam nicht als Nachricht begriffen wird, da es nicht spektakulär, das heißt nicht einmalig oder neu ist. Hier, spätestens, wird sichtbar der repressive Charakter unseres Nachrichtenverständnisses, das, indem es »Aktualität« fordert, das Vergessen, das Verdrängen verlangt des noch immer Vorhandenen, andererseits aber etwas so zweifellos Unspektakuläres wie den ausführlichen Börsenbericht, hier im ZDF, täglich präsentiert, wobei wir auf unsere Frage, für wen das Zweite Deutsche Fernsehen diese Nachricht bringt, in der »Tagesschau« vom 11. August folgende Antwort erhielten:
Einspielung: »Der private Aktienbesitz in der Bundesrepublik ist nach Angaben des Wirtschaftswissenschaftlichen Instituts der Gewerkschaften stark konzentriert: 90% dieser Aktien befinden sich, so erklärte das Institut heute, in den Händen von weniger als 2% der privaten Haushalte.«
Sehr eindrucksvoll wird aber das Konzept der Nachrichtensendungen beider deutscher Fernsehprogramme in den Schlußbeiträgen sichtbar. Kehren wir zurück zur eingangs gezeigten »Tagesschau« vom 22. August 1971:
Einspielung: »›Ich begrüße Sie heute morgen sehr, sehr herzlich zu unserem 1500. Hafenkonzert.‹ – So meldete sich heute früh vom Willkomm-Höft bei Hamburg der Norddeutsche Rundfunk mit seinem Jubiläumshafenkonzert. Das älteste Hörfunkmagazin der Welt wurde vor 42 Jahren zum ersten Mal ausgestrahlt, damals von der NORAG, der Vorgängerin des NDR. Als das Hamburger Blasorchester um 6.00 Uhr zum Eröffnungsmarsch aufspielte, hatten sich mehr als 5000 Frühaufsteher eingefunden, unter ihnen Bundesinnenminister Genscher und Hamburgs Bürgermeister Schulz. ›Rettung auf See‹ war das Thema der Jubiläumssendung. In mehreren Übungen wurde auf der Elbe demonstriert, wie auf hoher See Hilfe geleistet wird. Das Hafenkonzert wird regelmäßig von anderen Funkhäusern übernommen.«
Mit diesem schönen Schlußtusch und dem filmisch geführten Nachweis, daß man ein ganz kleines Schiffchen auf ein größeres tun kann, sind die Meldungen der vorherigen 13 Minuten verwischt, wie zum Beispiel die Meldung von der Erschießung des schwarzen Amerikaners George Jackson bei einem angeblichen Ausbruchsversuch aus dem Gefängnis von San Quentin, eine Meldung, in der die Version des Polizeiberichts ohne jedes

einschränkende »angeblich« ebenso übernommen wurde, wie man es unterließ, darauf hinzuweisen, daß dieser Mann wegen angeblichen Diebstahls von 70 Dollar 11 Jahre im Zuchthaus saß. Auf Kosten solcher unangenehmen, das heißt notwendigen Nachrichten schließen beide Fernsehprogramme mit Vorliebe, womit ein abrundender Wochenschaustil erfüllt ist, ein versöhnender Schlußakkord, die Fiktion von Komplettheit, die etwa unterlaufende Unannehmlichkeiten in unverantwortlicher Weise vergessen macht oder in Witzchen auflöst.

Von der Servilität der Presse

Rede, gehalten am 19. April 1967 im Auditorium Maximum der Freien Universität Berlin

Man hat mich gebeten, ein paar Worte zur Information der Öffentlichkeit durch die Berliner Presse zu sagen. Dies ist schwierig, selbst für einen Gast (denn ich bin nur ein Gast in Berlin), denn der frische Blick eines Gastes soll ja alles klarer und besonders deutlich zeigen. Was man aber hier sieht, das ist sehr klar und deutlich, es hat sich längst herumgesprochen. Es ist traurig, immer wieder dasselbe sagen zu müssen. Nirgendwo in der Welt, außer in West-Berlin, ist es ein Geheimnis, daß der Polizeipräsident Duensing hysterisch ist und absichtlich oder unabsichtlich falsche Statements herausgibt, die er nachträglich entweder aus Ignoranz oder aus Bosheit nicht dementieren läßt.

Nicht nur wurden von der Westberliner Presse die Verlautbarungen des Polizeipräsidenten als unbezweifelbare Wahrheiten weiterverbreitet (statt daß man sie zumindest durch den Hinweis relativiert hätte, daß es sich um Angaben handele) – auch, als sich herausstellte, daß sie unwahr waren, hat keine Westberliner Zeitung diese Verlautbarungen dementiert, von Kritik ganz zu schweigen.

Wer hat noch die Energie, diese Unkorrektheiten, die ja mehr als Unkorrektheiten sind, – diese Sünden gegen die Demokratie noch täglich zu erinnern und aufzuzählen, wenn immer wieder der Verstoß von gestern durch neue Anschläge heute übertroffen, durch neue Obszönitäten überflügelt wird. Wenn in öligen Leitartikeln Demokratie und Freiheit gepriesen, zwei Seiten weiter aber jene verunglimpft werden, die sich die Worte der Leitartikel zu Herzen genommen haben! Seine Meinung soll man sagen dürfen, aber nur, wenn es opportun ist. Gegen Notstandsgesetze demonstrieren: das können nur »Krakeeler«, »Radaubrüder«, »Radikalinskis« sein. Sie sollen lieber »diskutieren«, das sei, so heißt es neuerdings immer, »besserer Stil«. Nun, wir haben diskutiert, wir haben jahrelang versucht, mit den Befürwortern der Notstandsgesetze, des Krieges in Vietnam und der Springerschen Pressemonopole zu diskutieren. Was passierte? Die Herren kamen nicht. Wir hatten Vertreter von acht Westberliner Zeitungen zu einer Diskussion ins Rathaus Wilmersdorf eingeladen. Schütter und dünn kamen zwei Herren, von denen einer vom *Spandauer Volksblatt* war, der andere vom *Tagesspiegel*. Man genierte sich, ihnen zu widersprechen, da sie in der Minderheit waren. Diese Zeitungen genieren sich aber nicht, die Minderheiten zu verfolgen. In den Zeitungen war von unseren Diskussionen nichts zu lesen. Am Morgen nach unseren Notstandsdiskussionen stand keine einzige Zeile über diese Diskussionen in der Zeitung. Statt dessen aber seitenlange Berichte über einen Fackelmarsch der Antistalinisten. Nun sind wir zwar auch nicht Freunde von Stalin. Nur halten wir es nicht gerade für das wichtigste, heute in West-Berlin unter Polizeischutz gegen Stalin zu demonstrieren. Wir finden das ziemlich lächerlich.

Unsere Alternativen sind also: Diskutieren, wie man es uns empfiehlt. Dann hört allerdings niemand unsere Argumente. Oder: Provozieren, Demonstrieren. Dann schreit hysterisch Rektor Lieber, wir praktizierten »direkte Demokratie«. Mit den Rezepten des Polizeipräsidenten, des Rektors und der Westberliner Presse hätte man allerdings nie die Tuilerien erstürmt und man hätte in Boston den englischen Tee nicht in den Hafen geworfen. Mit den Lieber-Duensing-Springer-Rezepten wären wir heute noch in der Steinzeit.

Der Witz, den die Herren nicht einsehen wollen, ist eben dieser: wir sind etwas anspruchsvoller geworden, das hat sich leider nicht vermeiden lassen, wir wollen etwas mehr als Demokratie nur in Leitartikeln, weil wir allerdings gelegentlich auch etwas mehr lesen als diese Leitartikel, wir lesen von faschistischer Diktatur in Portugal, von faschistischer Diktatur

in Spanien, in fast ganz Südamerika, in Persien – bitte, verzeihen Sie mir, falls ich hier einige auslasse –, wir lesen von dem barbarischen Vorgehen der Amerikaner in Vietnam, und es ist zu viel von uns verlangt, alle diese Dinge zu übersehen, nur weil es in einem andern Teil der Welt auch nicht zum besten steht. Verantwortlich sind wir da, wo wir leben und wo wir eine Chance haben, etwas zu verändern, Ansprüche müssen wir zuerst dort stellen, wo wir selbst sind.
Ich habe immer von der Westberliner Presse gesprochen. Das klingt so, als sei dies eine abstrakte Macht. Aber Westberliner Presse: das sind ja einzelne Menschen, die gibt es ja wirklich, auch wenn Sie's nicht glauben, die laufen ja hier rum, die starren dich an, und was sie leisten, ist so plump, daß auch das stumpfeste kritische Besteck sich noch als zu fein erweist, um benutzt werden zu können. Die Dokumentation des AStA und der Bericht von Rechtsanwalt Mahler, den Sie eben gehört haben, hat denjenigen von Ihnen, die während des Besuches von HHH nicht in Berlin waren, Aufschluß über die Vorgänge gegeben. Ich kann diesen beiden Darstellungen kaum Neues hinzufügen, bitte Sie nur zu bedenken, daß diese teils ignorante, teils zynische Berichterstattung der Westberliner Tageszeitungen, d. h. der Springer-Zeitungen und der Zeitungen, die ich freiwillige Springer-Zeitungen nenne, also aller andern, täglich stattfindet und lediglich anläßlich einer Demonstration uns besonders auffällt und dann besonders grotesk und unverantwortlich wird.
Der eine Punkt, den ich gegenüber AStA- und Mahler-Bericht noch ergänzen wollte, betrifft das Verhalten der politischen Polizei während der HHH-Demonstration vor dem Charlottenburger Schloß. Sie haben alle diese meist ziemlich fetten Herren mit den blauen Stecknadelköpfen am Revers gesehen. Sie stehen immer zu zweit; zu zweit schlägt sich's besser. Ich habe sie sehr genau beobachtet, von diesen Figuren geht eine gewisse Faszination aus. Es sind Gesichter, die man längere Zeit nicht mehr gesehen hat. Man denkt an die Zeichnungen des Berliner Malers George Grosz, der ebensolchen Gesichtern Gottseidank in die Emigration entkommen ist. Diese Herren verhalten sich folgendermaßen, das sollte man doch einmal in aller Öffentlichkeit beschreiben: Sie stecken die Köpfe zusammen und einigen sich nach kurzem Gespräch (weiß Gott, was man da für Vokabeln sammeln könnte, wenn man zuhören

könnte!) auf irgendeinen beliebigen Demonstranten, vielleicht nicht einmal einen mit einem Plakat in der Hand. Dann stürzen sie sich über ihn, schlagen ihn, wenn er sich wehrt (und natürlich wehrt er sich, er ist ja von Zivilisten überfallen worden) und schleppen ihn ab. Als das zum ersten Mal in meiner Umgebung passierte, bat ich die Herren um ihre Dienstnummer. Die zynische Antwort war: »Hier ist doch kein Kindergarten.« Nein, ein Kindergarten ist das hier wirklich nicht. Sondern eine Stadt, in deren westlichem Teil es möglich ist, daß Zivilisten über irgendeinen herfallen, ihn blutig schlagen, wie ich selbst gesehen habe. Das ist meiner Ansicht nach kriminell, Verschleppung, Menschenraub. Ich habe einige dieser Herren später auf dem Polizeirevier 125 wieder gesehen, wie sie zurückkamen, nach getaner Arbeit, schwitzend, nicht gerade die schönsten Männer der Welt. Aber das sind die Leute, von denen die Berliner Ausgabe der *Welt* schrieb, proamerikanische Demonstranten seien in Schlägereien mit antiamerikanischen Demonstranten geraten. Da sieht man die kriminell unfähige oder kriminell zynische Berichterstattung dieser Zeitungen. Sehen wir einmal von dieser eigenartigen Terminologie ab (oder sind die 120000 New Yorker, die vorgestern gegen den Krieg in Vietnam demonstriert haben, auch antiamerikanisch? Ich möchte festhalten: *Wir* waren die proamerikanischen Demonstranten): Nehmen wir einmal an, daß das wirklich proamerikanische Demonstranten waren. Seit wann gehen proamerikanische Demonstranten hinterher aufs Polizeirevier und fühlen sich dort zu Hause? Warum sind proamerikanische Demonstranten alle stiernackig? Schwitzen alle? Sind alle fett?
Verzeihen Sie, wenn ich das Resultat meiner Berliner Presseanalyse dadurch mitteile, daß ich hier jetzt die Berliner Zeitungen zerreiße.

Deutschland als Ausland

Nach längerer Abwesenheit aus Deutschland, morgens, in Waldbronn bei Karlsruhe, auf dem Weg zum Bäcker, bemerke ich neben mir, zwischen Bürgersteig und Hausfront, einen zehn Zentimeter breiten Vorgarten mit wirklichen Blumen und gepflegtem Rasen. Jedoch ist dieser Garten, in den man sich hinabbeugen, aber nicht setzen könnte, gegen die Außenwelt geschützt durch einen fingerhohen Gartenzaun. Erwartet man den Angriff von Personen in der Größe von Bleistiften?

Auf dem Weg zur Post, in Reichenbach bei Karlsruhe, muß ich, da ich mich verfahren habe, zum Wenden etwa den halben Meter einer Auffahrt benutzen, die in ein Mietshaus hineinführt. Aus einem plötzlich haltenden BMW springt, beim Verlassen des Wagens kleiner werdend, ein starker Herr in kurzen Hosen und brüllt mich an: »Das ist hier kein Wendeplatz!« Es war sein Haus, und er muß es als territoriale Bedrohung empfunden haben.

Noch immer die Schimpfe, wenn man im Gemüseladen eine Tomate berührt, im Wartesaal einen Koffer neben den Tisch stellt, beim Fleischer das Geld nicht auf die dafür gedachte Gummiunterlage legt oder bei Rot über die Straße geht. Unsicherheit, Furcht und Strenge ist in den Blicken dieser Menschen, als drohte ihnen die Peitsche. In Berlin sah ich immer wieder vor allem ältere Menschen in großen Sätzen, von ihren motorisierten Landsleuten wie Freiwild gejagt, über die Straßen förmlich springen. Wie sollen sie, atemlos und beschämt, auf dem Trottoir Würde gewinnen? Ein mir bekannter 70jähriger Hausmeister wurde im vergangenen Jahr zweimal von Autos in die Luft gewirbelt.

*

Fragt man aus Europa zurückkehrende Urlaubsreisende vorsichtig, warum sie, was ja für die Mehrheit zutrifft, um Deutschland einen Bogen machen, so erfährt man, daß dies ohne Absicht geschah. Es ist nicht so, daß man aus Deutschland nur Unappetitliches (in amerikanischen Zeitungen unübersetzt: »Kreislaufstörung, Selbstmitleid, Berufsverbot«) hörte. Aber beim Gedanken an träges Herumbummeln in alten Straßen, unter freundlichen Menschen, fällt einem Deutschland nicht ein. Man versuche dies auf den breiten Gehsteigen Berlins mit den sich, wie es scheint, seitlich vorwärtsbewegenden Personengruppen. Ihre Fortbewegung ist wie in einer Trance, stumpf, wahrnehmungslos. Aber wenn man ihnen nun entgegenläuft, wachen sie auf, bleiben sogar stehen vor Schreck, ehe sie kopfschüttelnd weiterziehn, als hätte die

Geschichte sie in Scheunen verborgen gehalten, deren Tore sie kürzlich erst aufstoßen konnten.
Man wird also angestarrt. Ein befreundeter amerikanischer Naturwissenschaftler – also kein *hippie* – sagte neulich zu mir: »Ich war in Deutschland und wurde überall angestarrt!« Es ist fast schon ein Sprichwort: »Angestarrt werden wie ein Fremder in Deutschland.« In der Kantstraße in Berlin kam mir ein Schotte entgegen, d.h. ein Deutscher, der sich in einen karierten Tweedanzug hineingezwängt hatte, so daß er, unter geschwollenen Stirnadern die Augen nur rollen, nicht aber den durch Spreizkragen bedrängten Nacken wenden konnte. Hierzu Schottenmütze und Regenschirm. Wie vom Donner gerührt, blieb er stehen, als er mich sah und sagte zu seiner Frau: »Nun schau' Dir den an!«
Ich vermute, daß er mich für schlecht gekleidet hielt. Er ergab sich dem Eindruck, ich sei beim Versuch, mich amerikanisch zu verkleiden, gescheitert. Denn in der Nachahmung fremder Moden verraten sich die Deutschen durch Perfektion. Zum Beispiel sehen die Personen, die in nachgemachten westdeutschen »Bistros« oder »Pubs« sitzen, ganz falsch aus. Zunächst scheinen sie hier zu groß, aber das mag an ihren Bewegungen liegen. Schlacksig wollen sie sein wie Briten, anrüchig wie Franzosen, nur sie selber wollen sie lieber nicht sein.
Die Dimensionen stimmen nicht. Ein Bekannter hat bei München eine »Villa« mit einem »swimming pool«, in den ich den Zeigefinger steckte, der gleich den Boden berührte. In vielen solcher trivialen Beispiele zeigt sich eine besonders traurige Unverhältnismäßigkeit von Anspruch und zur Verfügung stehendem Territorium. Beim Eintritt in Neubauwohnungen, in denen doch die Mehrzahl der Menschen wohnt, muß man sich allzuoft an Schränken vorbeiwinden, die so groß sind, daß man, auf ein Signal hin, aus ihnen das Hervortreten eines Männerchores erwartet. Andererseits die Tassen! Raumkapseln nachgeahmt, aber so winzig, daß man sie mit einer Pinzette anheben müßte! Auch die Dinge sind in Deutschland in einer falschen Welt. Möbel, die erst glücklich sein könnten, wenn man sie in Räumen unterbrächte, die es erlaubten, fünf Minuten lang schlendernd auf sie zuzugehen, ohne über Sitzkelche zu stolpern, die ihrerseits in Puppenstuben gehörten. Also unfunktionell, ausgestellt, als erwarte man die plötzliche Kontrollvisite eines Weltgeschmacksinspektors.

Deutlicher als in anderen Ländern kann man in deutschen Haushalten eine Verselbständigung der Logistik beobachten. Z. B. war ich bei einer Familie zum Abendbrot eingeladen. Wir saßen alle am Tisch, als plötzlich, zu meinem Entsetzen, die Hausfrau aus der zum Greifen nahen Küche einen scheppernden Teewagen auf uns zurollte, dergestalt, daß sie sich bis fast zu den Knien bücken mußte. Als seien wir im Kinderzimmer und spielten »Besuch«.
Ähnlich am Flughafen von Stuttgart, wo man »Flughafen« spielt. Auf dem leeren Flugfeld rollt das Flugzeug aus und kommt etwa 20 Meter entfernt vom Flughafengebäude zum Stillstand. Nun darf man diese 20 Meter nicht laufen, sondern muß sich in einen Flughafenbus hineinzwängen und abwarten, bis den bedauernswerten Fahrer mittels Sprechfunk die Genehmigung zur Reise erreicht: angesichts der Ungefährlichkeit der Strecke ein rätselhafter Vorgang. Aber wenn man am Gebäude eingetroffen ist, darf man noch immer nicht eintreten, sondern wird von Beamten, in deren Gesichtern kein Zweifel erkennbar ist, zu einer Treppe geleitet, die man außerhalb des Gebäudes emporsteigen muß, um gleich im Innern des Gebäudes wieder die Treppe hinuntergehen zu können. L'art pour l'art? Größenwahn? Sadismus? Wohl doch Ordnungsfetischismus. Der Gedanke an Menschen, die frei schlendernd, gleich Spaziergängern, aus dem Flugzeug in das Haus gehen, scheint die Hölle zu sein. Wo sie sich frei bewegen dürfen, fehlt ihnen folglich die Übung, die Selbstdisziplin; daher ist die »Schlange« am Schalter etc. eben dann eine »deutsche Schlange«, über die wir nicht zu sprechen brauchen: logisches Pendant des erwähnten Mensch-ärger'-dich-nicht-Dirigismus.

*

Deutschland erlebt man als Ausland beim Versuch, in einem Restaurant zu essen. Ich gehe also jetzt davon aus, daß es gelungen ist, außerhalb der sog. »Großstädte« (übrigens ein Wort, daß es im Englischen nicht gibt) ein Restaurant zu finden, das, für den Fall, daß der Inhaber nicht gerade auf seiner Yacht im Mittelmeer kreuzt, länger als zwei Stunden am Tag ein Essen serviert. Also diesen Glücksfall setzen wir voraus und beobachten nun die Auswahl des Tisches durch eine das Lokal betretende Personengruppe. Zunächst ist es erschreckend, daß diese nicht etwa bei der Tür verharrt, um von dort eine ruhige

Auswahl zu treffen. Vielmehr dringt die Gruppe gleich weit in das Restaurant vor und unternimmt dann unruhig Vorstöße in mehrere Richtungen zugleich, wobei leere Tische sozusagen versuchsweise von einzelnen Mitgliedern der Gruppe besetzt, schlampig wieder aufgegeben werden, da schamlose Zurufe, dirigierendes Winken mit Knirpsen, Handtaschen der andern, die oft sogar schon sitzen, sie zu Tischen rufen, an denen man sich sicherer fühlt.

Fürchterlich ist die Begegnung zwischen deutschem Gast und deutschem Kellner, selbst wenn dieser ein Ausländer ist, denn die ausländischen Kellner haben aus Überlebensgründen Barbarismen des Gastlandes übernommen: der Gast befiehlt, verhört, ordnet an, fordert Enthusiasmus, Eifer, Gehorsam, Unterwerfung. Andererseits der Kellner fordert vom Gast das gleiche. Der Kellner in Deutschland verhält sich wie ein großer Herr, ein aus Wohltätigkeitsgründen eine halbe Stunde im Jahr unentgeltlich und inkognito kellnernder Großfürst, dem es bei größter Anstrengung nicht gelingen will, seine bodenlose und übrigens berechtigte Verachtung des Gastes zu unterdrücken: beide produzieren, beide verdienen einander und man kann als Fremder diese Bereitschaft zum Totschlag – also die Voraussetzung des Verhältnisses zwischen deutschem Gast und deutschem Kellner – nicht unterlaufen.

Jedenfalls mein Versuch, einen Kellner durch demütiges Verhalten zu gewinnen, scheiterte kläglich. Ein Freund von mir war abends in Bremen angekommen, ohne gegessen zu haben. Weder in meinem Hotel, noch irgendwo sonst konnten wir etwas zu essen kriegen, es war neun Uhr abends. Endlich fanden wir doch ein Lokal in der disneylandartigen »Altstadt«. Schon an der Tür brüllte uns ein Kellner an, daß es nichts mehr zu essen gäbe, jedoch der Koch rief aus der Küche, er hätte noch eine Suppe für uns. Nun setzten wir uns, und als der Kellner erschien – ein anderer als der von der Tür –, bestellten wir die erwähnte Suppe. »Zu Essen gibt es nichts mehr«, brüllte er und ging weg. Nachdem es uns endlich gelungen war, seine Aufmerksamkeit durch allerlei bescheidene Gebärden und geflüsterte Rufe zu gewinnen, richtete ich das Wort an ihn. Ich versuchte ihm darzulegen, daß ich mit dem, was ich jetzt im Begriff sei, ihm mitzuteilen, seine Autorität, die wir beide voll anerkennten, überhaupt nicht bezweifeln wolle. Nur habe uns beim Eintritt der Herr Koch ein Süppchen persönlich zugesagt,

er möge ihn nur fragen und alles werde beigelegt sein. Auf diese Rede hin wurde der Kellner rot vor Zorn und brüllte: »Ich lasse mich nicht verarschen! Raus mit Ihnen! Raus! Raus!« Also der deutsche Kellner fiebert nach sadistischer Behandlung. Wo sie ausbleibt, ist er beleidigt.
Das Essen ist ein Alptraum. Um Pfeffer und Salz, Wasser und Brot muß man kämpfen. Dann die berüchtigte deutsche Sitte, mit dem Essen zu beginnen, ehe allen serviert ist. Die Aufnahme der Nahrung geschieht hastig. Flüssigkeiten werden eingenommen bei gleichzeitig noch erfolgender Zermalmung des Speisebreis. Der Kauvorgang ist, besonders im Falle von einzeln Sitzenden, häufig begleitet von unruhigem Hin- und Herblicken der Augen, sogar zu Nebentischen, als drohe von dort ein Terrorangriff. Bei diesem Hin- und Herblicken bleibt der Kopf starr, das Messer schwebt vibrierend in der Rechten über dem Teller. Während des Kauens findet eine Musterung des Tellers auf der Suche nach der nächsten, blitzschnell in die Mundhöhle nachgeschobenen Ladung statt.
Schließlich: in der Sekunde der Vollbringung der Mahlzeit, noch schluckend, jähes Wegschieben des Troges. Also eine schäferhundartige Verachtung von Essen.
Aufschlußreich ist die Schmückung der Speisekarte mit allerlei exotischen Namen, hinter denen sich jeweils identische Speisen verstecken. Eine Scheibe Ananas, die man auf ein »Steak« gelegt hat, gilt als Hawaiische Spezialität, die gleiche Sache mit einer Paprikaschote als ungarisch, mit einer Banane als indisch, die gleiche Sache, gemeinsam mit Zwiebeln und Fettpartikeln von einer Metallstange durchbohrt, von der man sie wieder entfernen muß, als serbisch etc.: verständlicherweise möchte man wieder zur Welt hinzugehören. So auch durch ununterbrochene Verwendung von Knoblauch, womit man den Nachweis zu führen versucht, man könne kochen.
Bei einem Besuch in Dannenberg war die ganze Ortschaft englisch beflaggt, da man, obwohl sich kein einziger Engländer treffen ließ, der Ansicht war, es sei eine Deutsch-Englische Freundschaftswoche. Immer und immer wieder in Westdeutschland vor Bahnhöfen oder Ausstellungshallen flatternde Fahnen aller Nationen. 1976 sagte der westdeutsche Kanzler Schmidt tatsächlich, ohne mit den Augen zu zwinkern oder hinterher: »Spaß! Spaß!« zu rufen den Satz: »Wir sind alle Amerikaner!« (Neunzig Jahre vorher sagte Oscar Wilde: »Der

Rhein ist natürlich langweilig, die Weinberge sind steif und öd und, soweit ich es beurteilen kann, die Deutschen sämtlich Amerikaner.«) Sich selbst nannte Schmidt einen »Weltökonomen«, Augstein nannte Kissinger einen »Weltaußenminister«, aber zugleich lacht man in Deutschland über das ostdeutsche »Weltniveau«.

*

Nachdem dieses Volk fast alles, was an ihm schön, liebenswürdig und zart war, verraten hat, verliert es nun auch seine Sprache. Ganz Deutschland scheint nichts als ein ununterbrochener englischer Sprachkurs. »Wie geht es Ihnen?« fragte ein Frankfurter Kritiker. »Danke, gut«, sagte ich. »Sie sind also happy?« fragte er. Dies war kein 14jähriger Rocker, sondern ein westdeutscher Intellektueller. Die Derberen sprechen Englisch, die Sublimierteren Französisch.
Bei einem Essen im Hause von Freunden teilte mir eine Westdeutsche, als ich sie fragte, warum sie darauf bestehe, mit mir Französisch zu reden, auf Französisch mit, sie spreche Französisch, weil Deutsch eine arme Sprache sei. Bei Tisch wurde ferner die Ansicht vertreten, man solle in den Schulen statt Goethe lieber die »gesprochene Sprache« der »Comics« lesen. Die Servilität gegenüber dem Angelsächsischen ist in avantgardistischen Kreisen ersetzt durch die historisch bekannte Hörigkeit gegenüber dem Französischen, die man – so unkompliziert ist man – in Gegenwart von Franzosen (es war eine Französin anwesend) nicht einmal verbirgt. Denn selbst wenn man mit solcher Hörigkeit Gefallen erregte – auf solche Hörigkeit ist ja gar kein Verlaß. Bei dem erwähnten Essen ging die Servilität gegenüber dem Französischen Hand in Hand mit einer Art berufseuropäischem Anti-Amerikanismus: ein peinliches Erlebnis, Westdeutsche als Europäer-vom-Dienst auftreten zu sehen, die vor einigen Jahren noch, während des amerikanischen Überfalls auf Indochina, als Amerikaner-vom-Dienst tätig waren. Ich mußte an das böse Churchill-Wort denken, demzufolge man die Deutschen immer nur in zwei Haltungen erlebt: entweder sie treten einem die Stiefel ins Gesicht oder sie lecken einem die Stiefel.

*

In einem Ausflugslokal am Wannsee hörte ich am Nebentisch Teile eines lauten Gesprächs über jene mysteriöse Sache, die man »Urlaub« nennt. Mein Bruder hatte mir vorher von seinem Urlaub in Spanien erzählt. Er lag in der »fünften Handtuchreihe«, d. h. am Strand waren zwischen ihm und dem Meer nur vier Reihen mit Handtüchern, auf denen jeweils ein Deutscher bräunte. Zum Essen, das kalt war, mußte man sich eine Stunde lang anstellen und einmal hatten alle eine kleine Vergiftung. Das Ganze kostete Geld. In der Zeit, in der mein Bruder in Spanien litt, saß ich im Park des Schlosses Bellevue in Berlin allein auf einer Bank und las ein Buch oder schaute den Schwänen zu. Wenn ich essen wollte, ging ich essen. Das Essen war nicht vergiftet und der Aufenthalt im Schloßpark kostenlos.
»Wir sind«, sagte der Herr am Nebentisch in dem Ausflugslokal am Wannsee, »diesmal einfach nach Paris geflogen, von da nächsten Tag weiter nach Rom, und dann mit einer Lufthansa-Charter nach Karatschi und Ceylon.« Schon im Flugzeug, fuhr er fort, habe es dauernd »freie Piccolos« gegeben sowie sogar freie Zahnbürsten für jeden. In Ceylon selbst die Hotels seien ausgezeichnet, der beste »Service«, den sie je erlebt hätten, zum Beispiel habe jeden Morgen im Zimmer ganz frisch eine Sache gestanden, die ich nicht verstand, da hier der Hund des Erzählers wegen der Ankunft neuer Gäste bellte. »Behandelt wird man dort«, sagte er, »hervorragend, solange die Leute wissen, daß man aus Deutschland ist. Wenn sie denken, man sei Engländer, ist es aus.«

*

Zwei Nachträge, die keines Kommentars bedürfen:
1. Im Oktober 1977 saß ich mit einer Bekannten, die jüdisch ist und in ihrem Leben noch nie vorher in Deutschland war, in einem Wartesaal des Frankfurter Flughafens, als plötzlich über Lautsprecher die Todesmeldungen aus Stammheim übertragen wurden. Um uns herum brach lauter, ungehemmter Jubel aus, »Bravo«-Rufe, wüster Applaus. Meine Bekannte zitterte vor Angst, dann weinte sie: Deutschland als Ausland.
2. An einem Freitag im März 1978 hatte sich in Berlin eine Bekannte einen »Gebrauchtwagen« gekauft, den sie vor der Haustür parkte. Als sie ihn am Montag besteigen wollte, um zur Arbeit zu fahren, wurde sie von deutschen Polizisten

angesprungen, gegen den Wagen geworfen, durchsucht und mißhandelt. Grund: Nachbarn hatten gemeldet, daß in der Straße ein unbekanntes Auto geparkt sei: Deutschland als Ausland.

Briefe in amerikanischen Zeitungen

Unverändert seit Jahren sind in den USA Ton und Niveau jener Zeitungsspalten, in welchen Briefe von Lesern veröffentlicht werden, die aus den verschiedensten Gründen um Rat und Hilfe bitten. Es gibt davon nur wenige, diese wenigen erscheinen aber täglich unter Titeln wie »Dear Abby«, »Ann Landers« oder »You and Your Problems« in fast allen Tageszeitungen von Küste zu Küste, d. h. sie finden nationale Verbreitung:
»Mein Sohn ist ein Kommunist neuen Typs. Seiner Ansicht nach sind die russischen Kommunisten zu konservativ. Er wünscht sich die totale Zerstörung der Vereinigten Staaten ... Er hat einen Bart, langes Haar und ist sehr dreckig. Er lebt mit verschiedenen verwahrlosten, unmoralischen Mädchen zusammen. Ich verdiene nicht viel, schicke ihm aber immer noch Geld ... Was soll ich tun?«
»Ja, ich weiß ...«, antwortet in seiner Spalte Dr. Richmond Barbour, an den dieser Brief gerichtet war, »ich weiß, diese Kommunisten neuen Typs planen und dirigieren überall Aufstände und wollen tatsächlich uns alle umbringen, Sie und mich. Es tut mir leid, aber Sie können Ihren Sohn nicht ändern. Wenn er sich jemals ändern wird, dann nur freiwillig. Allerdings können Sie aufhören, ihm Geld zu schicken. Er soll entweder arbeiten oder hungern. Viel Glück!«
Soweit ein Beispiel aus der Horrorspalte des Dr. Barbour vom 5. Oktober 1968, entnommen der *Evening Tribune* in San Diego. Der Brief ist nicht typisch, da Dr. Barbour krasse Leserstimmen bevorzugt, d. h. auch hervorruft.
»Mein Nachbar ist 67, gelähmt. Wenn ich im Vorgarten arbeite, beobachtet er mich von seinem Rollstuhl aus. Arbeite ich hinten im Garten, rollt ihn seine Frau hinters Haus, wo er mich wieder beobachtet. Gestern stand ich ziemlich nah bei ihm. Da ergriff er meine Hand und küßte sie. Danach beleckte

er meinen Arm. Ich schreckte zurück. Muß ich jetzt die Gartenarbeit aufgeben?«

Der geile Nachbar, der verlorene Sohn – das sind Schreckgestalten, die womöglich treuen Besuchern von Amerikahäusern fremd sind, die sich aber, wenn man die Ratgeberspalten der amerikanischen Tagespresse ein gutes Jahr lang verfolgt, nicht übersehen lassen. Bald entdeckt man die faule Schwiegertochter, den aufdringlichen Gast, die wilde Witwe und andere. Eine Art Ersatzliteratur wird geboten, mit wiederkehrendem Personal, aber auch eine Art Ersatzreligion mit wiederkehrenden Ratschlägen: »Unsere Katze erwartet Junge. Meine Frau und ich können uns nicht einig werden, ob unser Sohn, im Alter von 6 Jahren und 5 Monaten, diesem Vorfall beiwohnen soll. Wir halten unseren Sohn für überdurchschnittlich begabt und ziemlich ausgeglichen.« Abby, an die dieser Brief gerichtet war, hat nichts dagegen. Man beachte aber die Umschreibung der Geburt als »Vorfall«.

Sehr streng fällt dagegen ihre Antwort auf folgende Frage aus: »Liebe Abby, mein Sohn – ich nenne ihn hier mal James –, ist 17. Vor einigen Wochen kriegte er einen Hautausschlag und ich schickte ihn zum Spezialisten. Der Arzt untersuchte ihn und verordnete eine Bestrahlung. James kam nach Hause und sagte, er würde sich nie wieder bestrahlen lassen. Nach langem Zureden gelang es meinem Mann, zu erfahren, was passiert war. Also, es war folgendermaßen: James mußte sich vollständig ausziehen und dann auf den Rücken legen, unter eine Lampe. Der Arzt schaltete die Lampe ein, verließ das Behandlungszimmer, schickte aber eine Krankenschwester ins Zimmer, die nicht viel älter als James war. James teilte uns mit, daß diese Krankenschwester volle 15 Minuten neben ihm stand. Da die Lampe sich automatisch abschaltete, hatte die Krankenschwester überhaupt nichts zu tun, aber sie blieb trotzdem im Zimmer.«

Antwort: »Liebe Mutter von James, rufen Sie sofort den Arzt an und beschweren Sie sich.«

Dieser Vorfall erregte das Publikum. Einige Wochen später schreibt eine empörte Krankenschwester, es könne sich gar nicht um eine Krankenschwester gehandelt haben, da diese mindestens 21 Jahre alt sein müßten. Dies bestätigt eine andere Leserin: »... Ich z. B. habe bei Ärzten ausgeholfen, in Schwesterntracht, sogar mit einem weißen Häubchen. Ich wurde auch als ›Schwester‹ angeredet, aber ich bin in Wirklichkeit gar keine Schwester. Wenn man mal nachforscht, wird man feststellen, daß es bei vielen Ärzten so ist. Auch bei Zahnärzten.« Und so weiter.

Die Fortsetzbarkeit einiger Briefthemen ist auffällig. Die Beschwerde eines Bostoner Omnibusfahrers, er könne sich vor den Nachstellungen weiblicher Fahrgäste nicht mehr retten, zwingt beispielsweise seit gut sechs Monaten Busfahrer überall in Amerika an den Schreibtisch. So schreibt jeder für sich den Kollektivroman der Busfahrer. Und seit im März 1968 ein 14jähriges Mädchen ihren Schnurrbart beklagte, folgte bald eine 17jährige mit Backenbart. Auch der folgende Brief löste eine Serie ähnlicher Briefe aus: »Liebe Abby, vor einem halben Jahr habe ich eine 25jährige Skandinavierin als Haushaltshilfe angestellt. Sie stellte sich als wunderbar heraus, hat eine glückliche Veranlagung, und man kann sich vorstellen, daß sie als Haushaltshilfe Karriere machen wird. Als mein Mann und ich vorigen Sonntag von einem Besuch verfrüht zurückkamen, ging ich in ihr Zimmer, um ihr etwas mitzuteilen, da ich wußte, daß sie zu Hause bleiben wollte. Da fand ich dieses Mädchen und meinen 17jährigen Sohn in ziemlich aufgelöstem Zustand vor, mitten in einer Umarmung. Mein Sohn sagte sofort: ›Mach Dir keine Sorgen, Mutti, wir lieben uns und werden heiraten sowie ich mit der Schule fertig bin.‹ Weißt Du Rat?«

»Sie sollten Ihren Sohn mal über die Verführungskünste einer älteren Frau aufklären«, antwortete Abby, die in solchen Fragen zur Strenge neigt: »Liebe Abby, ich bin Studentin im ersten Semester und habe eine wichtige Frage. Was soll man antworten, wenn ein Junge, der aufs Ganze gehen will, einem die Frage vorlegt: ›Würdest du ein Paar Schuhe kaufen ohne sie anzuprobieren?‹« Hierauf Abby: »Ich würde antworten: ›Ich würde lieber ein Paar Schuhe kaufen, ohne sie anzuprobieren, als mit einem Paar Schuhe hängenzubleiben, die jeder in der ganzen Stadt schon getragen hat.‹« Der Ratschlag gilt auch für ältere Damen.

»Liebe Abby, vor 25 Jahren haben Bill und ich uns ineinander verliebt. Ich heiratete einen anderen Mann, weil Bill die Freuden einer Ehe genießen wollte, ohne die Ehe einzugehen. Nach 18jähriger, glücklicher Ehe ist jetzt mein Mann dahingegangen und ich bin seit zwei Jahren verwitwet, mit zwei Töchtern. Neulich habe ich Bill wiedergetroffen, er ist 55, immer noch Junggeselle, ich bin 47. Der alte Funken entzündete sich wieder, Abby, und ich habe mich wieder in ihn verliebt. Aber stell' Dir nur vor, noch immer will er nur die Romanze, aber nicht die Ehe ... Nun will ich meinen Töchtern kein schlechtes Beispiel geben. Ist es vielleicht in den heutigen modernen Zeiten töricht für eine Frau, die Liebe um jeden Preis zurückzuweisen? Carol.«

»Liebe Carol, Sie haben vor 25 Jahren die rechte Entscheidung gefällt. Bleiben Sie dabei!«

»Ich bin 70 und ungewöhnlich gesund. Seit sechs Jahren gehe ich mit einer Dame, die jetzt 65 Jahre alt ist. Wir speisen zusammen, unternehmen Spazierfahrten und erfreuen uns an gemeinsamen Gesprächen. Mit einer Ehe ist nicht zu rechnen, da wir beide Häuser bewohnen, in denen unsere Familien seit drei Generationen schon wohnen. Vor einigen Jahren habe ich in Florida ein Sommerhaus geerbt und meine Freundin eingeladen, dort einen Monat mit mir zu verbringen. Sie hat dies strikt abgelehnt, sagt aber neuerdings: ›Frage Abby. Wenn sie es für proper hält, werde ich es mir noch einmal überlegen.‹«

Abby, deren Autorität hier sichtbar wird, erlaubt es mit der Begründung, daß bei dem Alter der Betroffenen »Unsicherheiten« ausgeschlossen seien. Aber in der gleichen Spalte wird ein Mädchen vor ihrem Verlobten gewarnt, weil er sich weigert, ihr einen Verlobungsring zu schenken. Ohne Verlobungsring, schreibt sie, keine Verlobung. Und wie ist es mit Verlobungsringen, wenn man sich entlobt? »Den Verlobungsring muß man zurückgeben, aber alle anderen Geschenke, also das 12teilige Service, den Farbfernseher und die elektrische Bettdecke darf man behalten. Ein Geschenk ist ein Geschenk.«

Einen tieferen Einblick in das Schicksal des amerikanischen Mannes gibt folgender Brief: »Vor einer Woche hielt ich um die Hand eines Mädchens an, das ich für sehr nett hielt. Sie sagte, sie würde mir eine genaue Antwort geben, wenn ich mit ihrem Vater gesprochen hätte. Nun geschah folgendes. Er zog mich in ein entferntes Zimmer und machte die Tür zu. Dann fragte er, was ich verdiene, wieviel ich gespart habe, wie hoch ich versichert bin, und überhaupt nach meinem Eigentum. Die ganze Sache dauerte etwa fünf Minuten. Dann sagte er mir, ich sei nicht für seine Tochter bestimmt, ich sollte gehen. Beim Rausgehen im Flur ging ich an meiner Freundin vorbei und sie sagte keine Silbe. Sie hat mich nur ganz ausdruckslos angeschaut. Ich habe mir die Sache hin- und herüberlegt und neige jetzt zu der Ansicht, daß es alles vielleicht ganz gut so war. Allerdings ganz sicher bin ich immer noch nicht.«

Einen Mini-Roman bietet der nächste Brief: »Liebe Abby, meine Frau und ich haben einen 24jährigen Sohn, der mit einer Nachbarstochter verlobt ist. Wir wohnen seit 20 Jahren im Haus nebenan und sind immer gut ausgekommen. Mein Problem ist lediglich der Dame nebenan bekannt. Ich bin nämlich der Vater ihrer Tochter, was bedeutet, daß mein Sohn seine Halbschwester heiraten will. Die Dame nebenan weigert sich, ihrer Tochter die Wahrheit zu sagen und besteht darauf, es sei meine Pflicht, es meinem Sohn zu sagen. Wenn ich das tue, dann sagt er's seiner Mutter und dann ist die Hölle los, obwohl ich weiß, daß auch sie zu Beginn unserer Ehe immer mal vom Pfad abgekommen ist. Bitte schnelle Antwort, es drängt.« Abby: »Teilen Sie es Ihrer Frau mit. Vielleicht löst sich das Problem dadurch, daß sich herausstellt, daß der Junge nicht Ihr Sohn ist.«

Die Antwort macht deutlich, was man bei der Lektüre der Ratgeberspalte bald erkennt: wo jede Warnung vor dem Bösen zu spät kommt, kann das Böse wenigstens noch zur Unterhaltung dienen. Greise werden nicht mehr gewarnt, da kann man lachen. Aber Mädchen, im Kino, mit Freunden, in einem Liebesfilm? »Wenn man mit einem Freund ins Kino geht und es kommt eine Liebesszene, was macht man? Ich meine, ich sitz' dann nicht gern da und tu so als wär's langweilig. Manchmal denken dann die Freunde, sie müßten jetzt auch was tun, aber ich hab' keine Lust. Soll man so tun als wäre einem was runtergefallen? Oder was?«

Abby rät zur Vorsicht, es sei denn, man heiratet, wie im folgenden Fall. Da rät sie zu beherztem Zugriff: »Ich bin 30 Jahre alt und werde im Juni heiraten. Ich bin strikt erzogen, daher erschreckt mich der Gedanke, meine Braut vor dem Altar vor den vielen Menschen küssen zu müssen. Ich bin sonst ganz normal. Meine Braut sagt, alle würden enttäuscht sein, wenn ich sie nicht küsse. Ich entgegnete, daß die Leute denken könnten, ich sei nicht leidenschaftlich, wenn ich ihr nur einen symbolischen Kuß gebe und dann bedauern sie sie. Und wenn ich sie vor dem Altar küsse, wie wir uns nur küssen, wenn wir allein sind, gibt es einen Skandal. Was soll ich tun?«

Wir befinden uns hier auf Abbys Lieblingsgebiet. Es ist die

amerikanische Hochzeit. Hier gibt es Probleme: »Liebe Abby, unser Sohn heiratet demnächst, und da er die Oberschule nicht geschafft hat, wollen wir ihm eine größere Summe Geldes als Hochzeitsgeschenk übergeben. Im Buch der Etiquette steht, daß Schecks, die man dem Bräutigam oder der Braut gibt, auf dem Geschenktisch mit den anderen Geschenken zusammen nicht ausgestellt werden dürfen. Wir finden diese Regel nicht gut. Wir finden, wenn man Neuvermählten so viel Geld gibt, dann soll es einem auch voll und ganz angerechnet werden.«
Für die Eltern des Bräutigams gibt es keinen Trost, leider. Man darf, erinnert Abby, den Scheck zwar auslegen, aber die Unterschrift muß verdeckt sein. Aber was ist, wenn wider Erwarten eine Hochzeit im kleinen Kreis stattfindet, da man entdeckte, daß die Braut schwanger war? Darf man da was schenken? Gegen ein Geschenk ist nichts einzuwenden, sagt Abby. Und wenn, liebe Abby, die sieben Brautjungfern schon die vorgeschriebenen langen Kleider mit den vorgeschriebenen Schuhen und Schleiern, alle in den vorgeschriebenen Farben, gekauft haben und die Hochzeit findet nicht statt, weil die beiden eben nicht mehr heiraten wollen, da nämlich der Bräutigam entdeckte, daß die Schwester der Braut ein uneheliches Kind hat? Was ist dann? Ist dann die Braut nicht verpflichtet, den Brautjungfern das Geld für die Gewänder zurückzugeben? Oder wenn die Mutter drauf besteht, daß der Bruder, dessen Mundgeruch unerträglich ist, als Trauzeuge fungiert, was dann? Oder wenn ein Hochzeitsgast, der genau weiß, daß er erkältet ist, trotzdem nach der Trauung Braut und Bräutigam gratuliert und küßt und beide kriegen auf der Hochzeitsreise prompt dessen Erkältung? Was dann?
Oder: »Peter und ich gehen seit drei Jahren zusammen. Ich bin 25, Peter ist 27. Soweit ich weiß, ist er mir immer treu gewesen. Im Februar schenkte er mir einen Diamantring. Wir wollten im August heiraten. Gestern abend, nach dem Essen, spürte ich, daß zwischen meinen beiden Vorderzähnen etwas steckengeblieben war. Ich nahm einen Zahnstocher und versuchte den Speiserest zu entfernen, wahrscheinlich Huhn. Peter sprang plötzlich auf und sagte: ›Keine Hochzeit. Eine Frau mit solchen Manieren kann ich nicht heiraten!‹ Nun sehe er mich, wie ich wirklich sei, ungeschlacht, vulgär, keine Dame. Ich brach in Tränen aus, gab ihm seinen Ring zurück und ging. Bitte hilf mir die ganze Sache zu verstehen! Verwelkte Orangenblüte.«

Und wenn die Hochzeit stattgefunden hat und ein Pfarrer kommt zum Dinner, wer sagt dann das Tischgebet? Der Pfarrer oder der Hausherr? Abby weiß es nicht, es ist die erste Frage, die sie nicht beantworten kann. Seit dem 28. Februar 1968, als dieser Brief in der *Los Angeles Times* erschien, tobt unter den Pfarrern des Landes der Streit über diese Frage. Aber mit den Namen? Da weiß Abby Bescheid: »Wenn eine Frau John Jones heiratet, wird sie Frau John Jones und bleibt Frau John Jones solange sie lebt und seine legale Frau ist. Stirbt John Jones, dann ist sie Frau John Jones, nicht etwa Frau Mary Jones, es sei denn, sie heiratet einen anderen Mann. Wenn allerdings Frau John Jones sich von John Jones scheiden läßt, dann behält sie nicht den Namen Frau John Jones, sondern sie wird Frau Smith Jones, wenn sie eine geborene Smith ist. Das ist wichtig, für den Fall, daß John Jones wieder heiratet. Dann ist nämlich seine neue Angetraute Frau John Jones und die gäbe es ja sonst zweimal.«
Und wie ist es mit der Mutter, wenn man heiratet? »Mein Problem ist meine Mutter. Sie ist 55 Jahre alt, hat kürzlich etwa 50 Pfund abgenommen, ihr Haar silberblond gefärbt, ein neues Auto gekauft und denkt jetzt, wir wären Freundinnen. Abby, meine Eltern kamen nie gut zusammen aus. Sie haben sich 35 Jahre lang immer nur gestritten, hatten kein Gesellschaftsleben, aber jetzt will sie mit mir immer ausgehen, in meine Clubs, in meine Clique reinkommen. Sie ruft mich dauernd an und will ewig alles mitmachen. Was kann ich tun?« Abby: »Womöglich hat sich Ihre Mutter als *girl friend* nur so aufdrängen können, weil Sie es nicht verstanden haben, Ihre Mutter mit Bestimmtheit zurückzuweisen. Sie soll sich ihrem Alter entsprechend benehmen. Teilen Sie ihr das in aller Härte mit. Aber zugleich auch liebevoll und mit Anmut.«
Wer dies grausam findet, irrt. Für die Ratgeberin ist es ein klarer Fall: Frau kommt prinzipiell vor Mutter. Das geht auch aus der Antwort auf den folgenden Brief hervor. Am St. Valentinstag werden in Amerika traditionellerweise Geschenke ausgetauscht: »Liebe Abby, am Vorabend des St. Valentinstages sagte mein Mann zu mir: ›Honey, ich weiß einfach nicht, was ich morgen tun soll, ob ich dir etwas schenken kann, denn ich habe nicht einmal genug Geld, meiner Mutter etwas zu schenken.‹ Ich war schockiert und sagte: ›Du brauchst deiner Mutter ja nichts zu schenken außer vielleicht einer Glück-

wunschkarte, denn der Valentinstag ist für die Frau oder Braut.‹ Da wurde er heftig und sagte, das stimme nicht. Er sagte, es sei für die Mütter oder wen immer man gern habe. Ich versuchte ihm darzulegen, daß es völlig in Ordnung sei, wenn er seiner Mutter zum Valentinstag etwas schenken wolle, aber da er kein Geld habe und sich also für eine von uns beiden entscheiden müsse, müsse er mir was schenken und dürfte kein schlechtes Gewissen haben, wenn er seiner Mutter nur eine Karte schicke. Das stimmt doch? Wer kommt am Valentinstag an erster Stelle, die Frau oder die Mutter?« Antwort: »Am Valentinstag kommt die Frau zuerst, da es um romantische Interessen geht. Sie haben also recht. Wenn für Ihren Mann die Mutter zuerst kommt, dann haben Sie die Schlacht verloren.«

Weitere Frontberichte: »Liebe Abby, was kann eine Frau von 42 tun, damit ihr ihr Mann mal ein Kompliment macht? Ich habe Stunden im Schönheitssalon zugebracht, bin mit neuer Frisur nach Hause gekommen: keine Reaktion. Ich habe Stoff gekauft und mir ein herrliches Kleid in seiner Lieblingsfarbe gemacht: keine Reaktion. Ich benutze kosmetische Hilfen in künstlerischer Weise und habe sogar ein subtiles Parfüm gekauft, von dem ich annahm, daß es ihm gefallen würde: keine Reaktion. Alle anderen sagen mir, daß ich eine gut aussehende Frau bin, nur mein Mann sagt kein Wort. Ich weiß, er liebt mich und die Kinder, aber manchmal denke ich: ›Ich scheiß' drauf.‹«

»Liebe Abby, ich liebe meine Frau und sie liebt mich. Also keine Probleme. Jedoch nach dreißigjähriger Ehe finde ich immer noch, daß meine Frau eine gute Figur hat. Kann sein, daß sie hier und dort etwas üppig ist, dafür an anderen Stellen etwas platt, aber ich selbst sehe ja auch nicht mehr wie Tarzan aus. Im Laufe der Jahre habe ich meiner Frau eine ganze Menge durchsichtiger Nachthemdchen gekauft, zu unserem privaten Gebrauch, aber sie hat noch nie irgendeins davon angezogen. Ein paar sind immer noch in den gleichen Geschenkschachteln, in welchen ich sie vor 25 Jahren überreichte! Ich glaube nicht, daß mit mir was nicht stimmt, Abby!«

»Liebe Abby, was kann eine Frau tun, wenn ihr Mann sie dauernd in der Öffentlichkeit befummelt? Wann immer George (das ist nicht sein wirklicher Name) und ich ausgehen, kneift er mich oder haut mich auf den Po und es ist ihm gleich, ob es jemand sieht. Es ist sehr peinlich. Auch wenn wir irgendwo eingeladen sind, hat er ununterbrochen mindestens eine Hand direkt auf meinem Knie oder oberhalb. Ich schäme mich schon, zu Freunden zu gehen. Wenn wir ins Kino gehen, ist es entsetzlich. Sowie die Lichter ausgehen, muß ich mich seiner erwehren und seine Hände wegschlagen, da sie überall herumfummeln. George und ich sind seit zwei Jahren verheiratet und er tut es seitdem dauernd. Ich habe es mit vernünftigem Zureden versucht, aber er lacht nur und sagt, ich sollte froh sein, daß er mich begehrenswert findet. Ich kann nicht einfach drüber lachen. Es ist mir zu peinlich.« Antwort: »Schlechter Geschmack ist nicht zum Lachen. Warnen Sie ihn, daß Sie in Zukunft seine Tatzen in der Öffentlichkeit nicht mehr dulden. Wenn es dann wieder geschieht, so stoßen Sie ihn mit Bestimmtheit, aber auch Anmut, von sich. Außerdem setzen Sie sich weit von ihm entfernt!«

Nachdem Abby die amerikanische Ehe somit gerettet hat, hören wir, wie sie weitergeht: »Liebe Abby, was hältst Du von einem Mann, der jeden Abend sehr früh ins Bett geht, nur dann nicht, wenn eine sehr attraktive Freundin von mir zu Besuch kommt? Dann bleibt er nämlich auf, gibt an, versucht Witze zu machen, klug und charmant zu wirken. Jedoch wenn der Gast weg ist, sagt er, er finde sie eingebildet, egoistisch und gar nicht hübsch, was bestimmt nicht stimmt. Dann sagt er, er kann sie nicht ausstehen und er frage sich, wie ich es aushalte!«

»Liebe Abby, vor zwei Monaten, in unserem Urlaub, haben mein Mann und ich in der Stadt eine Tour durch die Nachtklubs gemacht und seitdem hat sich unser Leben verändert. Sie wiesen uns einen Tisch hinter einer Säule an, aber mein Mann protestierte und so kamen wir ganz nach vorn. Während der Show trat ein spärlich bekleidetes Mädchen auf und sang für meinen Mann, der nicht mehr in den besten Jahren ist, ein Liebeslied. Zwei andere Herren hatten, als sie bei ihnen das gleiche versuchte, die Köpfe schroff weggedreht, aber mein Mann machte munter mit. Dann zog sie ihn aus dem Sessel hoch, legte seine Arme um ihre Hüfte, umarmte ihn selbst, wobei beide sich hin- und herwiegten. Dazu blickte sie ihm in die Augen und sang fort. Die ganze Zeit wurden sie von Scheinwerfern angestrahlt und ich wollte sterben vor Scham. Mein Mann war nicht betrunken, da er nur einen Margarita getrunken hatte. Zum Schluß gab sie ihm einen dicken Kuß,

alle applaudierten und mein Mann, dieser Clown, verbeugte sich. Ich frage mich jetzt, ob man jemandem noch trauen kann, der sich so viehisch erniedrigte?«
»Liebe Abby, ich heiratete einen 73jährigen. Ich bin auch 73. Wir waren beide verwitwet. Also, mein Mann zog bei mir ein und brachte ein Bild von seiner ersten Frau mit, das er auf unseren Toilettentisch stellte. Er spricht mit ihr, winkt und lächelt ihr zu, was mich verletzt, da ich mein Bestes versuche, eine gute Ehefrau zu sein. Ich koche und wasche für ihn, mache den Haushalt, aber mit dem Bild spricht er mehr als mit mir. Soeben sagte ich ihm, daß er ein Idiot ist, da wurde er melancholisch und ging. Wenn er wiederkommt, muß ich ihn dann wieder ins Haus reinlassen?«
»Liebe Abby, mein Mann ist pensioniert, fast alle seine alten Kumpels sind entweder schon tot oder zu krank, als daß er sie noch sehen könnte. Früher mußte ich viele Abende allein, mit schwerem Herzen, zubringen. Aber weißt Du, was jetzt ist? Jetzt kann ich ihn nicht mehr aus dem Haus rauskriegen! Ich muß mir tatsächlich Sachen ausdenken, damit er mal weggeht. ›Geh zum Kaufmann! Geh in die Apotheke! Geh zum Klempner!‹ Ich kann ihn nicht mehr ausstehen. Mir wird übel, wenn ich ihn zurückkommen höre. Nach der Lektüre der Morgenzeitung fängt er an wie ein Hund hinter mir herzugehen, schaut mir in der Küche und überall zu. Wenn mal eine Bekannte zum Tee kommt, macht er sich gleich breit und reißt die Unterhaltung an sich. Lieber Gott, ich habe ihn so satt, der Tod wäre eine willkommene Befreiung!« Hier protestiert auch Abby. Sie teilt der Briefschreiberin mit, sie solle sich schämen.
Es ist ein Zeichen der Autorität, die Abby genießt, daß öfter Briefe veröffentlicht werden, in denen eine Antwort erbeten wird mit der Begründung, der Ehepartner könnte sie lesen und sein Leben ändern. Auch Konfessionen werden bevorzugt veröffentlicht: mit Erfolg bekämpfte Versuchungen meistens. Bedenklich sind die Aufforderungen zur Denunziation von Verwandten oder Freunden, die die Briefschreiber bei Trivialdelikten ertappt haben: der Schwager, der nebenan die Zeitschriften stiehlt, der Mann, der zu schnell Auto fährt, die unverheiratet zusammenlebenden Freunde. Wenn man bedenkt, daß diese Ratschläge täglich in Millionenauflagen verbreitet und gelesen werden, muß man sie ernst nehmen, selbst wenn sie, was nicht auszuschließen ist, teilweise erfunden sein

mögen. Es wird hier eine Kontrolle ausgeübt, die von Protokollregeln bis zu Zensur und Denunziation reicht und die vor Zynismus nicht zurückschreckt: »Meine Schwägerin ist sehr musikalisch. Außerdem spinnt sie. Sie spielt Gitarre und schreibt dazu Lieder. Jetzt hat sie eine Ballade mit dem Titel ›Die Männer in meinem Leben‹ geschrieben. Diese Ballade hat etwa 30 Verse, in denen ein Mann nach dem anderen aus der Stadt vorkommt. Ob das alles stimmt oder nicht, weiß ich nicht, aber es sind auch verheiratete Männer darunter. Ich sagte ihr, sie solle besser aufhören, die Ballade zu singen, sonst könnte sie Schwierigkeiten kriegen. Man könnte sie doch verklagen, oder nicht? Übrigens, was kostet es eigentlich, jemanden wie sie medizinisch untersuchen zu lassen?« Abby: »Man könnte Ihre Schwägerin ohne weiteres verklagen, aber wenn sie sich so aufführt, wie Sie sagen, ist vielleicht ein Psychiater die beste Lösung. Ich will Ihnen gern einen Arzt besorgen.«

Auch Nachbarn werden beobachtet:

»Liebe Abby, vorigen Monat wurde mein Mann wegen Trunkenheit am Steuer verurteilt. Es war das erste Mal. Er hatte getrunken und fuhr Auto, also technisch gesprochen war er schuldig, aber in der Zeitung klang es viel schlimmer als es wirklich war. Wir schämten uns sehr. Eine Woche später fuhren wir in unsere Heimatstadt, etwa 300 Meilen von hier, um alte Freunde zu besuchen. Als wir dort ankamen, erfuhren wir, daß eine Freundin, die in unserer Stadt wohnt, Zeitungsausschnitte jenes Berichtes an fast alle Leute geschickt hatte, die wir dort kennen. Sie erklärte dies damit, daß sie schrieb, sie wisse, daß unsere Freunde das gern erfahren würden, damit sie uns in ihre Gebete einschließen könnten!«

»Liebe Abby, eine Nachbarin von uns, die genau so gut Englisch kann wie wir, spricht am Telephon immer irgendeine Fremdsprache, so daß wir nichts verstehen können. Ich betrachte das als eine Beleidigung!«

»Liebe Abby, nebenan wohnt eine alte Jungfer, die sich für schlau hält. Sie hat ihren neuen Cockerspaniel ›Lester‹ genannt, obwohl sie genau weiß, daß das der Name meines Mannes ist. Abends, wenn sie ihren Hund ruft, geht mein Mann ans Fenster und bellt, um sie zu verwirren. Manchmal ist es passiert, daß ich im Garten meinen Mann rief und dieser Hund kam angerannt. Kann man sie verklagen?«

»Was macht man, wenn Nachbarn einfach ins Haus reinkommen, weil man nicht abgeschlossen hat? Ich lasse nämlich oft offen, damit der Kaufmann die Einkaufssachen in die Küche stellen kann, wenn ich nicht da bin. Jedenfalls, unsere Nachbarin fand unsere Hintertür offen und kam direkt rein. Sie machte ›Juhu‹, aber niemand antwortete, weil mein Mann gerade unter der Dusche war. Er glaubte, jemanden kommen zu hören, und da er dachte, ich sei es, kam er raus. Sie ihrerseits behauptet, sie hätte zwar die Dusche gehört, sei aber reingekommen, weil sie gedacht habe, ich sei unter der Dusche. Beide trafen in der Diele aufeinander. Nun will mein Mann umziehen. Wir haben 36 Jahre lang in unserem Haus gewohnt. Was sollen wir tun?«

»Liebe Abby, Roy und ich gehen seit drei Jahren zusammen. Wir sind keine Kinder mehr. Wir sind beide in den hohen Fünfzigern. Roy hat ein paar Mal von der Ehe gesprochen, aber ein Datum hat er noch nicht genannt. Ich hatte schon immer den Verdacht, daß Roy sich noch für andere Frauen interessieren könnte, obwohl er mir immer sagte, ich irre mich. Jedenfalls wollte ich ihn auf die Probe stellen. Ich schrieb ihm einen kurzen Brief, worin ich ihm mitteilte, ich hätte ihn an einer bestimmten Stelle gesehen und ihn bat, zu einer bestimmten Stunde sich mit mir zu treffen. Ich unterzeichnete mit einem fremden Namen und ging zu dem sogenannten Rendezvous. Dort versteckte ich mich, und, Tatsache, da stand Roy, ganz scharf angezogen, und wartete schon! Ist dies nicht ein Zeichen dafür, daß er sich um andere Frauen bemühen würde, wenn er eine Chance hätte?«

»Liebe Abby, was hältst Du von einem Mann, der auf einmal abends aufspringt und die Zeitung in Brand steckt, die seine Frau gerade liest, weil diese ihm die Sicht versperrte, während ein Baseballspiel im Fernseher lief? Ob er vielleicht vor den anderen Gästen angeben wollte, die auch das Baseballspiel anschauten?«

»Liebe Ann Landers, ich brauche dringend Rat. Eine Verwandte von mir hat einen Hörapparat. Sie streitet sich gern und besonders über Sachen, von denen sie nichts versteht. Wenn sie merkt, daß sie im Unrecht ist und keine Antwort mehr weiß, stellt sie ihren Hörapparat einfach ab.« Ann weiß Rat: »Wenn das noch mal passiert, hören Sie auf zu sprechen, ehe die Schwerhörige den Apparat abgestellt hat. Bewegen Sie nur noch stumm ihre Lippen, als ob Sie noch sprächen. Dann denkt sie, ihr Hörapparat sei kaputt!«

»Liebe Abby, wir sind ein altes, kinderloses Ehepaar. Wir haben viele Nichten und Neffen, die oft in unserm kleinen Heim waren, als sie noch jung waren. Wir liebten sie und küßten sie und überreichten ihnen stets schöne Geschenke, zu Weihnachten, an Geburtstagen und so weiter. Jetzt sind sie erwachsen, haben ihre eigenen Familien gegründet und uns ziemlich vergessen. Wir haben ihnen Briefe geschrieben, die aber nicht beachtet wurden. Nur auf ihrer Glückwunschliste für Weihnachtskarten sind wir noch: Obwohl man sagen muß, daß keiner von ihnen jemals ein persönliches Wort mit auf die Weihnachtskarten geschrieben hat. Na, jedenfalls in den dreißiger Jahren erbten wir ein kleines Grundstück, das wir verkauften. Ein befreundeter Bankier empfahl uns, *IBM*- und *General-Motors*-Aktien zu kaufen. Wie Du wahrscheinlich weißt, stellte sich dies als eine gute Investition heraus. Wir haben nie üppig gelebt, keine Luxusautos oder Villa. Wir haben in bescheidenem Maß für Wohltätigkeitszwecke gespendet, haben es aber sorgfältig vermieden, als reich zu erscheinen wegen der vielen Gefahren, die den Reichen drohen. Wir genießen die einfachen Freuden, wie Gartenarbeit oder einen gemütlichen Abend am Kamin. Jahrelang haben wir am Briefkasten gelauert in der Hoffnung auf einen Brief von den sogenannten Kindern. Aber kein einziger Brief ist gekommen, wenn man von den vorgedruckten, käuflichen Weihnachtskarten mal absieht. Unser bester Freund ist unser Briefträger. Schon öfter hat er bei uns geklingelt, weil er wissen wollte, ob alles in Ordnung ist, da sich nichts rührte. Zu Weihnachten schenkte er mir eine schöne Pfeife und Tabak und meiner Frau etwas Puder und Parfüm. Wir schenkten ihm einen Truthahn, da er eine gute Frau und fünf kleine Kinder hat. Eines Tages wird er eine große Überraschung erleben, Abby, denn wir haben ihm in unserem Testament 60 000 Dollar vermacht. Der Rest ist für die Kirche und die Blinden. Unsere Verwandten kriegen nichts, weil sie uns nichts gegeben haben.«

Und am Schluß des Lebens immer noch die wichtigen Protokollfragen: »Liebe Abby, neulich hat sich eine Leserin darüber beschwert, daß sie bei einer Goldenen Hochzeit selbstgebackenen Kuchen serviert bekam statt einen echten Goldenen Hochzeitskuchen. Mir ging es neulich genauso, obwohl ein vermeintlich echter, herrlicher Goldener Hochzeitskuchen mitten im Speisezimmer stand. Als ich mit dem Finger versuchsweise über den Sahneaufbau des Goldenen Hochzeitskuchens hinstrich, knirschte es, denn der Kuchen war aus Plastik, ein Leihstück. Ich war sehr erstaunt.«

»Liebe Abby, gehört es sich für eine Dame, zur Beerdigung ihres Mannes eine Orchidee zu tragen? Ich sah dies neulich mit meinen eigenen Augen!«

»Liebe Abby, warum besteht man eigentlich darauf, bei einem Festessen, wo 90 Prozent der Gäste zwischen 70 und 80 Jahre alt sind, unsere Nationalhymne zu spielen? Die meisten der Gäste mußten sowieso in Rollstühlen herbeigefahren werden und der Rest schaffte es nur knapp auf Krücken oder an Stöcken, und als sie dann die Nationalhymne anstimmten, mußten sie heftig und oft vergeblich kämpfen, um sich aufzurichten und auf die Füße zu kommen!«

Abby: »Bei derartigen Festessen sollte, wenn zwingende Gründe nicht gegeben sind, statt der Nationalhymne ein anderes patriotisches Lied gespielt werden, bei dem man nicht aufstehen muß.« *Übers. v. Vf.*

Zur Ästhetik parlamentarischer Prozedur

In seiner Sitzung vom 7. Oktober 1969 hat der Akademische Senat der Universität von Kalifornien, dessen Mitglied ich bin, ein neues Prinzip gutgeheißen. Ab sofort wird der Sprecher Abstimmungen über Vorlagen oder Resolutionen nur dann zulassen, wenn diese von einer überwältigenden Mehrheit, sagen wir 10 zu 1, befürwortet werden. Die altmodische Vorstellung, daß man zu Abstimmungen aufrufe, um die in der Debatte erreichten Mehrheitsverhältnisse festzustellen, ist passé, da sie Uneinigkeit ans Tageslicht brächte. Dem neuen Grundsatz zufolge muß Uneinigkeit aber unsichtbar bleiben, man muß sie geheimhalten. So daß Demokratie nun definiert werden könnte als eine gemeinsame Anstrengung zum Zwecke der Verhinderung einfacher Mehrheitsverhältnisse.

Da es schwierig sein könnte, vorher zu wissen, ob eine Abstimmung, die noch gar nicht stattgefunden hat, wenn sie

stattfände, Uneinigkeit ans Tageslicht brächte – denn auch Testabstimmungen sind nicht erlaubt –, werden von nun an kunstvolle parlamentarische Prozeduren entweder der erwarteten Einstimmigkeit einer Abstimmung oder der Einstimmigkeit keiner Abstimmung vorausgehen müssen, je nachdem.
Wenn beispielsweise im Verlaufe vorsichtiger Deliberationen sich der Eindruck verfestigt, daß die zur Rede stehende Angelegenheit keinerlei konkrete Maßnahmen des Senats, sondern lediglich ein abstraktes und passives Bekenntnis zu den Prinzipien akademischer Freiheit erfordere, ist gegen einen Rückfall in altmodische demokratische Prozedur nichts einzuwenden, wie dies in der Senatssitzung vom 3. Oktober der Fall war: der Erlaubnis zur Abstimmung, welche Einstimmigkeit ergab, folgte Jubel auf allen Bänken.
Wenn andererseits erste, vorsichtige Wortmeldungen die häßliche Wahrheit erkennen lassen, daß die Vorlage kitzlig sein, Risiken enthalten könnte, die womöglich zu Konsequenzen führen könnten, wie dies in der Sitzung vom 7. Oktober der Fall war, und wenn sich ferner der Eindruck verfestigt, daß diese Vorlage lediglich eine Zweidrittelmehrheit gewinnen könnte, dann ist es angeraten, sogleich eine kunstvolle Prozedur einzuleiten, die diese Mehrheit verschwinden macht.
In diesem sehr delikaten Zwischenstadium wäre es tölpelhaft, ungeduldige Naturwissenschaftler ans Pult vorzulassen, die sich gegen die Vorlage selbst wenden würden. Dies könnte die Mehrheit verstimmen, die schließlich die Vorlage noch immer verabschieden möchte. Der Herr mit den mehreren Backen, der die Meinung vertrat, es gelte nicht nur die Rechte einer schwarzen Kommunistin, sondern auch die eines weißen Faschisten zu verteidigen, erntete warmen Applaus. Um die Vorlage zu retten, hätte man nun einen lebendigen, weißen Faschisten dem Hause produzieren müssen, welcher verfolgt würde, möglichst im Staat Kalifornien, was in so knapp bemessener Frist äußerst schwierig gewesen wäre.
Irrelevante oder paradoxe Rhetorik (»Da wir nicht genügend diskutiert haben, sollten wir nicht weiterdiskutieren!« »Da die Vorlage nicht radikal genug ist, sollten wir weniger radikal sein!« »Da wir den Gerichten trauen, sollten wir vor den Gerichten kämpfen, nachdem sie geurteilt haben!« »Da diese Vorlage die Rechte einer Minderheit der Studenten einschränken könnte, sollten wir lediglich die Rechte der Studenten von

Fräulein Davis einschränken!«) ist nun am Platze, denn es geht um die Einheit. Denn da das Haus sich hinsichtlich der Vorlage nicht einig ist, muß eine Debatte über diese Vorlage vermieden werden. Dies ist die Stunde des Triumphes der Ästhetik parlamentarischer Prozedur.
Mit Pfadfindereifer wird nun ein Herr aufspringen und von seinem Notizblock den Antrag ablesen, der Senat möge sich zeitweilig auflösen und in ein einziges, großes Ad-hoc-Komitee umwandeln, in welchem unverbindlich debattiert werden könne. Zwar war das Englisch nicht elegant, aber der Sprecher stellt nun pantomimisch einen Konsensus her, und sogleich erhebt sich hinten ein Herr und erklärt mit einiger Kühnheit, daß, da er selbst der Vorlage nicht zustimmen würde, diese Vorlage nicht einstimmig verabschiedet werden könne, also Uneinigkeit ans Licht bringen würde, und daß folglich die Vorlage, da sie Uneinigkeit hervorbringen würde, gar nicht zur Abstimmung gelangen solle.
Hiermit ist die Diskussion über eine Abstimmung über die Vorlage in den Konjunktiv befördert worden: mehr als nur eine grammatische Erfrischung. Aus einer drohenden Diskussion über die Vorlage wurde auf dem Umweg über eine Diskussion über die Prozedur dieser Diskussion eine Diskussion über die mögliche Diskussion dieser Prozedur. Die Sprache verfeinert sich und Naturwissenschaftler werden am Podium nicht mehr geduldet. In dieser Phase zählt mehr als vorher die Art und Weise der Darbietung, leiser, fast schmerzlich lächelnder Vortrag, entspannte, aber zugleich grübelnde Haltung des Kopfes, Placierung etwa eines Fußes auf der unteren Stufe des Podiums, was, da der andere fest unten bleibt, Körperbewegungen ins Haus hinein zuläßt, wie man sie von Bildern zu kennen glaubt, die Hoffnungen weckten. Ein Herr, welchem es gelingt, sich als Mensch, als Forscher und als Administrator vorzustellen, und dem sicherlich eine große Karriere bevorsteht, teilt mit, daß er nicht aus einer Stellung heraus schießen wolle, in welcher ihm die Studenten Deckung gewährten. »Ja«, ruft einer der Fraktionsführer der Administration, »laßt uns unser Schießpulver trocken halten!« und: »Ja, laßt uns den Kahn, in welchem wir sitzen, nicht ins Schaukeln bringen!« und es beginnt der Siegeszug der Metaphern.
Jetzt ist die Zeit gekommen für den letzten Herrn, der über

gutes »timing« verfügt und allerdings auch den Vorteil hat, sofort vom Sprecher erkannt zu werden. Er erhebt sich sehr langsam. »Gentlemen«, so beginnt er noch während er aufsteht, »es sind Stunden wie diese, in welchen ich die Verantwortung, welche mir vorzuenthalten Sie sich nicht entschlossen, empfindlich verspüre.« Nun schämt sich das Haus ein wenig. Hier spricht ein Staatsmann: der Premierminister in einem Moment nationaler Krise. Daß er seine Stellung weder freien, noch geheimen, daß er sie gar keinen Wahlen verdankt, vergißt das Haus; eine Sehnsucht läßt dies vergessen. Der Ausdruck tiefer Sorge im Gesicht des Philosophen neben ihm. Ihm sind Dinge bekannt, von denen das Haus keine Ahnung hat: er sitzt neben dem Kanzler.

Momente wie diese betäuben das Haus. Mit einem gewissen Recht lieben sie die Ästhetik dieser Prozedur: edle Sehnsucht von Professoren, im House of Commons zu sitzen, in einer anderen Zeit. Nun ist alles ein selbstvergessendes Spiel, elegante, sich selbst befragende Nüchternheit, trockenes Understatement erfundener Jahrhunderte: »Diese große, deliberierende Körperschaft wird wegen der Weisheit ihrer Entscheidungen in der ganzen Welt geschätzt«, hören sie. Vor der Überredungskraft dieses Arguments versagt jeder Widerstand. Schreckensvision von am nächsten Morgen auf Pariser Boulevards ausgerufenen Schlagzeilen: »Kampfabstimmung des Akademischen Senats der Universität von Kalifornien in San Diego zersplittert die Fakultäten!« Sie sind überzeugt. Dreimal, wie im Märchen, werden die Autoren der fast vergessenen Vorlage gebeten, diese zurückzuziehen, zu vertagen oder einem oder zwei Komitees zu überweisen, sie erklären sich dazu bereit, und eine Mehrheit stimmt für Vertagung, nein, für Überweisung an ein, nein, an zwei Komitees, deren Mehrheiten ebenfalls schrumpfen werden, so daß das Ad-hoc-Komitee oder vielmehr der Senat sich bis auf weiteres oder für immer auflöst oder aufgelöst wird. *Übers. v. Vf.*

Bemerkungen zur Sprache der Herrschenden

Am 4. November 1969 erschien das Gesicht des Präsidenten der Vereinigten Staaten auf allen Fernsehschirmen des Landes. Das Datum für die Kriegsrede, die er hielt, war sorgfältig ausgewählt worden. Es mußte der Eindruck vermieden werden, Nixon sei durch die großen Antikriegsdemonstrationen vom 15. Oktober zu einer Stellungnahme gezwungen, oder er wolle auf die bevorstehenden, ebenso großen Demonstrationen des 15. November Einfluß ausüben: Um also dem Verdacht einer Panik zu begegnen, wurde die Rede mitten zwischen beide Moratorien gelegt, allerdings nicht genau in die Mitte, da das wiederum auffällig gewesen wäre.
In dieser Ansprache an sein Volk, die er seither in ähnlichen »Krisen«-Situationen mit nur geringen Variationen wiederholt hat, unternahm Nixon den Versuch, alle Amerikaner, die am 15. Oktober nicht demonstriert hatten, zur »großen, schweigenden Mehrheit« zu erklären, die die Fortführung des Krieges wünsche – andererseits sagte er aber auch, daß mit einer sofortigen Beendigung des Krieges »ein bequemer und populärer Kurs« eingeschlagen wäre: ein Widerspruch, auf den T.R.B. (*Los Angeles Times*, im folgenden: *LAT*, 12. Nov. 1969) zuerst hinwies und der den meisten Fernsehzuschauern sicherlich entgangen war.
Wirklich lassen sich beide Äußerungen nicht miteinander vereinbaren, ohne entweder die Bedeutung des Wortes »Mehrheit« oder die Bedeutung des Wortes »populär« in ihr Gegenteil zu verändern. Denn wenn, wie Nixon behauptet, die Mehrheit der Amerikaner für Weiterkämpfen wäre, dann wäre der sofortige Rückzug aus Vietnam ja keine, wie er behauptet, populäre, sondern eine unpopuläre Maßnahme und wir hätten ihn lediglich dabei erwischt, wie er eine populäre Maßnahme, nämlich Weiterkämpfen, für die er sich entschieden hat, in eine unpopuläre Maßnahme umlügt, da ihm Popularität zuwider sei, wogegen einiges spräche. Hat er aber nicht gelogen, wäre der Rückzug wirklich eine populäre, d. h. von der Mehrheit unterstützte Maßnahme, wie er sagt, dann hat er damit bekundet: seine Entschlossenheit, gegen die Mehrheit des Volkes, also im Auftrage einer Minorität, zu herrschen – in welchem zutreffenden Fall noch immer als Lüge bestehen

bleibt die Implikation, die fehlende Zustimmung des Volkes zu seiner volksfeindlichen Politik bekümmere ihn nicht.
Diese Kriegsrede war nicht, wie man vermuten könnte, frei improvisiert, sondern das auf sprachlichen Hochglanz polierte Endprodukt zahlloser Stilisten und Denker der von Nixon bevorzugten Werbebranche. Sie ist ein Beispiel dafür, daß die Sprache derartig ihr abverlangte Widersprüche nicht verdekken kann. Denn Nixon wollte zweierlei. Einmal wollte er, mit Hilfe der Behauptung, es gäbe sie schon, eine Mehrheit des Volkes auf seine Seite manipulieren (nämlich durch die Implikation, Unmöglichkeit der Artikulation sei identisch mit Zustimmung), andererseits wollte er die Argumente und Forderungen der Kriegsgegner als lediglich bequem und popularistisch abwerten. Es hat ihm keiner gesagt, daß beides zugleich in einer einzigen Rede nicht geht – oder man hat sich darauf geeinigt, daß niemand so genau zuhören würde. Daß man sich hierin, auf lange Sicht, womöglich geirrt hat, zeigt die Tatsache, daß in den jüngsten Kriegsreden Nixons – angesichts der nicht mehr hinwegzulügenden, verstärkten Antikriegsstimmung im Lande – die Beschwörung der stummen Mehrheit fehlt. Statt dessen wird aber die Notwendigkeit, gegen den, wie eingeräumt wird: gut gemeinten Willen des Volkes zu handeln, immer grotesker begründet – in der Pressekonferenz vom 29. April 1971 etwa damit, das Volk befinde sich im Irrtum, da das, was es wolle (Frieden) nur möglich sei durch das, was es nicht wolle (Krieg), wobei es die Pflicht des Präsidenten sei, diese Uminterpretation des Volkswillens in sein Gegenteil zu leisten.
Beispiele derartiger Perversionen und unfreiwilliger sprachlicher Selbstentblößung der Herrschenden kann man täglich nachweisen. Man denke an den (am 11. März 1970 in der *LAT* zitierten) Ausspruch des Vorgängers von Nixon: »Wir werden weiterkämpfen in Vietnam, bis die Gewalttätigkeiten beendet sind«, was ja bedeutet: »Wir werden die durch unsere Verhinderung freier Wahlen in ganz Vietnam im Juli 1956, deren Ergebnisse wir fürchteten, ausgelösten Gewalttätigkeiten, die wir durch Entsendung von 550 000 Mann in Schwung brachten, solange fortsetzen, wie wir dort sind, oder: so lange dort bleiben, wie wir sie fortsetzen, etc.« Oder: Was soll man von den Erklärungen des Pentagon halten, der jüngste Überfall gegen Laos sei ins Stocken geraten aus zwei Gründen: Erstens

wegen heftiger Regengüsse und zweitens wegen heftiger Gegenangriffe der »Nordvietnamesen«? Es gibt hier nur zwei Deutungen: entweder war das Wetter auf beiden Seiten verschieden, oder Marionettenbanden sind schlechte Kämpfer, was zutrifft.

Wir haben es hier mit einer von der Presse in der Regel kritiklos übernommenen Sprache zu tun, die schon lange fast jede beliebige Handlung mit der Behauptung des Gegenteils zu begleiten hat und diesem Druck nicht immer standhält, somit die Wahrheit des Systems direkt widerspiegelt, das bestehende Widersprüche verstecken möchte, statt sie sichtbar zu machen. In der Sprache leuchten diese tatsächlichen Widersprüche dann als Paradoxa auf, wie in dem berühmten Satz eines Obersten, man habe eine bestimmte vietnamesische Stadt, »um sie zu retten, zerstören müssen«, oder wenn die Ausweitung des Krieges auf Indochina begründet wird mit seiner Beendigung: die Notwendigkeit des Krieges mit der Notwendigkeit des Friedens. In den Paradoxa ist das System wider Willen ehrlich. In ihnen zeigt sich die Wahrheit, daß Ausbeutung nicht möglich ist ohne Gewalt, Profite nicht möglich sind ohne Unterdrückung – Kapitalismus nicht möglich ist und zugleich Frieden, so sehr das System eine solche Koexistenz auch erwünschte. So vertraute wohl letzten Endes die eingangs erwähnte Kriegsrede Nixons auf die unreflektierte Hinnahme des Widerspruchs, die Mehrheit der Amerikaner wolle in Vietnam zugleich weiterkämpfen, d. h. nicht verlieren, wie auch abziehen, d. h. nicht gewinnen – dessen eitle Versöhnung durch den in Laos sichtbar gewordenen Fehlschlag der »Vietnamisierung« bewiesen ist.

Übrigens zeigt sich in der Gesetzgebung das gleiche in der Mitlieferung des Antitoxins zum jeweils verabschiedeten Gesetz. Ich verweise nur auf die oben erörterte »Anti-Kriegs-Gesetzgebung« des 71. Kongresses oder die am 31. März 1971 verabschiedete Resolution der (demokratischen) Mehrheitsfraktion des 72. Kongresses, die den Abzug der Truppen für Ende 1972 fordert, Nixon der Unterstützung seiner Maßnahmen durch die Parlamentarier versichert: Applaus aus allen Richtungen.

Selten ist die Notwendigkeit der Verdeckung der Wahrheit und zugleich der Widerspenstigkeit der Sprache bei dieser Anstrengung so klar und unschuldig ausgesprochen worden wie in dem (in der *New York Times*, im folgenden: *NYT*, 22. Dez. 1969 zitierten) Rechenschaftsbericht des republikanischen Senators Strom Thurmond (South Carolina), in welchem er Arbeit und Zielsetzung der Nixon-Administration lobend zu charakterisieren meint, indem er mitteilt, sie sei bemüht, die Nation »zurück in den Hauptstrom politischen Denkens« zu geleiten.

Betrachten wir dieses Bild des, gleich dem Mississippi, einmütig dahintreibenden, mehrheitlichen Denkens, so hat der Senator hier, vor unseren Augen, dieses Flußbett ja trockengelegt, die Führer des Volkes beraubt. Denn das Volk kann nicht an zwei Stellen auf einmal sein, nämlich dort, wo es angeblich schon schwimmt, also im »Haupt«-Strom des Denkens, und dort, wo es, um dorthin geführt zu werden, sich gegenwärtig (oder, im »zurück« impliziert: wieder einmal) aufhält, also irgendwo anders. So sehen wir Nixon jetzt zwischen einer Handvoll Getreuen im leeren Flußbett winken, den Mund zum schon lange vergeblichen Flöten wieder gespitzt. Bleibt noch die Richtungsangabe, die in Anagnostopoulos' Aufruf an die »Führer« des Landes wiederkehrt, sich an die Spitze eines »Marsches zurück in die Normalität« (*Washington Post*, im folgenden: *WP*, 27. Feb. 1970) zu setzen.

Die obigen Zitate sind Beispiele fehlgegangener Manipulation, die als solche wohl nur in den seltensten Fällen wahrgenommen wird. Normalerweise funktioniert die Manipulation hervorragend. Ihr häufigstes Mittel ist das der Umkehrung von Ursache und Wirkung, die die Opfer nicht nur für die von den Herrschenden verschuldeten Verhältnisse verantwortlich macht, sondern auch noch für den Terror, der gegen sie ausgeübt wird, wenn sie sich verteidigen oder protestieren – ja, sogar, wenn sie wehrlos ermordet werden. Typisches Beispiel hierfür ist die (in der *San Diego Evening Tribune*, 27. Feb. 1970 zitierte) Rechtfertigung eines US-Oberstleutnants für die Ermordung von fünf vietnamesischen Frauen und elf Kindern, man müsse sich in die Lage seiner Männer versetzen, die auf eine Mine geraten oder aus dem Hinterhalt beschossen werden könnten, oder der Ausspruch von »Verteidigungs«-Minister Laird, der Feind habe auf die Invasion von Laos »ungeheuer böse und gewalttätig« reagiert (*SFB*-Nachrichten, 24. März 1971, 24.00 Uhr). Dergleichen Sätze, die täglich zu Hunderten produziert werden, verlassen sich darauf, daß der Angespro-

chene die Entrüstung darüber teile, daß von zahlenmäßig überlegenen Truppen überfallene Menschen sich verstecken, im Dunkeln wehren.
Beispiel für die Rezeption dieser Manipulation ist das nachträgliche Urteil der Englischlehrerin einer der in Kent State College von Nationalgardisten ermordeten Demonstranten, dem Opfer, Allison Krause, sei es »mehr um Menschen gegangen als um Ideen *(causes)*... Sie war keine Radikale. Sie war rücksichtsvoll, aufmerksam und neigte eher dazu, Fragen zu stellen« *(WP, 7. Mai 1970).* Hiermit wird die Demonstration der Studenten von Kent gegen den Überfall auf Kambodscha, wo Menschen leben, als Engagement für eine »Sache« bezeichnet, die mit Menschen nichts zu tun hat.
Die Fähigkeit, durch das Wegdenken von Menschen diese zu Nicht-Menschen zu erklären, kennzeichnet meiner Ansicht nach den Faschismus, weswegen man den Calley zugeschriebenen Satz neben die KZ-Rede Himmlers stellen muß. Nach Aussage des für die Verteidigung Calleys als Zeuge auftretenden psychiatrischen Gutachters war Calley der Meinung, es habe sich bei den in My Lai Niedergemetzelten »nicht um Menschen gehandelt, sondern um Feinde« *(International Herald Tribune*, im folgenden: *IHT*, 23. Feb. 1971, *FR*, 19. Jan. 1971; – in der *ZEIT* vom 9. April 1971 schreibt Hans Schueler den Satz in folgender Übersetzung Calley selbst zu: »Es waren Feinde, Sir, nicht Menschen«). Der *IHT* zufolge bekundete der Gutachter Dr. Hamann ferner wörtlich: »(Calley) sagte nie ›töten‹. Dieses Wort wird nicht verwendet. Das Wort ›töten‹ erinnert daran, daß uns in der Kindheit beigebracht wurde: ›Du sollst nicht töten!‹ Wenn man bei der Truppe das Wort ›töten‹ verwendet, dann bewirkt das eine negative Gefühlsreaktion, folglich benutzt man das Wort ›waste‹ (etwa: ›verwüsten‹, ›verschwenden‹; die Bedeutung des gleichlautenden Nomens: ›Abfall‹ wird beim Verb assoziiert) oder ›destroy‹ (›zerstören‹), aber nie ›töten‹.«

Die Ausführungen Hamanns erklären, warum und wie hauptsächlich einzelne Wörter die Hauptlast der für Völkermord, Unterdrückung und Ausbeutung notwendigen sprachlichen Manipulation tragen müssen. Die zu verdeckende und zu verdrängende Bedeutung wird auf ein anderes Wort transferiert, das die Bürde trägt, bis sie entdeckt und weitergegeben wird. Sozusagen im stillen wächst, weil die Wörter die Wahrheit nicht lange verstecken können, eine Tarnsprache, die fast das ganze Vokubular vollständig verwüstet, so daß Worte wie »Freiheit«, »Ordnung«, »Recht«, »Demokratie«, »Frieden« (da der »Kampf« des Systems für diese »Werte« ebenso wie der Kampf gegen Elend, Armut etc. rein linguistisch ist, nur in der Sprache stattfindet) selbst innerhalb eines stützenden Kontexts ihre ursprüngliche Bedeutung oft nicht wiedererlangen.

Der Wortverschleiß bei der sich selbst als *news management* (wörtlich: »Nachrichtenverwaltung«) bezeichnenden Sprachmanipulation ist bekannt. Ein harmloseres Beispiel ist der *(LAT,* 7. Dez. 1969) Verzicht auf »cost overrun« (»Kostensteigerung«) zugunsten von »cost growth« (»Kostenzuwachs«), da das Bild unkontrollierten Überlaufens die Wahrheit (riesige Kriegsgewinne) schlechter verhüllte als das im Wachsen assoziierte Bild organischer Unvermeidbarkeit: die Kosten wachsen eben wie ein Baum, den man nicht fällt, ohne Amerika seiner »Verteidigungs«-Waffen zu berauben. Seit einiger Zeit sind die »peace villages« (»Friedensdörfer«, d. h. Zwangsverschleppungslager) in »resettlement villages« (»Neusiedlungsdörfer«) umbenannt. »Pacification« (»Befriedung«, d. h. systematische Ermordung vermuteter Widerstandskämpfer, Zerstörung von Ortschaften, Inhaftierung der Einwohner) wird neuerdings nicht mehr von den als »Civil Operations Program« (»Programm für die Zivilbevölkerung betreffende Maßnahmen«) bezeichneten Einsatzkommandos, noch vom »Rural Development Program« (»Programm für ländliche Entwicklungshilfe«) ausgeführt, sondern das erstere Einsatzkommando bezeichnet sich jetzt als »Community Defense Program« (»Gemeindeverteidigungsprogramm«), das letztere als »Local Development Program« (»Örtliches Entwicklungsprogramm«). Die Namen der entsprechenden Mordkommandos der *CIA* in Laos hat *(LAT,* 10. März 1970) Jack Foisie recherchiert, und über was das »Amt für Verhandlungen über internationale Versorgungsfragen« verhandelt, berichtet *(Washington Monthly,* im folgenden: *WM,* I/70) G. Thayer.

Die folgenden Euphemismen sind so gebräuchlich, daß man sie nicht zu belegen braucht: »Vietnamisierung« (hierzu eine jüngste Äußerung des Herrn Ky: »Wenn die ›Vietnamisierung‹ zum Ziel hat, Südvietnam so stark zu machen, daß es sich selbst verteidigen kann, dann muß sie noch fünfzehn bis zwanzig Jahre fortgesetzt werden« – zit. in *ZEIT*, 23. April 1971, sowie eine am 2. Mai 1971 von *AFN-News*, Berlin, in den 18:00-Uhr-Nachrichten verbreitete Verlautbarung der US-Marine, sie werde »auf unbegrenzte Zeit« in Vietnam bleiben); »Inkursion« (d. h. »Invasion«); »air interdiction« (wörtlich: »Luftverbot«, d. h. Bombenangriff auf fremde Länder); »protective reaction« (wörtlich: »schützende Reaktion«, in Westdeutschland übersetzt als: »Abschreckreaktion«, »Schutzreaktionsschlag«, sogar mit dem Nazi-Ausdruck: »Vergeltungsangriff«, d. h. Luftangriff auf fremde Länder); »Independence Palace« (der Saigoner »Unabhängigkeitspalast«, in welchen die vietnamesischen Stiefellecker regelmäßig von US-»Botschafter«, d. h. Gouverneur Bunker zum Befehlsempfang zitiert werden).

»Free-fire zones« (»freie Feuerzonen«) definiert Anthony Lewis (in der *IHT* vom 5. Januar 1971) als »eine unanstößig klingende Bezeichnung für die Vertreibung von Menschen aus ihren Häusern und von ihrem Land, damit eine ausländische Armee ohne Gewissensbisse jegliches verbleibende Lebewesen töten kann.« Seit Januar 1971 wird der wieder verstärkte Bombenterror gegen die Demokratische Republik Vietnam mit dem »angeborenen Recht zur Selbstverteidigung« *(IHT*, 18. Jan. 1971) begründet, und Alvin Shuster wies *(NYT*, 15. III 1971) nach, daß das Wort »to supplement« (»ergänzen«) neuerdings zur Bezeichnung des Gegenteils, nämlich »die Hauptlast tragen« verwendet wird: den offiziellen Verlautbarungen des US-Oberkommandos in Saigon zufolge hat die US-Luftwaffe beim Überfall auf Laos die »Operationen« der südvietnamesischen Luftwaffe lediglich »ergänzt«.

Ein neuer Euphemismus tauchte in einem von der »Öffentlichkeit« nicht beachteten Bericht der *NYT* (vom 11. Jan. 1971) auf. Demzufolge haben Washington und Saigon gemeinsam beschlossen, aus den nördlichsten Regionen »Südvietnams« (Militärsprache: »Corps I«), in die nach offiziellen Angaben bereits eine Million Bauern zwangsverschleppt wurden, innerhalb der nächsten drei Jahre zwischen 200 000 und drei Millionen Menschen (je nach den Schätzungen verschiedener Dienststellen) in die dünner besiedelten südlichen Landesteile (»Corps III« und »Corps IV«) zwangszuverschleppen. Der Name der Dienststelle, die diese von den USA voll finanzierte Barbarei im Moment vorbereitet, lautet: »War Victims Pro-

gram« (»Kriegsopferprogramm«): ein Name für die durchführende Behörde wird noch gesucht.
Neben dieser Tarnsprache der Gewalt verwenden die Machtverwalter eine Sprache der Appropriation, die liberale, reformerische oder sogar linke Ideen und Parolen sich aneignet. Vgl. Nixons eitle Anstrengungen *(LAT*, 19. Feb. 1970), vom Reform-*glamour* der Kennedy-Periode wenigstens sprachlich zu profitieren und dabei durch Einfügung des Adjektivs »neu« dem Plagiat zu entgehen. Nixons Verwendung der linken Parole: »Power to the People« (»Alle Macht dem Volke« – am 30. Juli 1970 in Los Angeles), seine Ankündigung einer »neuen Revolution . . ., die« – wie er sagt, »dem Volk die wahre Macht zurückgeben und die so tief und weit wirken soll wie die erste amerikanische Revolution« (nach *Tagesspiegel*, Berlin, 26. Jan. 1971) sind solche Beispiele sprachlicher Aneignung linker Parolen, die den Faschismus auch historisch charakterisiert. Dem entsprechen die Schaureisen Nixons, mitsamt Kabinett, in die Provinz, da, wie Nixon wissen ließ, die Hauptstadt ein Zentrum »intellektueller Blutschande« (*LAT*, 24. Juni 1970) sei: daher hinaus aufs Land, um zu erfahren, was die Leute denken. Praktisch bedeutet dies, daß Nixon vor irgendwelchen Rathäusern eisenhowerisch beide Arme hoch in die Luft wirft, Zeige- und Mittelfinger zum von den Kriegsgegnern übernommenen V-Zeichen spreizt, während im Hintergrund Demonstranten zusammengeschlagen werden. Übernommen werden besonders die Parolen von Gruppen wie »Womens Liberation« oder neuerdings die Forderungen zur Einführung von »Black Studies« (Kultur und Geschichte der Schwarzen) als Studienfach, sowie alles, was mit der sog. »Subkultur« zusammenhängt. Hier geht es um Teilbefreiungen, deren »Förderung« die vorhandenen Widerstandskräfte zersplittern hilft.
Erst wo die sprachliche Manipulation ihre Wirkung verfehlt und statt dessen aktivem Widerstand begegnet, tritt unverhüllt die traditionelle Drohsprache des Faschismus auf den Plan: wenn Nixon gegen den Überfall auf Kambodscha demonstrierende Studenten als »bums« *(LAT*, 2. Mai 1970; etwa: »verlotterte Strolche«) bezeichnet, der Filmschauspieler Ronald Reagan – auf die Frage, was der einzelne Bürger zur Unterstützung seiner Einstellung gegenüber Universitätsunruhen tun könne – antwortet: »Wenn es ein Blutbad sein soll, dann laßt es uns jetzt haben« *(LAT*, 8. April 1970), oder, wiederum Nixon,

anläßlich der Vorlage der oben diskutierten *Organized Crime Control Act* den »totalen Krieg« (*LAT*, 15. Okt. 1970) ausruft. Schließlich ist ein weiteres Kennzeichen traditioneller faschistischer Sprache die auffällig oft Superlative produzierende Prahlerei, wie im Austausch von Bewunderungsadressen mit Lakaien (*LAT*, 2. und 5. Nov. 1969); Nixons Preisung des Rockefellerberichts als des »umfassendsten Werks, das überhaupt je« über Lateinamerika erarbeitet worden sei (*LAT*, 11. Nov. 1969); die Charakterisierung des Martha-Mitchell-Unternehmens als »des besten, was in Washington überhaupt je stattgefunden hat« (*LAT*, 4. Jan. 1970); Nixons Beurteilung seiner arroganten Drohungen gegen die Demokratische Republik Vietnam vom Herbst 1970 als des »großzügigsten Friedensangebots in der gesamten Geschichte der amerikanischen Diplomatie« (*LAT*, 20. Okt. 1970) oder Nixons Beurteilung des von ihm dem Kongreß unterbreiteten innenpolitischen Programms als: »das bei weitem umfassendste, weitestgehende, kühnste innenpolitische Programm, das einem amerikanischen Kongreß je vorgelegt wurde« (*WP*, 20. Jan. 1971).

Bemerkungen zur Sprache und Darbietung der Nachrichten

Am 4. Dezember 1970 veröffentlichte der bekannte Washingtoner Korrespondent der *LAT*, Jules Witcover, einen Bericht über die *hearings* 40 ehemaliger US-Soldaten und Offiziere, in denen diese über den Zeitraum eines Jahres sorgfältig gesammelte Evidenz vorlegten, aus der, nach den Worten eines früheren *West-Point*-Hauptmanns, hervorgeht, »daß Kriegsverbrechen in Vietnam die logische Konsequenz unserer Kriegspolitik sind, die täglich und notwendig die Hinschlachtung von Zivilisten fordert.« Die Ignorierung dieser *hearings* durch Kongreß und »Öffentlichkeit« erstaunte Witcover so sehr, daß er vier Tage später einen weiteren Bericht über die gleichen *hearings* veröffentlichte, in dem neue US-Folterungsmethoden bezeugt werden, dessen Substanz aber die Erörterung der Frage ist, warum niemand zuhörte: angesichts der Tatsache, daß »allzu oft die einzig zugängliche Nachrichtenquelle über Kriegsereignisse die Regierung ist« *(LAT,* 8. Dez. 1970).

Diese absichernde Voranstellung des »allzu« vor »oft«, die das ohnehin sehr vorsichtige »oft« zusätzlich schwächt, ist typisch für die Art und Weise der Darbietung von das System widerlegender Evidenz und steht hier nur als Beispiel für ein Vokabular, das derartige Evidenz fast immer relativierend begleitet, wie beispielsweise das bekannte »alleged« (»vorgeworfen«, »zur Last gelegt«, »behauptet«, »angeblich«) zwar immer dem Massaker von My Lai, nie aber dem »Bombenstopp« gegen die Demokratische Republik Vietnam oder der Nixonschen »Friedensoffensive« vom März 1971 vorangestellt wurde. Die in diesen Voranstellungen hörbare Vorsicht (»Ich könnte mich irren«) ist deswegen rein rituell, weil doch tatsächlich die Mehrzahl der Nachrichten von den Herrschenden kommt, also deren Tarnsprache die Sprache der Nachrichten prägt, ohne daß gewarnt würde.

Wenn z. B. die Ermordung zweier Mexikaner durch die Polizei in Los Angeles auf »eine tragische Kette von Versehen« *(LAT,* 18. Juli 1970) zurückgeführt wird, dann hat sich die Presse hiermit die übliche Sprache von Polizeiberichten zueigen gemacht, wie z. B. dem über die Ermordung von Jerry Lee Amie, die als »pathetic, tragic case« (ein »rührender, tragischer Fall«: *LAT,* 18. Juli 1970) bezeichnet wurde, wie auch die Ermordung der Studenten in Kent als »bedauerliche Tragödie« *(LAT,* 10. Mai 1970) präsentiert wurde. In einer Rezension faßte der Literaturredakteur der *LAT,* Robert Kirsch, seine Eindrücke vom Orangeburg-Massaker in dem Satz zusammen: »Die Erkenntnis wird uns aufgezwungen, daß tragische Ironie nicht auf das antike griechische Drama beschränkt ist« *(LAT,* 23. Mai 1970).

Diese Kennzeichnung vermeidbarer, individuell *und* durch das System verschuldeter Untaten als »Tragödien« hat eine apologetische Funktion. Sie hilft bei der Herstellung eines Bewußtseins, das konkrete Verbrechen als unvermeidliche Fehler, schicksalhafte Naturvorgänge, leidvollen Ausbruch übermächtiger Kräfte versteht, für die gemeldeten Verbrechen anonyme Mächte verantwortlich macht, also von den konkreten Ursachen absieht. Die Vermeidung der Ursachen der berichteten Untaten kommt dem Leser entgegen, der die radikalen, sein ganzes Leben ergreifenden Konsequenzen, die eine Identifizierung dieser Ursachen für ihn haben müßte, ahnt und fürchtet. Die Darstellung der Untaten als »tragisch« hilft unentwegt diese Ahnung verdrängen.

Am 5. Okt. 1969 brachte die *LAT* eine zusammenfassende Darstellung im Zusammenhang mit der illegalen Entlassung von Angela Davis durch den Kontrollrat der Universität von Kalifornien unter der Überschrift: »›Griechische Tragödie‹ in *UCLA*.« Der Synopsis ist folgendes Zitat des Kanzlers von *UCLA*, Charles Young: »Von Anfang an war dies wie eine griechische Tragödie, in der jeder seine festgelegte Rolle spielt. Jeder spricht den Rollentext, den er sprechen muß, und so schleppen wir uns dem unvermeidlichen Ende des Stückes entgegen.«

Diese Sprache ist feiner und schonender als die Täuschungssprache der Machtverwalter, sie verdeckt die gleichen Untaten geschickter. Es ist die durch lange Erfahrungen beim Entschuldigen des Systems geübtere, apologetische Sprache der Liberalen, die die Mitarbeiter bürgerlicher Zeitungen ja meist sind. Während die Machtverwalter bei großem Wortverschleiß rücksichtslos lügen, fällt den liberalen Sprechern und Schreibern von ihrem vermittelnden, sich als objektiv bezeichnenden Standort aus (»Ich kriege es von beiden Seiten« – »Ich teile es nach beiden Seiten hin aus«) die Aufgabe zu, zwischen dem System, das die prinzipiell bejahen, und der durch das System verschuldeten Barbarei, die sie prinzipiell ablehnen, sowie sie sichtbar wird, mit dem Mittel der Sprache Versöhnung zu stiften – ein teils freiwillig, teils zur Förderung ihrer Karriere übernommenes Geschäft, das angesichts der begegnenden Widerstände natürlich zu einer größeren Differenziertheit der Sprache zwingt, als wir sie von den Machtverwaltern her kennen. Allerdings müssen wir den liberalen Journalisten auch für den entschuldigenden Hinweis auf die Barbarei, von der wir sonst vielleicht gar nicht erführen, dankbar sein: nur daß diese, wie ich immer wieder feststellte, über den jetzigen die vorigen »Schäden« vergessen.

Diese Entschuldigungssprache geht, wie im obigen Fall, oft von den Universitäten aus, kräftigt sich durch die dort gepflegte historische Relativierung oder überhaupt Verschleppung einer konkreten Einzelheit in einen riesigen Zusammenhang, in dem sie verschwindet, ferner durch Abstrahierung, die das zu Verbergende aus den Augen verliert, auch durch eine nur auf die Erscheinungsform achtende Betrachtungsweise, die (vgl. Young) vollkommen inhaltslos zwischen gegenwärtigen Ausschreitungen der Herrschaftsverwalter und Literaturdenkmälern Formübereinkünfte entdeckt und von solchen strukturalistischen Vergleichen gestärkt in die Gegenwart zurückkehrt mit der manchmal sogar expliziten Entschuldigung aller Feiglinge, so sei es eben.

Am 24. Feb. 1970 veröffentlichte die *LAT* eine Reihe von Interviews mit Geschichtsprofessoren kalifornischer Universitäten über das Thema »Gewalt« unter der Überschrift: »Way of History: Violence Today Pales Beside Ancient Strife« (etwa: »Gang der Geschichte: Heutige Gewalt verblaßt neben der alter Zeiten«) – wobei die schon in der Überschrift feststellbare Nachrichtenaufmachung diesem Bericht zusätzliche Authentizität verlieh, den Beruhigungseffekt, auf den er aus ist, verstärkte (vgl. hierzu *LAT*, 18. Feb. 1970, wo die gegenwärtige Tatsache des griechischen Faschismus durch Umtransportierung in eine »historische Perspektive« zu entschuldbarer Winzigkeit zusammenschrumpft). Die Haftbarmachung namen- und adressenloser »Gewalt« für ganz konkrete Verbrechen der Herrschenden oder ihnen höriger Lümmel hat längst eine Frequenz erreicht, die einzelne Belege völlig erübrigt (ebenso in der deutschen Satellitenpresse, wo sie, wie fast alle diskutierten Täuschungsausdrücke, gehorsam übernommen wurde). Häufig wird sogar in den Überschriften des Kompositum »violence victim« als Synonym für »von der Polizei Ermordeter« verwendet (*LAT*, 16. Juli 1970). Die gleiche Funktion wie das Wort »violence« erfüllt die (vgl.: *LAT*, 27. Okt. 1969) Begründung von Folterungen in Vietnam nicht hauptsächlich durch »die Notwendigkeit, Informationen zu erlangen«, was korrekt wäre, und auch nicht durch individuellen Sadismus, was ebenfalls korrekt wäre, sondern durch die »brutalisierenden Auswirkungen des Krieges«: als Grund der »Brutalität« wird also die »Brutalität« angegeben.

Einen subtileren rechtfertigenden Effekt hat die häufige Verbindung von Adjektiven wie »inhuman«, »schmutzig«, »sinnlos« (in Westdeutschland sogar »töricht«: *ZEIT*, 12. März 1971) mit dem Wort »Krieg«, da das zum Zusammendenken des Krieges mit diesen Adjektiven notwendige blitzschnelle Wegdenken dieser Charakterisierungen den Krieg zumindest in der Weise »reinigt«, als er vom Leser als »menschlich«,

»weise«, »sauber« gedacht werden kann: wäre man nur etwas anders ans Werk gegangen. So erscheinen US-Völkermord und Barbarei, wie es sie in diesem Ausmaß seit dem vorläufigen Sieg über den deutschen Faschismus nicht mehr gegeben hat, in der Sprache der liberalen Apologeten als: »Debakel«, »Dilemma« (in Dld.: *ZEIT*, 5. Feb. 1970) und vor allem als »Fehler« (in Dld. nur als »monumentaler Fehler« im Leitartikel der *ZEIT*, 12. März 1971, von Joachim Schwelien, der bei dieser Gelegenheit aus Washington Nixons Intelligenz meldet: »Aber monumentale Fehler werden nicht dadurch richtig, daß intelligente Männer sie begehen«).

Weniger subtil, aber sicher wirksam, ist das Mittel der Verrätselung oder exotischen Verfremdung der überfallenen Völker Indochinas. Zur Rechtfertigung der starren Haltung der USA bei den sog. Friedensverhandlungen in Paris wird angeführt: »wirkliche« Friedensverhandlungen hätten ohnehin kaum Aussichten, da es »nicht der vietnamesischen Tradition entspricht, in irgendeiner Koalitionsregierung die Macht mit anderen zu teilen« (*LAT*, 6. August 1970), d. h. Selbstbestimmung ist bei diesen Leuten aus traditionellen Gründen nicht möglich; oder es werden Berichte über körperliche Mißbildungen als Folge der fortgesetzten »Entlaubung« Vietnams auf »Gerüchtekampagnen der Vietcong« zurückgeführt, »die bei einem so abergläubischen Volk wie den Vietnamesen leicht offene Ohren finden und schwer zu bekämpfen sind« (*LAT*, 4. 1. 1970).

Eines der erstaunlichsten Beispiele für eine die Identifizierung der Verantwortlichen vermeidende Darstellung von Verbrechen als Naturvorgangen, denen der Mensch hilflos ausgeliefert sei, lieferte William A. Drummond (*LAT*, 9. August 1970), indem er seinen zusammenfassenden Bericht über die (*LAT-UPI*, 14., 15. und 17. Jan. 1970) Ermordung von drei wehrlosen, schwarzen Häftlingen und die diesen Mord provozierende Hinrichtungen zweier bewaffneter weißer Spießgesellen des Mörders folgendermaßen beginnt: »Rassenkonflikte haben in den vergangenen Monaten das Gefängnis von Soledad mit eben der gleichen Hitze und Wildheit erfaßt wie jene vor nichts Halt machenden Winde, die die fruchtbare Salatschüssel des Tales von Salinas durchrasen.« Im zweiten Absatz erfährt man, daß im Januar »während einer Auseinandersetzung zwischen Angehörigen verschiedener Rassen ein weißer Gefängniswärter drei schwarze Häftlinge erschossen hat.« Welcher durch die Winde des ersten Absatzes nicht beruhigte Leser wird hier noch merken, daß das Gewehr des Schützen nicht farbenblind war?

Der verhüllenden Darbietung der Nachrichten kommen auf halbem Wege zwei Grundregeln des amerikanischen Journalismus entgegen. Die erste dieser Regeln besagt, daß die *story*, möglichst in ihrer Substanz, dreimal wiederzugeben ist, und zwar sukzessiv ausführlicher, aus dem praktischen Grund, daß der zeitlich bedrängte Leser nach der ersten oder zweiten Wiedergabe die Möglichkeit hat, abzubrechen, ohne befürchten zu müssen, ihm sei vom Gesamtablauf der *story* etwas Wesentliches entgangen, was beim nur einmaligen Ablauf natürlich nicht möglich wäre. Ferner erlaubt diese Struktur den Nachrichtenagenturen, den ersten Absatz ganz einfach als Kurzfassung anzubieten, die alles Wesentliche enthält, schließlich wird der anzeigenbedingte Umbruch hierdurch erleichtert.

Als Beispiel dieser Struktur möchte ich eine beliebige *AP*-Meldung beschreiben, um auch zugleich anzudeuten, wie eine Darstellung der Manipulation vorgehen könnte.

Die *story* muß also dreimal wiedergegeben werden: Zuerst in der sich auf ihre augenfälligste Manifestation konzentrierenden Überschrift: Spezialtruppen an die Universität von Pennsylvanien gerufen« (*LAT-AP*, 22. April 1970 – ebenso folgende Zitate), zum zweiten Mal im ersten Absatz, der die Fragen Wer? Wo? Wann? und möglichst auch Warum? zu beantworten hat: »Mit Spezialausrüstung gegen Unruhen versehene Gendarmerieeinheiten wurden am Dienstag auf das Campus der Universität von Pennsylvanien gerufen, als (»when«) militante Studenten die Residenz des Präsidenten der Universität mit Molotow-Cocktails und Steinen bombardierten und ihn mitsamt Frau zur Flucht zwangen.«

Was bedeutet diese Weise der Darbietung für die Substanz der *story*? Sie bedeutet, daß – gemäß dem im englischen *news* enthaltenen Verständnis von »Nachricht« – auf Kosten der Substanz der *story* das letzte sich Ereignende vor das vorher oder zuerst sich Ereignende gesetzt, also die Wirkung vor der Ursache mitgeteilt wird. Denn nicht nur erzählt der erste Absatz die Nachricht von hinten nach vorn, auch der ihm folgende zweite Absatz setzt zum dritten Mal neu ein, wobei die vom Leser erhoffte Beantwortung der noch offenen Frage Warum? hier mit der Mitteilung befriedigt wird, die Truppen seien, als 50 Studenten ein *sit-in* im Verwaltungsgebäude der Universität begannen, eingerückt, weil die Universität sie gerufen habe. Die Frage nach dem Grund der den Truppeneinsatz hervorrufenden Demonstration selbst wird also abgewehrt durch Beantwortung der uninteressanten Frage, wer die Truppen herbeitelephoniert habe.

Der Beantwortung dieser Frage wird nun über acht weitere Absätze hin suspendiert, bis sie im neunten Absatz durch die zitierte Behauptung eines Studenten, gewisse Forderungen seien seit drei Jahren gestellt, aber ignoriert worden, vorbereitet wird. Erst im 10. und letzten Absatz (in der *LAT* Seite 20) wird die Frage nach dem Grund der Demonstration folgendermaßen beantwortet: »Unter anderem hatten die Studenten von der Universität die Aufhebung des numerus clausus, die Einstellung des Reserveoffiziersausbildungsprogramms *(ROTC)*, den Abbruch aller Beziehungen der Universität mit dem Militär, Kündigung der vom Pentagon vergebenen Forschungsaufträge, Unterstützung für den *Black-Panther*-Führer Bobby Seale und die Aufhebung der zur Einschüchterung von Studenten erlassenen einstweiligen Verfügungen gefordert.«

Setzen wir nun einen Leser voraus, der sich weder mit der im »when« des ersten Absatzes implizierten Beantwortung der Frage nach dem Grund des Truppeneinsatzes (nämlich wegen dem Angriff auf die Residenz des Präsidenten) zufriedengab, noch mit der im zweiten Absatz erteilten Antwort auf eine unwichtige Frage, sondern die auslösenden Ursachen erfahren will, so hat dieser Leser, angefeuert durch Zwischentitel wie »Vier Verhaftet« und »Den Studenten nicht nachgegeben« (womit die Haltung des Präsidenten gemeint ist), sich durch 12 Absätze hindurchgearbeitet, von denen 10 die Auswirkungen einer Sache schildern, deren Grund in zwei Absätzen kurz erscheint. Dieses Zahlenverhältnis muß günstig genannt werden, da in der Mehrzahl der Fälle das Verhältnis von berichteter Wirkung und auslösender Ursache 1:0 ist, man also nur erfährt, daß irgendwo irgendwer demonstriert hat, weiß Gott warum? Auf dem Erzählweg zurück zum auslösenden Grund (dessen inhaltliche Diskussion überhaupt nicht in Frage kommt) wurden dem gedachten, geduldigen Leser die das Haus des Präsidenten bombardierenden Studenten aber zweimal vorgeführt und er hat Statistiken überwinden müssen (z. B. daß 24 000 Studenten auf dem Campus untergebracht seien, was ihn daran erinnert, daß hier eine Minderheit protestierte).

Die Regel dreimaligen vom Neuesten zurückschreitenden Erzählens fordert eine gegenchronologische Sequenz, weil als *news* erst die spektakuläre Sichtbarkeit (Truppeneinsatz nach Demonstration der seit drei Jahren frustrierten Studenten), nicht etwa die seinerzeitige Abstimmung der Studenten über ihre Forderungen an die Universität verstanden wird. Die Erhebung dieser Forderungen war sozusagen unsichtbar, sinnlich nicht wahrnehmbar und außerdem nicht ungewöhnlich.

Hier kann man nun die zweite Regel des amerikanischen Journalismus, nämlich die Forderung objektiver, unparteiischer, »balanzierter« Berichterstattung als unerfüllbar zurückweisen, da dieser objektiven Berichterstattung, wenn sie wirklich möglich wäre, die subjektive Entscheidung der Auswahl vorauseilt, was sich als *news* qualifiziere (Angriff auf Haus des Präsidenten: JA) und was nicht (Erhebung von Forderung zur Behebung von Mißständen: NEIN). Wohlgemerkt, die Selektionsfrage ist hier nur noch im Hinblick auf Berichte gestellt, deren sorgfältige Lektüre auf früher und noch immer versäumte Evidenz (hier z. B. Universität im Dienste des Pentagon) sogar hinweist oder sie, selbst bei Weglassung der Schlußabsätze, zumindest vermuten läßt.

An fast jeder beliebigen *news story* läßt sich zusätzlich demonstrieren, daß diese auf ihrem repetierenden Rückweg die Forderung objektiver Berichterstattung nur rituell erfüllt, indem sie im vorliegenden Fall z. B. die Studenten in direkter Rede, aber brüllend (»he shouted«) zu Wort kommen läßt – eine sicherlich den Tatsachen entsprechende Charakterisierung, die aber auf die Angst vor sog. »Emotionalität« spekulieren darf, als welche Liberale grundsätzlich eine nicht zurückgehaltene sinnliche Reaktion auf erfahrenes oder bekanntgewordenes Unrecht brandmarken. Da das obwaltende Nachrichtenverständnis Ereignisse erst antrifft, wenn gebrüllt wird, aber die Gründe des Brüllens versteckt, kann nun umgekehrt das Brüllen als Aggression oder Exhibitionismus erscheinen: zum Zwecke der Herstellung von Nachrichten, wie die Herrschenden dies auch immer behaupten. Damit wiederholt die Nach-

richtenstruktur das System: die Umlügung sich Wehrender in Angreifende, von Opfern in Täter, wobei zusätzlich die Liberalen auch noch diejenigen, die sich wehren, für die verstärkte Unterdrückung verantwortlich machen wie (*LAT*, 17. Jan. 1970) der liberale Gouverneurskandidat Unruh den Studenten die Wahl von Ronald Reagan zur Last legte, oder Liberale noch heute den Kommunisten die Wahl Hitlers. Die Verkehrung der Sequenz zeigt Schwarze, die erschossen werden, weil sie Geschäfte ausplünderten, aber nicht Schwarze, die Geschäfte ausplündern, weil sie hungern. Dahin gelangt die Nachricht nicht, da dieses Hungern alltäglich, das Elend permanent, d. h. bekannt, d. h. keine Nachricht ist. So wird ein Bewußtsein erzeugt, das die hilflos nach oben geworfenen Arme der Verfolgten versteht als Geste des Angriffs.
Was aus dem Bereich sinnlich nicht anerkannter, das System permanent charakterisierender »Zustände« wie Armut, Ausbeutung (in Wirklichkeit ja eine sich täglich ununterbrochen sinnlich manifestierende Untat) – was also aus diesem als *news* nicht zugelassenen Bereich dennoch gemeldet wird, erscheint im »Wirtschaftsteil« oder in Parlamentsberichten in der Fremdsprache von Spezialisten, als nicht vorstellbare Statistik, oder wird als unvermeidlich, schicksalhaft, selbstverschuldet vermittelt oder euphemistisch ins Gegenteil verkehrt.
In der Berichterstattung über sinnlich sichtbare Ereignisse ist dann die objektive Berichterstattung nicht nur wegen der erwähnten vorwegurteilenden Auswahlkriterien nur noch rituell erfüllbar (zu dem Ritual gehört z. B. bei Berichten über Demonstrationen, daß man »Gegendemonstranten«, von denen am 15. Okt. 1969 etwa 100 den Zug einer Viertelmillion begleiteten, auf jeden Fall zu Wort kommen läßt, notfalls künstlich das Gegenteil einbaut), – sondern die objektive Berichterstattung ist vor allem nicht möglich, weil das ganze Konzept der Objektivität mit dem System des Kapitalismus unvereinbar ist, da man zwischen behaupteten Idealen und ihnen widersprechenden täglichen Tatsachen nicht in der Weise vermitteln kann, daß man »beide Seiten« zu Wort kommen läßt, da die Tatsachen doch keine eigene Sprache haben, sondern immer nur vertreten und verleugnet werden in der Sprache jener, die sie verschulden.

Offener Brief an den Kanzler der Universität

La Jolla, 21. März 1969

Sehr geehrter Kanzler McGill,

es trifft zu, daß ich am 21. Februar 1969 an einer Demonstration teilnahm, welche darin bestand, dem Hauptmann der Marine-Infanterie Stout den Zutritt zu den Räumen des Referats für Studentische Berufsberatung zu verwehren.

Ich kann in dieser Demonstration, wie mir vorgeworfen wird, keine Verletzung der Akademischen Freiheit anderer erkennen, denn weder ist Herr Stout ein Mitglied der akademischen Gemeinschaft, noch führten ihn Geschäfte her, die man als akademisch bezeichnen könnte, noch könnte man von einem Studenten, der sich in die Gesellschaft eines Anwerbers für das Offizierscorps der Marine-Infanterie begibt, behaupten, er tue dies in Verfolgung seiner akademischen Laufbahn.

Auch kann ich, wie mir ebenfalls vorgeworfen wird, in dieser Demonstration keine Verletzung der Redefreiheit eines andern erkennen, da ich selbst Herrn Stout zu einer öffentlichen Debatte über die mit seinen Geschäften zusammenhängenden Fragen einlud, was er, auf Anraten des ebenfalls anwesenden Dekans hin, ablehnte.

Schließlich scheint mir auch der Vorwurf ungerechtfertigt, aus meiner Anwesenheit vor einer der Türen des genannten Büros sei Androhung von Gewaltanwendung herleitbar. Es handelte sich im Gegenteil um einen Akt gewaltlosen, passiven Widerstandes, und es bestand Einverständnis darüber, daß wir, wenn der Eintritt mit Gewalt versucht worden wäre, dieser Gewalt gewichen wären.

Durch meine Teilnahme an diesem Protest verfolgte ich die Absicht, eine Kollaboration der Universität bei der Anwerbung von Studenten zur Teilnahme an einem illegalen und unmoralischen Krieg zu verhindern. Ferner hoffte ich hierdurch auf dem Campus eine Debatte herbeizuführen, welche zu einer Neubestimmung unserer gegenwärtigen de-facto-Paxis gelangen könnte.

Meine Motive für die Demonstration sind die folgenden. Eine christliche Erziehung und meine eigenen Erfahrungen in Deutschland haben mich gelehrt, daß es nicht genügt, das Böse in abstracto zu verurteilen, sondern daß man es in der Praxis bekämpfen muß. Herr Stout kam hierher als der Vertreter einer Organisation, welche von einer großen Anzahl verantwortungsvoller Augenzeugen aus aller Welt ungeheuerlicher Kriegsverbrechen sowie Verbrechen gegen die Menschheit geziehen wird – einer Organisation, welches gegen ein kleines und armes Volk, das Unabhängigkeit und Selbstbestimmung sucht, einen wilden Aggressionskrieg führt. Man darf also sagen, daß Herr Stout im Dienste von Mächten steht, welche Millionen von Menschen nicht nur die Freiheit, durch eine Tür hindurchzugehen, sondern die Freiheit, zu leben verweigert haben. Es ist meine sorgfältig erwogene Meinung, daß Herr Stout eine Organisation vertritt, welche in Wort und Tat die Ideale und Prinzipien, welche sie zu verteidigen vorgibt, vollkommen negiert und auf eine kriminelle Weise pervertiert. Oder ist es nicht ein Akt der Perversion, wenn eine Person hier Rechte für sich in Anspruch nehmen möchte, für deren Unterdrückung woanders sie hier Unterstützung sucht?

Angesichts der Uninformiertheit der umgebenden Bevölkerung, die, wie Sie wissen, von einer monopolistischen Presse belogen wird, und angesichts der weitgehenden Indifferenz an der Universität ist es unmöglich geworden, eine öffentliche Debatte über die Verbrechen herbeizuführen, die in unserem Namen begangen werden, ohne daß man hierbei die traditionellen akademischen Formen von Dissens überschreitet. Auch in den Südstaaten hätte seinerzeit die Bürgerrechtsbewegung nicht in Gang kommen können, ohne legale Formen des Protests zu transzendieren.

Abgesehen von meiner Verantwortung als Bürger dieses Landes empfinde ich eine zusatzliche Verantwortung wegen meiner privilegierten Stellung als Professor für Literatur, welche von mir die Beobachtung und Analyse von Sprache verlangt. Ich halte es für meine Pflicht, meine Studenten darauf hinzuweisen, daß Herr Stout eine Organisation vertritt, die unsere Sprache verfälscht und vergewaltigt, um die Wahrheit zu verbergen und die Lüge zu kräftigen. Mit »Verhör« meinen sie »Folter«, mit »Befriedung« meinen sie »Versklavung« und mit »Rettung« meinen sie »Zerstörung«. Was, Herr Kanzler, meinen sie wohl, wenn sie »Freiheit« sagen?

Ich bin mir dieser wichtigen Fragen besonders und schmerzhaft bewußt, da ich das Unglück hatte, in einem Land aufzuwachsen, in welchem »Gehorsam« gegenüber den bestehenden In-

stitutionen der Name war, welcher Unterwerfung gegenüber den fürchterlichsten Kräften bedeutete, welche die Welt je gesehen hat. Ich gestehe, Herr Kanzler, daß mir der Gedanke an ein künftiges Tribunal, welches unsere gegenwärtigen Taten oder unsere gegenwärtige Tatenlosigkeit zu beurteilen hätte, manchmal Sorgen bereitet.
Hochachtungsvoll,
R. L. *Übers. v. Vf.*

Verteidigungsrede vor dem Superior Court von San Diego County

Der Administration meiner Universität, welche diesen Strafprozeß gegen mich eingeleitet hat, war vorher bekannt, daß die Evidenz, die sie gegen mich ins Feld führen könnte, schütter sei. Warum ist sie trotzdem gegen mich vorgegangen? Dies geschah wegen meiner fortgesetzten Beteiligung an praktischer politischer Arbeit, einer Arbeit, zu welcher ich mich als Bürger der Universität verpflichtet fühlte.
Nun verhält es sich so, daß eine Person meines Alters, ein sogenannter Akademiker, einem ungeschriebenen Gesetz zufolge sich an aktiven politischen Kämpfen nicht beteiligen darf, schon gar nicht gemeinsam mit seinen Studenten. Das Konzept ist etwa: daß junge Leute eben wild sind, aber, wenn sie älter werden, sich beruhigen und endlich zufrieden und risikolos vor sich hinleben. Vorlesungen abhalten und Bücher schreiben ist in Ordnung, solange man das, was man äußert, nicht praktiziert. Es handelt sich hier um eine Definition von Erwachsenen als Personen, die praktisch schon tot sind.
Lediglich durch die Erhebung der Anklage hat die Administration mich schon mehrfach und effektiv bestraft. Zunächst wurde mir ohne Angabe von Gründen der Zugang zum Campus, also auch in mein Arbeitszimmer, untersagt und damit die Weiterarbeit an einem Buch, das ich in diesem Sommer fertigzustellen hoffte, vereitelt. Ferner wurde eine mir routinemäßig zustehende Gehaltserhöhung, ebenfalls ohne Angaben von Gründen, gestrichen. Schließlich stehen mir, nachdem diese Sache hier abgetan ist, auf dem Campus selbst

noch eine Reihe von Disziplinarverfahren bevor, in welchen ich mich wegen der gleichen Anklagepunkte, die hier schon verhandelt wurden, noch einmal verantworten muß. Und zu allerletzt hat der Gouverneur von Kalifornien, Herr Reagan, neulich in einer Pressekonferenz angedeutet, er werde versuchen, mich ganz von der Universität entfernen zu lassen.
Was waren die Gründe meiner Beteiligung in der »picket line« vom 27. Mai? Es war die schockierende Nachricht der Entlassung von Angela Davis als Assistent Professor für Philosophie in UCLA – eine Maßnahme, welche, der *Los Angeles Times* zufolge, eines der anwesenden Mitglieder des Aufsichtsrates der Universität als einen »gesetzlosen Akt gesetzloser Männer« bezeichnete. Dem Gericht sind sicherlich die richterlichen Entscheidungen des Obersten Gerichtshofes der Vereinigten Staaten bekannt, denen zufolge niemand wegen Zugehörigkeit zu einer gesetzlich zugelassenen Partei seiner Wahl aus dem öffentlichen Dienst entfernt werden darf. Ich selbst betrachte diese Entlassung als einen zynischen Verstoß gegen das bestehende Gesetz. Und nun verlangen die gleichen Leute, die sich diesen Gesetzesverstoß haben zuschulden kommen lassen, vor diesem Gericht hier Immunität vor Protesten gegen ihre Gesetzlosigkeit. Denn selbst wenn Angela Davis nach einem langen Weg durch die Instanzen in einer fernen Zukunft vor dem Obersten Gerichtshof der Vereinigten Staaten Recht erfahren würde – was angesichts der Neubesetzung jenes Gerichts durch Herrn Nixon leider nicht sicher ist –, selbst dann wäre ihr doch kaum wiedergutzumachendes Unrecht geschehen.
Hiergegen zu protestieren war der Hauptgrund meiner Beteiligung an der »picket line«. Ferner wollte ich allerdings auch gegen die Komplizität meiner Kollegen in der Fakultät und Administration protestieren. Stillschweigend, in dieser Situation, bedeutet für mich Komplizenschaft: eine für dieses Gericht vielleicht erstaunliche These, zu der ich aus biographischen Gründen gelangte, da ich in einem Land aufwuchs, über welches ich, als ich aufgewachsen war, erfuhr, daß es schreckliche Untaten verschuldete, über die geschwiegen wurde. In solchen Zeiten ist ein Gespräch über Bäume fast ein Verbrechen, weil es ein Schweigen einschließt über so viele Untaten. Ein deutscher Dichter namens Brecht schrieb diese Zeilen. Was erfahre ich von ihnen über den Fall Angela Davis? Ich erfahre

von ihnen, daß das fürchterliche Verbrechen, das man Rassismus nennt, nicht nur der Person angelastet werden kann, die den Entlassungsbrief an Fräulein Davis unterschrieben hat, sondern allen, die hierzu still sind. Nun hat also am 27. Mai dieses Jahres eine kleine Gruppe von Leuten für ganz kurze Zeit den herrschenden Rassismus sozusagen unterbrochen. Wenn man nun deswegen ins Gefängnis kommt, sollte man sich doch das nächste Mal eine stärkere Aktion überlegen.
Brecht, der Herr, den ich vorher zitierte, sagte auch einmal etwas über das Böse. Er sagte ungefähr folgendes: »Das Böse gibt es nicht. Das Böse hat immer einen Namen, eine Adresse und eine Telephonnummer.« Was meine ich damit? Ich meine damit, daß ein Kampf gegen den Rassismus, den das Gericht doch wohl auch verdammenswert findet, sinnlos ist, wenn man den Rassismus nicht in seiner konkreten, lokalen, sichtbaren Manifestation zeigt.
Als ich vor zwei Jahren in dieses kranke Land zurückkehrte, hörte ich eines Morgens im Radio, daß die Polizei in Orangeburg im Staat South Carolina drei schwarze Studenten durch Schüsse in den Rücken ermordet und 27 weitere schwarze Studenten ebenfalls durch Schüsse in den Rücken verwundet hatte. Unterwegs zur Arbeit erwartete ich, das Campus müsse von dieser Nachricht gelähmt sein, aber die Nachricht wurde zur Kenntnis genommen wie sonst Nachrichten über ein Gewitter oder eine Flutkatastrophe, d. h. als ein unvermeidliches Ereignis. Für diese Hilflosigkeit gegenüber weit entfernten Ereignissen habe ich inzwischen Verständnis. Handeln kann man nur in der Nähe, wo das Übel sichtbar ist oder wo man das Übel, das da ist, zwingen kann, sichtbar zu werden. Selbstverständlich will ich damit nicht sagen, daß das Massaker von Orangeburg vergleichbar wäre mit der Entlassung von Angela Davis. Ich will damit abschließend nur sagen, daß unsere Verantwortlichkeit da ist, wo wir sind, und daß wir, da wir das Privileg einer Erziehung genossen haben, unsere Verantwortlichkeit – d. h. allerdings auch die Verantwortlichkeit der Mitglieder des Aufsichtsrats der Universität, die auch eine Erziehung genossen haben – höher ansetzen müssen. Ich bitte das Gericht, zu bedenken, ob es hier von irgendeiner Schuld ernsthaft sprechen kann? *Übers. v. Vf.*

Antwort auf die Kritik der »Radical Coalition«

Man hat mich kritisiert, weil der Hauptmann der Marine-Infanterie, dem ich im Vorbeigehen zufälligerweise, während er am Mikrophon sprach, mit einem Vorlesungsverzeichnis leicht auf den Kopf schlug, ein Schwarzer war. Ich weise diese Kritik als rassistisch und opportunistisch zurück. Es wäre mir unerträglich, hinsichtlich der Hautfarbe der Marine-Infanteristen, die in Vietnam die Bevölkerung ermorden, irgendwelche Unterscheidungen zu machen. Ich finde es herablassend, über eine Person zu günstigen oder apologetischen Urteilen zu gelangen, nicht wegen, sondern trotz ihrer Taten, nicht wegen, sondern trotz der Ansichten, die sie vertreten, sondern lediglich in Berücksichtigung der Farbe, die ich erblicke, wenn ich ihre Haut betrachte. Ich wäre beleidigt, wenn ich derart behandelt würde. Ich glaube, daß die Haltung der »Radical Coalition« hierzu eine tiefsitzende, invertierte Art von Rassismus erkennen läßt, da sie die andere Person nicht als diejenige, die sie ist, wahrnimmt, sondern lediglich so, wie sie aussieht. Solcher invertierter Rassismus ist opportunistisch, da er, bewußt oder unbewußt, an das schlechte Gewissen weißer Nord-Amerikaner appelliert, die hierdurch die Aufmerksamkeit für die Mitschuld verlieren, die auch sie trifft.
Schließlich sollte man unterscheiden können zwischen einem zum Militär eingezogenen und nach Vietnam verfrachteten Schwarzen, und einem, der sich als Offizier freiwillig darum gedrängelt hat, hier im Lande Leute für eine kriminelle Organisation anzustellen, welche in Übersee Farbige ermordet. Seine Schwarzheit soll jene einschüchtern, welche, statt sich ihrer eigenen Mitschuld bewußt zu sein, diese vergessen möchten. Es genügt nicht, immer die »Gesellschaft« dafür verantwortlich zu machen, daß dieser Mann so ist wie er ist. Schließlich trägt auch sein Tun dazu bei, diese Gesellschaft zu der zu machen, die sie ist. Und wer ist er? Er ist ein Verräter an seinen Brüdern. *Übers. v. Vf.*

Über Kollaboration

(Rede, gehalten am 20. April 1970 vor der Vollversammlung der Universität von Kalifornien in San Diego; Übers. v. Vf.)

Warum ich spreche: Seit einer Woche habe ich fast jeden Abend in den Fernsehnachrichten Hunderte und Hunderte von Leichen vietnamesischer Männer, Frauen und Kinder den Mekong hinuntertreiben sehen, niedergemetzelt von kambodschanischen Marionettentruppen und den Söldnern der *CIA*. In einer einzigen Woche hat die (republikanische) *Los Angeles Times* von drei Massakern vietnamesischer Zivilisten berichtet.

In Prasaut, einer Grenzstadt, wurden 90 Zivilisten innerhalb einer umzäunten Örtlichkeit ermordet, welche der Korrespondent der *Los Angeles Times* zu dem Zeitpunkt noch als »Haftlager« bezeichnete. Aus seinem Bericht zitiere ich einen Satz: »Es war ein Anblick, der einem den Magen umdrehte. In der großen Hitze ging von den Leichenbergen der Geruch des Todes aus.« Niemand, fuhr er fort, bekümmerte sich um Verwundete, die die Journalisten anflehten, dazubleiben, da sie sonst ebenfalls noch getötet würden.

Und vorgestern berichtete der Korrespondent der *Los Angeles Times* in Phnom Penh, George McArthur, »daß in einem in der Provinzhauptstadt Takeo eingerichteten Konzentrationslager etwa 100 bis 150 Vietnamesen getötet wurden«. McArthur spricht von einer »Welle von Massakern« – verübt wiederum von jenen Statthaltern und Berufsmördern, die unsere Regierung dort einsetzte, als sie am 18. März den Sturz der neutralistischen Regierung Sihanouks anordnete.

Das dritte der bisher bekanntgewordenen Massaker fand am vergangenen Freitag statt: während gerade die schweigende Mehrheit der Idioten dieser Erde in ihre Fernseher hineinstarrte, um, betäubt vor Glück, die Rückkehr dreier Apolloidioten zu verfolgen, ebenso wie der Überfall amerikanischer Soldateska und ihrer südvietnamesischen und thailändischen Vasallen auf Laos im Februar 1971 mit der Mondtorkelei irgendwelcher Apollostrolche synchronisiert war. Ein Überlebender dieses Massakers berichtete der *Los Angeles Times*, die Mordkommandos hätten »immer wieder und wieder« in die Masse der in

Takeo zusammengetriebenen Menschen hineingefeuert. Ein anderer bezeugte, sie seien dreimal zurückgekommen. Zitat der *Los Angeles Times*: »Unter den Opfern waren Frauen und Kinder. Die Schwerverletzten wurden liegengelassen, bis sie starben.«
Am gleichen Abend, so erfuhr man aus der Presse, erfreute sich Nixon, einer der Hauptverantwortlichen für die Massenmorde, im blauen Saal des Weißen Hauses, der Gesangsdarbietungen des *Country-Rock*-Stars und Lieblings der angeblich protestierenden Generation, Jonny Cash, der seinerseits auf Befragen äußerte: »Zwar, ich bin kein Republikaner, aber ich wüßte wirklich nicht, wer es besser verstünde, uns aus Vietnam herauszuholen als der Präsident Nixon.«
Am gleichen Tage traf sich Gouverneur Blutbad-Reagan mit der von Rechtsextremisten beherrschten Kontrollbehörde der Universität von Kalifornien, wobei der Präsident unserer Universität, ein Herr namens Hitch, früherer Staatssekretär im »Verteidigungs«-Ministerium, seinem Boss gehorsam Meldung erstattete über die politische Tätigkeit von vier Professoren der Universität. Zur soeben öffentlich ausgerufenen »Woche des Kampfes gegen die Umweltverschmutzung«, der ihre heutige Vollversammlung gewidmet ist, trug der Kontrollrat der Universität auf der gleichen Sitzung bei, indem er sich weigerte, die 100 000 Aktienanteile der Universität bei der bevorstehenden Kampfabstimmung bei *General Motors* nicht dafür einzusetzen, daß wenigstens der Aufsichtsrat von *General Motors* veranlaßt werde, einen Ausschuß einzusetzen, der die durch dieses Superunternehmen verschuldete Umweltverschmutzung zumindest studieren würde.
Wiederum am gleichen Abend wurden in St. Barbara, Kalifornien, bei Demonstrationen vier Studenten durch Schrotsalven der Polizei verwundet. Eine Studentin erhielt vier Schrotkugeln in den Rücken, eine ins Gesicht. Und in Berkeley kämpften, trotz illegalem Demonstrationsverbot, schon drei Tage lang die Studenten gegen das Reserveoffiziersausbildungsprogramm der Universität. Beschossen wurden sie mit einem Giftgas, von dem bekannt ist, daß es unheilbare, manchmal sogar tödliche Hautverletzungen bewirken kann. Sie stürmten auch den *Faculty Club*, wo die Professoren eben zu Mittag speisten, und störten sicherlich manche geistreiche Konversation. Zu dem Angriff auf diese wehleidigen Kollaborateure – zu

denen ich mich auch zähle, aber ich gebe es wenigstens zu – möchte ich den Studenten von Berkeley gratulieren. Das *Roast Beef* hätten sie ihnen um die Ohren schlagen sollen.
Was nun unser *Campus* angeht: In Kreisen des Akademischen Senats hört man Klagen, seine Mitglieder stellten sich zu den Sitzungen immer seltener ein. Offenbar entbehrt man seit etwa sechs Monaten dort ein Quorum: Oper ohne Sänger. Kein Wunder, da der Akademische Senat sich permanent davor gedrückt hat, seine Rechte zu verteidigen. Nach jeder Ohrfeige aus Sacramento haben sie sich in den Staub geworfen und dazugerufen: »Dank, Dank, geschwind werden wir nun diese Anregung verbindlich formulieren!«
Haben die Herren nicht die Ermordeten den Mekong hinabtreiben sehen? Gestern, in der Zeitung, haben sie da nicht gelesen, daß auf den Schwarzen Listen der Regierung die Namen von anderthalb Millionen Amerikanern verzeichnet sind? Wissen sie nicht von der Weigerung dieses Landes, die Internationale Akte gegen Völkermord zu unterzeichnen? Daß der Kongreß die im *McCarren Act* von 1950 dem Präsidenten verliehene Vollmacht, bereits schlüsselfertige KZs durch Unterschrift zu aktivieren, noch immer nicht aufgehoben hat? Hören sie nicht zu, wenn Reagan, Eichmann auf der Suche nach Juden, nach einem »Blutbad« ruft? Haben sie nichts gelernt von der schweigenden Kollaboration ihrer deutschen Kollegen 1933? Setzen sie nicht vielmehr ihre Kriegsforschung fort? Dulden sie nicht weiterhin die Offizierswerbung der Ledernacken und ähnlicher Organisationen auf Universitätsgelände?
William Shirer, Verfasser des Buches vom *Aufstieg und Fall des Dritten Reiches,* prophezeite am 13. März in einem Interview mit der *Los Angeles Times* diesem Lande eine Art »Faschismus mit öffentlicher Zustimmung«. »Das Volk«, sagte er, »würde sich ruhig verhalten, ein Diktator wie Hitler oder Mussolini wäre gar nicht nötig.« Diese historische, sichtbare Form des Faschismus wäre nämlich nicht nötig, da wir den herannahenden Faschismus, unter dem wir schon leben, schweigend dulden. Shirer äußerte sich im Interview alarmiert über das Ausmaß, in dem Maßnahmen der Nixonregierung, wie Agnews Angriffe auf die Presse, Mitchells *law-and-order*-Aktionen, von der Öffentlichkeit hingenommen werden. »Es ist furchterregend«, sagt Shirer weiter, »zu verfolgen, wie

Nixon und Mitchell an die Ignoranz appellieren. Ich kann mich keiner Periode in unserer Geschichte erinnern, in der die führenden Vertreter der Regierung an das appellierten, was sie als die niedrigsten Instinkte der Menschen ausgemacht hatten.«
Zum Abschluß: Heute morgen hörte ich im Radio eine Direktreportage von der Eröffnung des Saigoner Schauprozesses gegen die tapferen südvietnamesischen Studenten, die gemeinsam mit Kriegsveteranen gegen das Thieu-Ky-Regime demonstriert hatten. Eingangs erwähnte der Reporter, Gerüchte über Folterungen seien im Umlauf. Dann, als die Studenten in den Gerichtssaal hineingeführt wurden, hörte man Schreie des Entsetzens: nur mühsam und unter Schmerzen konnten viele der Gefangenen sich vorwärtsbewegen, eine Studentin mußte von Mithäftlingen getragen werden, vielen fehlten Fingernägel, vier der Angeklagten wurden gar nicht vorgeführt, da sie angeblich einen Hungerstreik veranstalteten.
Wir sind es, die die Folterer bezahlen. Unser Schweigen ist es, das die Untaten gutheißt. Es ist das betäubende Schweigen auch auf diesem *Campus*, das die Verbrechen des größten Monsters seit der Besiegung des Hitlerfaschismus, nämlich des amerikanischen Imperiums, unterstützt. Widmen wir uns der Zerstörung dieses Imperiums! Wir Weißen fangen gerade erst an, zu verstehen und zu erfahren, was die schwarzen, braunen und roten Minoritäten dieses Landes schon immer wußten. Täglich riskieren sie ihr Leben. Laßt uns mit ihnen kämpfen, indem wir hier und jetzt für unsre eigne Sache kämpfen! D. h. konkret an dieser Universität: Schluß mit den Forschungsaufträgen des Pentagon und der Industrie! Schluß mit der Offizierswerbung der bewaffneten Streitkräfte!

Eitle Überlegungen zur literarischen Situation

Für H. M.

I

Angefangen haben diese Schwierigkeiten damit, daß wir eines Tages, von der Revolution nach Hause kommend, wo der Schreibtisch noch immer freundlich stand, nicht wußten, wie das, was wir schrieben, mit dem zu tun hatte, was eben auf der Straße geschehen war. Wir hörten also zunächst erst mal auf mit dem Schreiben. Da wir mit etwas anderem anfingen, wußten wir nicht, daß wir nur anfingen. Flugblätter waren wichtiger, die Geschichte von dem Koch, die ich damals schrieb, wurde abgebrochen. Mit Erfolg hat er eine schwierige Pastete hergestellt, dekoriert, aber in dem Moment, wo sie zu Tisch getragen werden soll, langt er blitzschnell mit der Hand mitten hinein, die Geschichte wurde nicht geschrieben. Kritiker schlossen hieraus, wir seien auf die Straße gegangen, weil uns am Schreibtisch nichts mehr einfiel – obwohl doch das Land voll war von Personen, die aus eben diesem Grund geradezu selig am Schreibtisch verharrten. Als ob Schriftsteller (d. h. Personen, die sich dem Eindruck ergeben, es werde ein weiteres Buch von ihnen erwartet), als ob also Schriftsteller nicht im Gegenteil die Ankunft von Skrupeln als jene Krise zu feiern verstehen, deren Schilderung ihr nächstes Buch garantiert.

II

Die letztgenannten sind allerdings schon die besten, oder zumindest die raffiniertesten, denn durch genaues Aufschreiben des angeblichen Nicht-Schreibens kann man das Publikum, das die deutsche Romantik nicht kennt, noch immer in großes Erstaunen versetzen. Damit nicht alles falsch wird, muß daher zunächst erinnert werden, daß 1967 die meisten Schriftsteller rücksichtslos weitergeschrieben haben. Dies fiel ihnen um so leichter, als sie überhaupt gar nicht auf der Straße gewesen waren. Zwar haben von dort an ihr Ohr dringende Geräusche ihnen gelegentlich die Syntax durcheinandergebracht, aber welchen Schaden stiftet ein Beben im Dschungel? Damit meine ich, daß die Weiterschreiber, die sich für Avantgardisten hielten, ihre Sprache ohnehin absichtlich verkrüppelten: andere schrieben weiterhin historische Romane, natürlich mit absichernder, sogenannter ironischer Erzähldistanz, antichronologischer, unterbrechender Fabelsequenz, eingestreuten Wirklichkeitszitaten. Ziemlich komisch war eine Gruppe von Personen, die aus der Tatsache, daß Leute, die schreiben konnten, nicht mehr schrieben, ihrerseits schlossen, daß sie selbst, die tatsächlich überhaupt gar nicht schreiben konnten, daher schreiben müßten: *»Ich schreibe, also kann ich schreiben.«*

III

Einigen wir uns darauf, daß die historische Romanliteratur und das, was die Amerikaner *Non-Books* nennen, die letzten acht Jahre überlebt haben, so bleiben unter den Weiterschreibern jene Personen, die ihre angeblichen Wahrnehmungs- und Artikulationsschwierigkeiten geschickt zur Schau stellen: »*Ich kann nicht schreiben, daher schreibe ich.*« Unbewußt demonstrieren sie die historische Feindschaft zwischen Leiden und seiner Artikulation. Schon in der dem Aufschreiben vorausgehenden Planung verflüchtigt sich das Leiden, dessen direkter Ausdruck andererseits nur ein Stammeln wäre. Es ist merkwürdig und wunderbar, daß man beim Schreiben nicht lügen kann. Zwar die Sprache scheint gutwillig mitzumachen, aber sie verrät, was sie perfekt zu sagen gezwungen wird, schon dadurch, daß sie es sagt.

Für Künstler, d. h. auf jeden Fall Schreibende, sind dies keine Probleme. Das Schlimme an den echten Künstlern ist, daß sie, kaum daß sie angefangen haben zu schreiben, d. h. eigentlich schon vorher, mit dem Schreiben Schluß machen und einen Plan ausarbeiten, d. h., sie begleiten, was sie jeweils beobachten, mit Meinungen, die sich zu einer präsentablen Idee ordnen. Der Plan verpflichtet das vorher lebendige Material, wie man aus einer Sache eine Folgerung zieht, von der man noch gar nichts weiß: sie spielen Schachpartien ohne Gegner. Das Material wird auf seine Verarbeitbarkeit hin festgelegt, verliert Willkür und Wahrheit. Die marktbeherrschende Literatur ist deshalb hauptsächlich dogmatisch, auch wenn die inhaltliche Information diese Tatsache verdeckt; nach ein paar Seiten ist sie determiniert, vorhersagbar, allegorisch: Etablierte Erfahrungen (Reduzierung der Welt auf ein verzweifeltes Individuum, d. h. Luxuselend) werden sozusagen taktisch exekutiert. Dies trifft auf Leser, die lesen zum Zwecke des Wiedererkennens populärer Ideen (Alleinsein, Unglück, Widerspruch von Kunst und Leben). Ich hoffe, man mißversteht mich nicht dahin, daß ich diese Erfahrungen und Ideen für unwahr halte, nur sind sie in der Bestimmtheit und sogar Schönheit, in der Autoren sie immer wieder und wieder neu vorlegen, schon seit mindestens hundert Jahren in diskursiver Sprache bereits bekannt, ihre nochmalige künstlerische Ratifizierung ist nicht nötig. Ich geniere mich, dies alles zu sagen, denn es ist ein Gemeinplatz: die Imagination, die, bei Geschichtsschreibern und Luxuselendnern Erfüllungsorgan diskursiver Anstrengungen ist, benötigt tatsächlich nicht das Medium der Sprache. Das Fürchterlichste, was man über sie sagen kann, ist, daß wegen der Priorität der das Material bindenden Ideen bei der Übersetzung in andere Medien nichts verlorengeht, denn das bedeutet (um es kraß zu sagen), daß die Sprache bei ihnen neben einer Botschaft hertänzelt, die man ebenso gut auf einem Telegrammformular unterbringen könnte. D. h., die Didaktik, der Exhibitionismus, der Opportunismus richten keinen Schaden an – nur partizipiert dann die Sprache selbst nicht am Inhalt, d. h. Material, sie »kommuniziert«: eine Dienstleistung, bei welcher sie Schaden nimmt, um sich später zu rächen.

IV

Sprache als Werkzeug der »Kommunikation« ist etwas für Leute, die schon etwas wissen. Konkretes Beispiel: Manche Leute glauben der Revolution dadurch zu helfen, daß sie ihre Hoffnungen und die Analysen, die uns zur Einsicht ihrer Notwendigkeit gebracht haben, noch einmal als Figuren und Handlungen vermummt literarisch auftreten lassen. Als ob alle diese Probleme schon gelöst wären und es nur noch gälte, diese Gewißheiten künstlerisch zu »kommunizieren«! Es ist nicht gerade radikal, sondern eher sogar opportunistisch, die Literatur aufzufassen als einen Briefträger der Revolution. Vielmehr müßte die Literatur radikal genug sein, ohne Plan und Spekulation, mit ihren ganz eigenen Mitteln, der Revolution jene Fragen vorzulegen, die sie vielleicht nie lösen kann, deren Sticheleien sie hoffentlich unsicher machen, also stärken, d. h., die Literatur hat gegenüber der Revolution die Verpflichtung der Subversion, wobei die radikale revolutionäre Praxis des Schriftstellers die ebenso radikale, jeden Sklavendienst ablehnende ästhetische Praxis des Schriftstellers nicht ausschließt, sondern ergänzt. Ich kann mir nicht denken, daß es jemanden gibt, der der Meinung ist, diese Arbeit könnte bis zu einer Zeit nach der Revolution verschoben werden, als könnte man ein Haus bauen, nachdem man es gebaut hat.

V

Es ist, wie schon gesagt, merkwürdig, daß man beim Schreiben nicht lügen kann. Natürlich kann man etwas erfinden, etwa

neun Töchter, deren Gebrechen man darstellt, oder Xerxes, wie er Anweisungen zur Bestrafung des Flusses gibt, oder einen gehbehinderten Einbrecher, er sei lediglich etwas gelähmt, also er humpele. Nachts, die Familie warte im Wagen, hustend kehrt er zurück: »Ich bin nicht reingekommen«, sagt er. Damit widerspricht man keinen Wahrheiten. Die Lüge fängt an bei diesen Personen, die ernst schreiben. Sie lügen, weil sie über sich selbst schreiben, ohne gegen sich selbst zu schreiben, selbst wenn sie sich nicht ernst nehmen. Sie schildern sich als Hochstapler, was ja nichts Schönes ist. Schließlich sitzen sie zu Hause im geheizten Zimmer, haben die Einladungen verschiedener Freunde mit der Begründung, sie schrieben, abgelehnt und schreiben mit gespitzten Bleistiften auf leere Seiten, die sich zu ihrer Befriedigung füllen, Sätze, aus denen hervorgeht, daß ihre Helden Hochstapler seien oder Verzweifelte oder Zwerge oder Stotterer.
Ganz unerträglich sind Personen, die sich selbst vollkommen ernst nehmen. Liest man ihre Bücher, so stellt man etwa fest, daß ihre Freundin, die sie verlassen hat, ihnen genug Kraft hinterließ, diesen Umstand zu melden. Es ist mein Verdacht, daß die Literatur solche und ähnliche extreme Erfahrungen nicht ausdrücken kann, ohne zu lügen. Wo dies geschieht, ist es erinnertes (zum Zwecke künstlerischer Darbietung erinnertes) Leiden und, für den Fall, daß es in einem Briefumschlag an einen Verleger versandt wird, der es drucken und in Schaufenstern auslegen läßt, Exhibitionismus.
Oder (wir wollen es uns mit unsern Beobachtungen so schwer wie möglich machen): Nehmen wir an, wir lesen in einem Buch, daß die Hauptfigur einen Freund besucht hat, der ihm in der Küche Tee macht – eine schöne Idee. Nun schildert der Autor, wie er, also die Hauptfigur, den gedachten, also wirklichen Freund bei der Herstellung des Tees beobachtet. Oder noch schlimmer, er ist von seinem Autor, also sich selbst, zu einem Fest getrieben worden, auf dem nur lauter Idioten sind, außer natürlich ihm selbst, wie sonst würde er's wissen? Natürlich könnte er einwenden, er habe es im Moment des Festes nicht gewußt, erst hinterher, beim Schreiben. Was bedeutet das? Es bedeutet, daß wir hier einen ziemlich imposanten Burschen vor uns haben, daß der Betreffende sich schon seit langem ziemlich genau beobachtet und zu dem Resultat gelangt ist, daß er ein ziemlich imposanter Bursche ist. Wenn

er eine Treppe hochgeht, denkt er: »Vorsicht, diese Stufen bedeuten etwas!« Er lebt also so, daß er immer bereit ist, was er erlebt, zu verwerten. Das verändert natürlich sein Leben. Er schreibt nur noch, was er, ohne einzugreifen – also verfälscht –, erlebt. Aschenbach ging wenigstens nicht auf Berliner Architektenfeste. Die Antwort Dantons auf Camilles Polemik gegen die Künstler (II, 3 – in der dtv-Ausgabe S. 30) fordert, wie ich sie verstehe, die Priorität des eingreifenden Handelns über die realistische Abmalerei.

VI

Aber um es zu wiederholen, das ist nicht das Schlimmste. Das Schlimmste ist es, wenn der Ernst im Umgang mit der eigenen Person kein Erlebnis mehr leidet als das Verharren am eigenen Schreibtisch. Die Wahrnehmungsschwierigkeiten von dort sind allerdings ernst zu nehmen.

Ferner haben wir noch den von Ästhetikern angebotenen Literatur-Ersatz durch Ästhetik. Sie beschäftigen sich mit eigenartigen Fragen wie z. B. mit einer Sache, die sie »Rezeption« nennen, oder »Kommunikation«. Offenbar haben sie sich über die Tatsache, daß zum Zorn der Herrschenden einige Bücher noch immer gelesen werden, Gedanken gemacht und sind zu schlimmen Ergebnissen gekommen, die sie allerdings in einer Sprache vortragen, die nicht einmal sie selbst verstehen können. Einer von diesen definiert die Literatur als »Kanal zwischen individuellen Ich-Haltungen«, während ein anderer sie als »kein Glück im Sinne von Haben« bestimmt. Beim wiederholten Lesen spürt man Anstrengung und Spaß der Formulierungen – sie haben sich also dabei gefreut. Das genügt aber doch nicht. Man möchte ja diskursive Sprache verstehen. Was ist der »Kanal« zwischen zwei »Haltungen«? Was ist der gleiche »Kanal« zwischen zwei »Ich-Haltungen«? Und, für den Fall, daß dies verstanden wurde, was ist dieser gleiche »Kanal« nun zwischen zwei »individuellen Ich-Haltungen«?

Und wie wäre es mit »Glück im Sinne von Haben«? Soll die Verneinung sich am Glück oder am Haben vergreifen? Dann gäbe es entweder ganz simpel: »Glück im Sinne von Nicht-Haben«, oder aber: »Kein Glück im Sinne von Haben«, allerdings auch: »Kein Glück im Sinne von Nicht-Haben«.

Die Entdeckung, die hier mitgeteilt wird, besteht offenbar darin, daß man Glück nicht einfach nur haben oder nicht haben

kann, sondern daß man das Glück, das man hat, zugleich, während man es hat, nicht haben kann, und ferner, daß man das Glück, das man leider nicht hat, gleichzeitig in aller Ruhe trotzdem haben kann. Für Leute, die es genau wissen wollen, sind dies schlechte Neuigkeiten. Denn nun kann man ein Stück Kuchen haben im Sinne von Haben und man kann es haben im Sinne von Nicht-Haben; jedoch kann man es auch nicht haben, und zwar selbstverständlich im Sinne von Haben, wobei dummerweise die Tatsache nicht zu verheimlichen ist, daß man das Stück auch nicht haben kann im Sinne von Nicht-Haben.
Diese Sprache gefällt mir nicht, da meiner Ansicht nach das Wort »haben« noch dringend benötigt wird, etwa für Sätze wie: »In Chile haben die Faschisten die Macht.« Bei der jeweils nötigen Ausschließung des begleitend mitbehaupteten Gegenteils würden wir zuviel Zeit verlieren.

Ausbruch aus dem germanistischen Ghetto

Ziemlich lange schienen die germanistischen Fachzeitschriften der USA wie ärmere, von der vornehmen Familie verstoßene Verwandten der deutschen. Natürlich hatte dies mit der Situation der amerikanischen Germanistik selbst zu tun, indem, wie Bernhard Blume 1959 im *Jahrbuch der Deutschen Akademie für Sprache und Dichtung* feststellte, »Deutschlehrer zukünftige Deutschlehrer ausbilden, die dann ihrerseits wieder zukünftige Deutschlehrer ausbilden, wobei nur selten ein Funke aus diesem Kreis nach außen schlägt«. Dasselbe, wiederum Blume, gilt für die Veröffentlichungen der amerikanischen Germanisten, die sich »nicht an eine breitere Öffentlichkeit (wenden), selbst da nicht, wo sie auf Englisch geschrieben sind. Denn die wissenschaftliche Erforschung und Durchleuchtung einer bestimmten Literatur ist für ein Publikum, das diese Literatur nicht kennt, notwendig ohne Interesse.«
Die Nachrichten aus Deutschland, die ja in der ersten Hälfte dieses Jahrhunderts nicht günstig waren, haben sich, seit es Deutschland, z. B. als Vaterland der Berufsverbote, auf einmal zweimal gibt, nicht in dem Maße verbessert, daß sie die Lust an deutscher Literatur – offenbar eines der Hauptmotive zum

Studium der deutschen Sprache – gefördert hätten. Nach wie vor sind es hier hauptsächlich Thomas Mann, Franz Kafka und Bertolt Brecht, die bekannt sind; manchmal hat einer Böll oder Grass gelesen.

Diese Situation muß man wenigstens erwähnen, um verständlich zu machen, was es überhaupt bedeutet, daß in den USA dreimal im Jahr eine Germanistische Zeitschrift erscheint, der es gelungen ist, nationale Bedeutung, jedenfalls an den Universitäten des Landes, zu erlangen. Sie wurde im Jahre 1973 im Umkreis des German Departments der University of Wisconsin in Milwaukee von David Bathrick, Anson G. Rabinbach und Jack Zipes mit dem Titel *new german critique* gegründet. (Den deutschen Vertrieb hat seit einiger Zeit der Verlag Roter Stern in Frankfurt am Main übernommen.) Der Untertitel: *an interdisciplinary journal of german studies* erklärt programmatisch den interdisziplinären Charakter des Journals sowie die beabsichtigte Ausweitung der Studien auf deutsche Kultur, Philosophie etc.

Der Ausbruch aus der Ghetto-Existenz der German Departments gelang hier mit Hilfe des Marxismus, durch selbstverständlich kritische Anknüpfung an die Tradition der »Kritischen Theorie«, die inzwischen drei Generationen von Forschern beschäftigt. Ausführlichere Auseinandersetzungen mit der »Frankfurter Schule« gab es anläßlich der Veröffentlichung von Martin Jays *Dialectical Imagination* (in Deutschland bei Fischer 1976) in den Heften 4 (1975) und 8 (1976), aber es wurden fast in jedem Heft Arbeiten aus jenem Umkreis eingeführt und in (nicht immer gleichwertigen) Übersetzungen vorgestellt, so von Karl Korsch (3/74; 6/75), Bloch (4/75; 9/76; 11/77), Adorno, Horkheimer, Reich, Benjamin, Kracauer (alle 5/75) – wobei übrigens der amerikanische Leser ein Wiedersehen mit Ideen feiern konnte, die er für Ideen von Susan Sontag gehalten hatte, die sie allerdings besser verpackte. Ferner fehlen nicht die in marxistischen Journalen obligatorischen Überlegungen zur Brecht-Lukács-Debatte, zur Lukács-Kritik an Bredel und Ottwald, zur Lukács-Kritik an Heidegger sowie die Versuche, Habermas zu verstehen (3/74; 5/75; 6/75), in der Nr. 7 (1976) sogar eine von einem Autorenkollektiv verfaßte Rezension mit dem etwas kleinmütig klingenden Titel »Toward Understanding Habermas«. Andererseits stößt man dann aber in einem anderen Heft der *new german critique*

auf einen Artikel von Fred Jameson, in welchem dieser, zum Zwecke eines Verständnisses der Erzählstrukturen Max Webers, eine Formel Lévi-Strauss' folgendermaßen qualifiziert: »$F_x(a) : F_x(b) = F_{-y}(a) : F_{-y}(b)$« – eine Veränderung der Farbe der Kleider des Kaisers.
Funktion und Bedeutung der vermittelnden Arbeit dieses Journals kann nicht hoch genug eingeschätzt werden in einem Lande, das, wie Raya Dunayevskaya (*Marxism and Freedom*, London 1971) schreibt, »jeglicher Theoretiker so bar ist, daß es sich der Illusion hingibt, vom Marxismus verschont geblieben zu sein«. Hinzu kommt, daß sich das, was man in Deutschland noch als »literarische Öffentlichkeit« bezeichnen könnte, in den USA – von einigen lustigen Cliquen, wie der um die *New York Review of Books* oder die *City Lights Books* in San Francisco abgesehen – lediglich an den Colleges und Universitäten, also unter Studenten und Professoren abspielt. Außerhalb von New York oder San Francisco gibt es weder Buchhandlungen noch ein Feuilleton, und im kommerziellen Rundfunk oder Fernsehen gilt es als Literatursendung, wenn einmal im Jahr eine Person namens Shaw oder Vidal ein paar Späßchen macht. Daher auch die oft beobachtete Trend-Unabhängigkeit der ernstzunehmenden amerikanischen Literatur: einem illiteraten Publikum kann man literarische Trends (gleichgültig ob neue Innerlichkeit, Ich-Literatur, Gegenaufklärung oder Totsagung der Literatur) nicht verkaufen, folglich besteht auch kein kommerzielles Interesse an deren Produktion, an lüsterner Trendpflege. Hierbei entfällt sogar der peinliche deutsche Kalenderjubel (Kleistjahr, nun wohl Lessingjahr): also nichts als Vorteile, die die Schreiber vor modischer Kollaboration bewahren, andererseits verhungern lassen. Was z. B. in Deutschland eben erst anfängt, daß nämlich bisherige Schriftsteller öffentliche Ereignisse des Vorjahres in Romanen, durchschaubar vermummt, darstellen, also die Funktion von Journalisten übernehmen, kennzeichnet die amerikanische Szene seit längerer Zeit. Umgekehrt werden dafür auch hier die Journalisten immer poetischer.
Es ist eigenartig, daß solche, die Literaturindustrie beider Länder vergleichende Themen von *new german critique* bisher nicht beachtet worden sind, obwohl sie einer kulturkritischen, marxistischen Zeitschrift, die sich zudem ausdrücklich bemüht, Tageskritik und Germanistik in eine neue Beziehung

zueinander zu bringen, naheliegen müßten. Von Klaus Garber und wiederholt von Peter Hohendahl sind Aufsätze über Literaturkritik, Rezeption etc. erschienen. Da diese Artikel (wohl aus dem Deutschen, man erfährt es nicht) ins Englische übersetzt, ihre Quellen nicht deutlich (in andern Fällen überhaupt nicht) angegeben waren, ferner in allen Heften Angaben zur Person prinzipiell fehlen, kann man nicht beurteilen, wann und wo diese Beiträge aus welcher Situation heraus für welches Publikum geschrieben oder schon veröffentlicht wurden. In welchem Massenblatt äußerte beispielsweise Peter Hohendahl die im Heft 7 (1976) übersetzte, obligatorische Kritik an der »Neuen Linken«: »Kritik der Kritik blieb (bei der ›Neuen Linken‹) eine Angelegenheit der Intellektuellen, an der die Massen kaum beteiligt waren«? Und haben die durch Lektüre dieses Satzes belehrten Massen der linken Intelligenz endlich das Handwerk gelegt?

Meine Hauptkritik an *new german critique* ist jedoch, daß die Ausrichtung zu sehr nur in eine Richtung (nach Deutschland) geht und daß sie ferner zu stark historisch bestimmt ist. Man wünschte sich dringend eine Auseinandersetzung mit der eigenen, d.h. amerikanischen Germanistik – gelegentliche Rezensionen wie die des Rilkebuches von Egon Schwarz sind hierfür kein Ersatz –, sowie eine zumindest vergleichende Beobachtung der amerikanischen Literaturszene. So, wie es jetzt ist, läuft *new german critique* Gefahr, einem *Reader's Digest*-Konzept zu verfallen (das Beste aus den marxistischen Diskussionen in Ost und West), wobei für den Leser ein Bild beider Deutschland entsteht, wie es günstiger die Kulturattachés dieser Staaten kaum in Auftrag geben könnten: sorgfältige Pflege bester deutscher Traditionen, rigorose philosophische Debatten, Kampf um die Geschichte.

Vielleicht typisch für dieses Bild ist die Rezeption der »Kritischen Theorie«. Nicht nur, so erfahren wir in Heft 9 (1976), haben die Deutschen diese erarbeitet und formuliert: sie haben sie auch längst wieder überwunden und sind also uns, die wir hier in Amerika noch dran herumknabbern, mal wieder voraus, kurz: »Deutschland – du hast es besser!«

Verständlicherweise wird aus dem Kulturleben der DDR öfter und intensiver berichtet als aus Westdeutschland. Dies ist verdienstvoll angesichts der bisherigen Fixierung der amerikanischen Germanistik auf die westdeutsche Literatur. (Allerdings kommt hierbei die österreichische Literatur zu kurz.) So ist schon aus bibliographischen Gründen das Sonderheft Nr. 2 (1974) über die Literatur der DDR sehr hilfreich, ebenso die wiederholten Auseinandersetzungen mit Forschungsarbeiten von Germanisten wie Robert Weimann, Manfred Neumann u. a.

Allerdings mit dem zweiten Heft von *new german critique* begann auch jene Präokkupation mit des armen Heiner Müller Lehrstück *Mauser*, einer Variation der Brechtschen *Maßnahme*, das in den bisher vorliegenden vierzehn Heften der Zeitschrift fünfmal gewürdigt und einmal (zweisprachig) abgedruckt wurde, so daß ein Gespräch über *new german critique* fast ein Gespräch über *Mauser* ist und ein Schweigen einschließt über die restliche deutsche Nachkriegsliteratur – mit Ausnahme von Rolf Schneider, Thomas Brasch und Wolf Biermann, die ebenfalls vorgestellt wurden. Was Donald Duck für die Strukturalisten war – die ihren überlegenen Verstand mit Vorliebe an trivialen Gegenständen schärften –, das scheint nun *Mauser* für die linke amerikanische Germanistik zu sein.

Mit dem Unterschied, daß in *Mauser* nicht ein beliebiges *pop*-Thema, sondern die Frage des revolutionären Mordes, oder, wie es in Heft 8 (1976) heißt: des »Tötens als Produktion«, »Tötens als einer Funktion des Lebens« verhandelt wird. In einem der mit der Regelmäßigkeit von Feiertagen erscheinenden Artikel über dieses Problem wird »die Unmenschlichkeit des Tötens des jungen Genossen als Menschlichkeit in der Form der Solidarität« definiert. Diese äußert sich »in der Zärtlichkeit und Liebe, mit welcher sie töten«.

Dergleichen Zitate stehen hier nicht aus polemischen Gründen, und auch nicht, um die Diskussion über das »Lehrstück« von dem wir uns nach Heiner Müllers inzwischen (*ZEIT*, 12/78) geäußerter Meinung ohnehin »bis zum nächsten Erdbeben verabschieden müssen«, aufzugreifen. Was mich selbst an dieser Rezeption faszinierte, war die Frage, warum gerade dieses Stück in der gegenwärtigen historischen Situation zu so breiter Diskussion einlade?

Könnte es sein, daß der imponierende Begriffsapparat, den ein konventionelles marxistisches Denken in Bereitschaft hält, nach einer Speise wie *Mauser* sozusagen schmachtet, um sich im vollen Glanze zeigen zu können? Ist nicht die in diesem

Stück gedachte, revolutionäre Situation viel zu weit weg von uns, als daß man sie derart scholastisch oder überhaupt begrifflich befriedigen dürfte? Mit andern Worten: Äußert sich in dieser Rezeption nicht auch eine Praxisferne, die ihre Theorie als Anhäufung von Wissen entkräftet, welches in einer inzestuösen, formelhaften Sprache (»specific historicity«, »seminal«, »a process informed by...«, »a nexus that spawned...«, »exploding the limits of...«, »is ground in...«, »a moment in...«) rezitiert wird? Und sind da womöglich Themen, wie sie in altmodischen germanistischen Zeitschriften behandelt werden, uns nicht in jeder Beziehung viel näher? Aber man würde kaum wagen, so etwas nach Milwaukee zu schicken, obwohl doch gerade solche klassischen Fragen vom marxistischen Standpunkt diskutiert werden sollten.
Es wäre zu hoffen, daß der geglückte Ausbruch aus dem germanistischen Ghetto diese Zeitschrift nicht in ein neues Ghetto hineinführte, in welchem zwar amüsanter und wohl auch klüger etwas verhandelt würde, was die Sprache, in der es verhandelt würde, vergessen machte.

Notizen zu Syberbergs »Hitler«-Film

Der sieben Stunden lange »Hitler«-Film Hans Jürgen Syberbergs, dessen Welt-Uraufführung vorige Woche in London stattfand, beginnt mit der das Einverständnis des Publikums voraussetzenden, geheimnisvoll vorgetragenen These, daß wir alle »von Reisen ins innere Selbst« träumen. Hierzu erscheint auf der Leinwand eine, ähnlich wie in dem Film »2001«, am Betrachter vorbeifließende Weltraumlandschaft und erst dann der erste Titel des in vier Teile gegliederten Filmwerks: »Der Gral«.
Vor einer bonbonfarbenen Alpenkulisse – wohl zitiert aus Syberbergs »Ludwig«-Film – wird zum ersten Mal gejodelt (dies eines der Leitmotive des Films), und danach legt sich der Film, im Hinblick auf den Hitler-Faschismus, eine Frage vor, die er selbst zu beantworten hofft, nämlich: »Wie können wir es erklären, aus der Tiefe der Zeit?« – hierzu bunter Dampf.
Dies ist eine Frage, von der ich mich im Verlauf der nun

folgenden 6¾ Stunden nicht mehr richtig erholt habe. Denn »nicht von den Gründen« für den deutschen Faschismus soll die Rede sein, so erläutert einer von mehreren den Film begleitenden Conférenciers, »sondern vom Glauben, der Berge versetzt«, und in dem »Ein deutscher Traum« betitelten zweiten Teil des Films wird der Versuch angekündigt, eine »Mythologie der Seele« zu entwickeln.

Von allen Kurzerklärungen des Faschismus hat mich immer die am meisten überzeugt, die den Faschismus als »reine Form« definiert, bar jeden »Inhalts«: also wahllose, autodidaktische Übereinanderhäufung von überall zusammengestohlenen Ideen, Bedeutungen, Bildern, die zu einer ekelerregend idiotischen Pseudo-Mythologie gestapelt werden, wie in den wirren Weltentwürfen von Sekten.

Deswegen ist dieser Film für mich keineswegs indiskutabel, und ich würde sogar das Risiko eingehen, zu behaupten, daß sein Scheitern rührend und notwendig ist, wie die Monstre-Unternehmung von Thomas Manns *Doktor Faustus*, an dessen amorphe Allesdeuterei dieser Entwurf erinnert.

Nachdem man sich nach 30 Jahren mehr oder weniger daran gewöhnt hatte, den Hitler-Faschismus hauptsächlich aus seinen historisch-ökonomischen Bedingungen zu verstehen, kommt nun Syberberg mit einer riesigen Anstrengung und weist durch sein Scheitern nach, daß auch eine filmische Recherche fruchtlos ist, die noch einmal auf Nietzsche, Wagner (»Solange Wagner-Musik gespielt wird, bin ich nicht vergessen«, sagt, aus dem Grabe Wagners emporsteigend, Hitler in einer erfundenen Rede), Karl May, Pseudoromantik und die falsche Wunschwelt der Märchen zurückgeht. Der Untertitel des Films: »Ein Film aus Deutschland« scheint dies zu wissen.

Wenn nun Syberberg den deutschen Faschismus, oder vielmehr nur Hitler mythologisierend darstellen möchte, so mythologisiert er, sozusagen zum zweitenmal, was selbst nur Pseudomythologie war (zum Beispiel die dreißig Minuten lange Zumutung einer »Eiszeitlehre«), und es wird eine wagnerisch erschwitzte Kitsch-Bombastik voller Lärm und Scheinbedeutung lediglich reproduziert, wie ja eine inzwischen kommerzialisierte Avantgarde das Bestehende zu entlarven meinte, indem sie dieses noch einmal, naturgetreu nachgebaut, ausstellte.

Es erscheint in den entsprechenden Passagen des ersten und letzten Teils des Films der Generalist André Heller und verliest vor einer Kulisse von dokumentarischen Filmaufnahmen Ansichten und Gemeinplätze wie aus einem Schüleraufsatz (Über die berühmte Unendlichkeit des Alls: »Die Welt des Moleküls – das Molekül als Weltall«, »Hitler: Der Spießer, der schwor, nie wieder Spießer zu sein« oder: »Er war ein großer Cinéast, Freund des Wildwestfilms, wie Stalin«), oder Heller schluchzt, eine Hitlerpuppe im Arm, von dem »Glück der Schuld«.
Abgesehen von der Unangemessenheit solcher Äußerungen wird in solchen Passagen nichts sichtbar oder hörbar, was nicht ebenso in einem anderen Medium hätte realisiert werden können.
Gut ist an dem Film, daß er gleich zu Anfang die bekannten Hitler-Interpretationen vor allem der Filmindustrie sozusagen aussortiert und wegstellt. So erscheint in einer brillanten Passage Hitler als Anstreicher, als Chaplins »Großer Diktator«, und zwar nur im Stroboskop-Licht unterbrochen aufleuchtend. Hierzu hört man im Originalton die im Vergleich zum verzerrenden Bild geradezu beruhigende Stimme Hitlers, und man ist zu der Erkenntnis gezwungen, daß im Falle Hitlers die Lächerlichmachung, die Verharmlosung lügt.
Ähnlich scharfe Angriffe richtet Syberberg gegen das »Weiterwirken Hitlers mit Hilfe der Unterhaltungsindustrie«.
Deutliche Beifallsäußerungen, Lachen gab es bei dem milden Londoner Publikum, das sich im Verlaufe der sieben Stunden lichtete, besonders während einer Passage, in der ein Schauspieler dreißig Minuten lang die Memoiren des Hitlerschen Kammerdieners Krause rezitierte. Hierbei lief er, wie im Land der Riesen, vor geschickt aufgebauten Hintergrundprojektionen der zerstörten »Reichskanzlei« herum, so daß man denken konnte, er sei wirklich dort.
Später stand er auf einem Alpen-Gipfel, im idyllischen Schneefall. Während er eine merkwürdige Erinnerung an ein Weihnachten mit Hitler erzählte, hörte man im Hintergrund den Originalton einer Weihnachtssendung des deutschen Rundfunks, in der mit Hilfe einer Direktschaltung Nazi-Truppen sich von allen Fronten meldeten – eine perfekte filmische Collage, die drei Zeitebenen als *eine* sichtbar und hörbar machte.
Als dieser Kammerdiener allerdings von Hitlers Rasierklingen,

Socken etc. berichtete, war für mich der unfreiwillige Nachweis dafür geliefert, daß die Konfrontation von Trivialdetails und Weltgeschichte zu nicht viel mehr taugt als zu einer den Gegenstand verniedlichenden Parodie. Was in *Leonce und Lena* (»Wo ist die Moral? Wo sind die Manschetten?«) erlaubt ist, ist meiner Ansicht nach bei der historischen Person Hitler eine Frivolität.

Dagegen ist die den dritten (und besten) Teil des Films einleitende Szene, in der Himmler (sehr gut dargestellt von Heinz Schubert) massiert wird, vollständig überzeugend. Himmler berichtet, historisch authentisch, seinem Masseur, er habe gehört, daß buddhistische Mönche, wenn sie im Wald spazieren gingen, Glöckchen an den Füßen trügen, um sogar Insekten vor ihrem Näherkommen zu warnen. Er werde, und hierbei richtet Himmler sich auf, gleich nach dem Kriege strenge Gesetze zum Schutze von Tieren veranlassen. Hiermit ist keine bedeutungslose private Trivialität gezeigt.

Betroffen war ich auch von einer Szene, in der Himmler mit einer Gruppe vertrauter SS-Führer zu Mittag ißt. Es gibt eine vegetarische Suppe, und Himmler bekennt sich zum Buddhismus.

Dies zu zeigen ist unter anderem deshalb gut, weil es der in der Filmindustrie üblichen wollüstigen Darstellung der Nazis als ausschweifende Genießer widerspricht und den Puritanismus der Henker vorführt. Auch in anderen Passagen wird Hitlers hysterischer Gesundheitsfanatismus, seine Aversion gegen Rauchen, Trinken und Fleischgenuß in Erinnerung gebracht.

Natürlich waren solche Passagen, die »konventionell« erzählten, statt symbolisch zu wühlen oder zu dozieren, die besten. Dazu gehörte eine lange Aufzählung der »Erben Hitlers«. In einer fiktiven Rede nennt Hitler triumphierend als seine Erben: Hollywood, die Porno-Industrie, die Antizionismus-Resolution der Vereinten Nationen, Superman, Idi Amin, die DDR, Arafat sowie, vollkommen *up to date*, Kambodscha und die Terroristen, so daß der Eindruck entsteht, Hitler sei in seinem Nachleben ein fleißiger Leser der *FAZ* oder der Springer-Presse.

Wenn hier und an anderen Stellen des Films direkt nach der Nazi-Hymne »Die Fahne hoch« die Internationale erklingt oder nach Hakenkreuzaufzügen rote Fahnen vorbeimarschie-

ren, so hat dieses Arrangement den Effekt, die ersten Opfer des Faschismus, also die Kommunisten, als die Erben ihrer Henker erscheinen zu lassen – eine schändliche, von Syberberg hoffentlich nicht bedachte Verunglimpfung jener Menschen, die am schnellsten in die KZ's kamen.
Am Anfang des Films wird, ins Publikum hinein, gefragt: »Was wären wir ohne diese Schuld?« Auf diese Frage ist eine Antwort möglich. Ohne diese Schuld wären wir unschuldig.

Notizen zu dem amerikanischen Fernsehfilm »Holocaust«

In den hiesigen Zeitungen reißt die Flut von Zuschriften und Artikeln als Reaktion auf die kürzliche Ausstrahlung des Fernsehfilms »Holocaust« über die Massenvernichtung der Juden durch die Nazis nicht ab. Viele dieser Artikel sind nicht von Journalisten oder Schriftstellern, sondern von normalen Bürgern, Überlebenden der Konzentrationslager, geschrieben. An dem Tag, wo ich dies schreibe, sind allein in der *Los Angeles Times* fünf längere Artikel und eine Rezension dreier Bücher über dieses Thema erschienen, es wird gemeldet, daß Universitäten Vorlesungen über »Holocaust« vorbereiten, eine sogar einen Lehrstuhl eröffnet hat, daß Präsident Carter eine Gedenkstätte errichten läßt. Man hat den Eindruck, daß der Film im ganzen Land Trauer und Besinnung ausgelöst hat. Warum gerade jetzt?

Am 20. April dieses Jahres veröffentlichte die *Los Angeles Times* auf ihrer *Op-Ed*-Seite, also an auffälliger Stelle, den Beitrag eines mir bisher unbekannten Mannes namens Allen Levy, der im Jahre 1950 als Kind in Brooklyn im Restaurant seiner Großmutter beobachtete, wie ein Gast mit dem Essen auf einmal aufhörte, sich eine Serviette in den Mund stopfte und, die Fäuste gegen den Kopf gepreßt, zu heulen anfing, dann auf den Tisch trommelte und schrie, was man freilich kaum hörte. Levy rannte in die Küche, wo ihn seine Großmutter beruhigte: der Mann war in einem deutschen Konzentrationslager gewesen, wo er seine ganze Familie hatte sterben sehen.

Jetzt, wenn er das Herannahen der Erinnerung spürte, stopfte er sich, um die Schreie zu dämpfen, eine Serviette in den Mund.
Dieses bedeutende Zeugnis eines Kindes, das einem Zeugen die Stimme leiht, dessen eigene Aussage in dem Schrei bestand, den er immer unterdrückte – eine Art Evidenz, die in Geschichtsbüchern fehlt –, ist für mich so wertvoll, weil es genau zeigt, wie wenig oder wie viel an Grauen ich für darstellbar halte. Levys Zeugenaussage belegt ein für allemal die unversöhnliche Feindschaft zwischen so extremen Leiden und seiner Artikulation; Leiden kann sich nicht selbst vermitteln, braucht das Medium eines andern. Wenn sich nun einer, wie das ja im Film geschieht, zumutet, die Massenvernichtung von Menschen durch die deutschen Faschisten darzustellen, so müßte, dachte ich, seine Darstellung den »Schrei« »dämpfen«. Nur so könnte Ästhetisierung, die Unerträglichkeit einer miserablen oder geglückten künstlerischen Darstellung, Abstumpfung, Gewöhnung usw. vermieden, die Darstellung authentisch werden. Es muß spürbar sein, daß man sich schämt, etwas zu spielen, wozu man eigentlich gar nicht die Kraft haben dürfte. Also die kompulsive Unterdrückung des Schreis beglaubigt ihn und macht seine Quelle hörbarer, da er näher bei uns ist, denn Brooklyn ist überall näher als Auschwitz.
Jedenfalls erst die Lektüre von Levys Artikel und die Kommentare von Freunden überredeten mich, mir »Holocaust«, das inzwischen schätzungsweise 120 Millionen Amerikaner im Fernsehen gesehen hatten, nachträglich bei einem Freund anzusehen, der es (ohne die vulgären Werbespots von etwa zwei Stunden Gesamtlänge) auf Videokassette aufgezeichnet hatte.
Der Film besteht aus vier Teilen, die an aufeinanderfolgenden Abenden, jeweils etwa zweieinhalb Stunden lang, ausgestrahlt wurden. Erste Szene: Sommerhochzeit im weitläufigen Garten eines Hotels, Berlin 1935. Lachen, Gesprächsfetzen, die Kamera bewegt sich rückwärts und erfaßt langsam Garten und Haus. Nichts Besonderes ereignet sich. Ein Onkel des Bräutigams ist aus Warschau zu Besuch gekommen und heißt Moses Weiß. Bei Erwähnung dieses Namens Großaufnahme eines der Hochzeitsgäste, der die Augenbrauen zusammenzieht.
Mit ähnlich simplen Mitteln wird in den folgenden Szenen gearbeitet: In Dr. Weiß' Sprechzimmer erfährt das junge Ehepaar Dorf, daß Frau Dorf einen kleinen Herzfehler hat und

aufpassen muß. Später: Beide, Eric und Marta Dorf auf einer Parkbank in Berlin. Als Sohn eines Bäckers hat Eric Jura studiert und ist jetzt Rechtsanwalt, aber arbeitslos, usw.

Also ein langsamer, freilich ominöser Anfang, künstlerisch indiskutabel, aber auch ohne eine Spur solcher Prätention. Die Naivität, mit welcher die aneinandergereihten Szenen das Schicksal einiger Familien verfolgen, erinnert an den simplen Aufbau der »soap opera«. Praktisch die einzige Formel dieses Erzählens ist das kindliche (epische): »Und dann... Und dann... Und dann...« Viele dieser Szenen könnten, leicht ausgebaut, für sich selbst bestehen: etwa die erste als Beispiel täglichen Antisemitismus: wie ein Zitat der Wirklichkeit. Für jemanden, der den Film nicht gesehen hat, mag es obszön klingen: aber die lakonische Gestaltlosigkeit der »soap opera« läßt auch in den späteren Szenen das Gezeigte als »täglich« und glaubwürdig erscheinen.

Ein paar Szenen später erscheint in Dr. Weiß' Sprechzimmer wieder der Rechtsanwalt Eric Dorf, diesmal ohne seine Frau, aber mit einem Dienstausweis der SS, und eröffnet dem Arzt, er habe sich strafbar gemacht, da er eine »Arierin« (frühere Hausangestellte, die er hatte entlassen müssen) behandelt habe. SS-Leutnant Dorf teilt dem Arzt mit, daß er »persönlich« nichts gegen ihn habe (ein Satz, der sich leitmotivisch durch den Film zieht), aber er solle aus Deutschland verschwinden: »Verschwinden Sie!« wiederholt er. Dr. Weiß zählt die Beschränkungen auf, denen die Juden 1938 ausgesetzt sind und schließt mit der Frage: »Was können Sie uns eigentlich noch antun?«

Er unterbricht die Sprechstunde, eilt zu seiner Frau, die mit der Tochter Anne am Klavier sitzt. Anne wird rausgeschickt. Seine Versuche, die Frage der sofortigen Emigration (»Aber wohin?« »Kein Land will die Juden!«) mit seiner Frau zu erörtern, scheitern vollkommen glaubwürdig an der alles überdeckenden Alltäglichkeit, auch dem Glück dieses abgeschiedenen Familienlebens (»Wir sprechen später drüber!« sagt sie), ferner dem Pflichtgefühl für seine jüdischen Patienten, schließlich – vielleicht am überzeugendsten – am Glauben an ein »Deutschland«, das es schon nicht mehr gibt. »Wir werden's schon überleben«, sagt seine Frau, »dies ist das Land Beethovens, Schillers und Mozarts!« »Das stimmt«, sagt er, »aber leider ist keiner von denen an der Macht!«

Etwa von hier an werden die Ereignisse wiederholt bis zu einem Punkt geführt, wo man den Fernseher abstellen möchte. Diese episodische Steigerung ist wahrhaftig, weil der Film, um der historischen Wirklichkeit gerecht zu werden, ein Entsetzen auf das andere wälzen muß. Nur die provozierende Kunstlosigkeit der »soap opera« ist diesem schrecklichen, stumpfen Nacheinander wirklicher Abläufe gewachsen: der erste Steinwurf ins Wohnzimmer der Familie Weiß, die Mißhandlung eines jüdischen Veteranen des 1. Weltkrieges in der »Kristallnacht« (»Es gibt doch so viele anständige Offiziere im Heer«, sagt er, »die werden das nicht zulassen!« Und: »Ich verstehe es nicht! Deutschland braucht doch eine starke Wirtschaft! Und von dieser Wirtschaft sind wir doch ein Teil!«), die Vergewaltigung der kleinen Anne Weiß durch SA-Bestien (sie erleidet einen Nervenschock und wird, zusammen mit andern »Geisteskranken«, in einem deutschen Sanatorium umgebracht) und – vielleicht am erschütterndsten –: die Arglosigkeit, mit der die Juden sich, mit Proviant versehen, gleich Urlaubsreisenden, von Angehörigen begleitet, die ihnen noch lange nachwinken, mit Marschbefehlen immer wieder, immer immer wieder zum Bahnhof begeben und die Todeszüge besteigen. Als er nach Polen verschickt wird, sagt Dr. Weiß auf dem Bahnsteig im eleganten Mantel mit Pelzkragen zu seiner Frau, die ihn zum Zug bringt: »Aber den Flügel darfst du nicht verkaufen!« und sie, wobei er lächelt, sagt zu ihm: »Vergiß' nicht, in Polen die Stiefel zu tragen!«

Trost gibt es in diesem Film wenig, das allein spricht schon für den Wahrheitsgehalt dieses Films. (Man bedenke, was es bedeutet, wenn im hiesigen, kommerziellen Fernsehen, das sonst nur durch »Unterhaltung« zum dauernden Vergessen von allem, was wichtig ist, anstiftet, plötzlich zu etwas Edlem aufgefordert wird: zum Erinnern!) Dieses bißchen Trost aber braucht man, um den Film ertragen zu können. Der Trost ist in den Szenen, in denen Widerstand gezeigt wird: Partisanenkämpfe, die heldenhafte Verteidigung des Warschauer Ghettos gegen eine Übermacht deutscher Barbaren, ferner der historisch getreue Ausbruch der Gefangenen aus dem Konzentrationslager Bobibor unter der Führung von Kriegsgefangenen der Roten Armee (einer der Überlebenden hat sich inzwischen in der *Los Angeles Times* zu Wort gemeldet, er hat ein Radiogeschäft in St. Barbara).

Diese Szenen sind offensichtlich mit der Absicht in den Film eingebaut, die vielleicht hier und dort vereinzelt noch vertretene Ansicht zu zerstreuen, man könne den Faschismus mit Hilfe von Leitartikeln, Gebeten oder drohendem Hin- und Herbewegen des Zeigefingers besiegen. »Ich bin noch immer nicht überzeugt davon, daß sie uns umbringen wollen! Was hätten sie denn von toten Juden?« oder »Kämpfen – so etwas tut man nicht als Jude!« sagen diese Menschen auf ihrem Weg in die Gaskammern. Der Film ist somit auch eine Abrechnung mit einem heuchlerischen oder naiven Pazifismus.

In der Kritik wurde gelobt, daß die Deutschen, d. h. also: die nicht jüdischen Deutschen, in diesem Film differenzierter dargestellt werden als in früheren Hollywoodfilmen. Das stimmt. Aber dadurch, daß einzelne positiv (Inge Helm, die ihrem jüdischen Mann ins Konzentrationslager folgt, ein Anti-Nazi-Priester, ein Ingenieur, ein einzelner SS-Soldat), die andern differenzierter dargestellt sind, werden alle insgesamt glaubhafter, und, indem sie glaubhafter werden, rätselhafter, furchterregender, etwa beim Verkaufsgespräch des Vertreters eines deutschen Chemiewerkes. Wiederholt erwähnt wird auch die Kollaboration des IG-Farben-Konzerns.
Vollkommen überzeugend ist die Darstellung des vorher erwähnten, später zum SS-Major beförderten Rechtsanwalts Eric Dorf, eines der Hauptverantwortlichen für jene Sache, für die unsere geschundene Sprache das Wort »Endlösung« hergeben mußte. »Es ist erstaunlich, wie sie alles mitmachen!« sagt er anläßlich einer Massenermordung und danach sehen wir ihn am weihnachtlichen Bechsteinflügel (»Ich sehe meine Kinder an und ich weiß, daß ich das Richtige tue!«). Wichtig sind zwei häusliche Szenen mit seiner Frau Marta. Weinend vor Selbstmitleid charakterisiert er seinen Freund, den Kommandanten des Vernichtungslagers Treblinka, folgendermaßen: »Er ist ein herzensguter Mensch. Er liebt seine Kinder, Tiere, die Natur!« Sie tröstet ihn: »Du bist mein Kindchen!« sagt sie. Und später, als ihr Bilder von Leichenbergen in die Hände kommen, gegen Ende des Krieges: »Alle Bilder, alle Dokumente müssen vernichtet werden, damit niemand etwas weiß, damit niemand Lügen von Euch erzählen kann!«
Die Schlußszene zeigt uns zwei Überlebende: Rudi Weiß, der mit einer Gruppe Partisanen gekämpft hatte, und Inge Helm,

deren Mann den Folterungen der SS erlegen ist. Rudi geht nach Palästina, Inge: »Zurück nach Deutschland, aber ich bleibe nicht dort.«

Nachtrag: Meinen Nachbarn Zel Camel aus Königsberg sah ich gestern wieder beim Einkaufen. Er war lange krank gewesen. »Holocaust«, sagte er, »der Film war Schönfärberei. In Wirklichkeit war es schlimmer.«

Die Fetischisierung des Neuen

Rede anläßlich der Verleihung des Hörspielpreises der Kriegsblinden (4. Mai 1979)

Ich kann mir nicht vorstellen, daß es in der Geschichte dieses Preises, den ich schon als Schüler bewundert habe, jemals einen so erstaunten und zugleich glücklichen Preisträger gegeben hat wie mich. Erstens erhalte ich diesen Preis für mein erstes Hörspiel, oder, genauer, für meinen ersten Versuch eines Hörspiels. Zweitens war ich bis vorhin, als ich den Preis entgegennahm, höchstwahrscheinlich der einzige lebende deutsche Schriftsteller, der noch nie einen Preis erhalten hatte: ein Umstand, dessen ich mich in Zukunft nun nicht mehr rühmen kann. Und drittens bin ich, abgesehen von mir selbst, glücklich, daß gerade diese Arbeit ausgezeichnet wurde, und zwar deshalb, weil es ein Votum zu sein scheint, das gegen jede herrschende literarische Mode geht. Das ist selten.
Bitte erlauben Sie mir den Versuch einer Erklärung. Vor fünf Jahren war mir aufgefallen, daß lateinamerikanische Diktatoren nach Putschen, in denen sie von jeweils neuen Diktatoren abgesetzt werden, sich mit Vorliebe nach Miami begeben, wohl des günstigen Klimas wegen. Diese Beobachtung skizzierte ich für mich folgendermaßen: »Hotelhalle in Miami. Immer kommen neue Diktatoren aus dem Süden an. ›Sie sind der vorvorige Diktator, nicht?‹ ›Nein, der allerletzte!‹ ›Sind Sie sicher?‹ ›Ganz sicher kann ich natürlich nicht sein, ich kann ja nicht dauernd an der Grenze stehn!‹« Aus Neugierde, was weiter passieren würde und allerdings auch nach dem Studium

zahlreicher Quellen und Dokumente, hauptsächlich von *Amnesty International*, schrieb ich nun weiter. Hierbei merkte ich bald, daß ich die manchmal schrecklichen Dialoge meiner Figuren nicht aus der unnötig urteilenden Entfernung des konventionellen Prosa-Erzählers steuern, daß ich dieses Material künstlerisch nicht verwalten wollte: also es blieb direkte Rede. Ferner hatte ich aber auch eine noch stärkere Hemmung, die aufgeschriebenen Gespräche in eine vorher ausgedachte Reihenfolge zu zwingen, die eine »Handlung«, oder gar eine »echte Handlung«, eine »dramatische Handlung« ergeben würde, also Theater war es auch nicht, jedenfalls kein ordentliches Theater, wo sich etwas schürzt, was sich später löst, Zusammenprall, Höhepunkt und so weiter, Sie kennen das aus der Schule oder aus dem Theater heute, also doch aus der Schule.

Nun wohne ich in der Provinz, eine halbe Stunde entfernt von der mexikanischen Grenze, in einem kleinen Ort an der Küste von Kalifornien. Von dort aus sind in den Zeitungen als deutsche Spezialitäten berichtete Phänomene wie »das Selbstmitleid«, »die Innerlichkeit«, »die Tendenzwende« und vor allem »das Berufsverbot« nicht immer verständlich. Besonders schwer hatte ich es mit der »Tendenzwende«, weil ich jahrelang Aufsätze über dieses Ereignis überlas in der Annahme, es handle sich um Vorgänge an der deutschen Börse, was natürlich nur teilweise zutraf. Hauptsächlich war damit wohl eine ganz neue Restauration, eine beginnende, aber ganz neu aussehende Gegenaufklärung gemeint, die in unserer Geschichte immer Arm in Arm mit einer Art literarischem Biedermeier aufzutreten scheint. Auf einmal wurden Kritiker und Dramaturgen, die eben noch die Literatur auf die Straße gejagt hatten, zu Türhütern der Innerlichkeit. Neu entdeckt wurde, was Goethe das »Sich-Abarbeiten in der Selbstbeobachtung« genannt hat: öffentliche Ernte privater Leiden, bedeutendes Flüstern, traurige Gebärden, auf sich selbst zeigendes Seufzen, Rücktippeln ins Interieur.

Da waren die Unterhaltungen einiger lateinamerikanischer Diktatoren kein begehrter Gesprächsstoff. Die Reaktion schwankte zwischen Mitleid und Verachtung. Ein Kritiker erhob gegen das Buch den Vorwurf, sein Verfasser habe dort weitergeschrieben, wo er das letzte Mal aufgehört habe: als sei es unzulässig und anrüchig, die dazwischenliegenden Moden, die in Deutschland wohl häufiger wechseln als die Parolen in Peking, nicht mitgemacht zu haben. Ein anderer Kritiker beanstandete das Fehlen jeglicher künstlerischer »Innovation«, das Buch bringe »nichts Neues«.

Das stimmt. Die Tatsache der Unterdrückung, Folterung und Ermordung der Menschen in Lateinamerika ist nichts Neues, wie auch Armut und Hunger für die Zeitungen eine tägliche Nicht-Nachricht sind. Und es stimmt: nicht nur wollte ich nichts Neues bringen, sondern ich wollte mit dem Stück an das tägliche Vergessen von etwas Altem erinnern. Und nicht nur wollte ich an das Vergessen von etwas Altem erinnern: ich wollte von dieser Absicht durch keine Kunststücke ablenken. Man wagt es kaum zu sagen: Aber ich habe das, was ich geschrieben habe, nicht geschrieben, um etwas »Neues« zu schreiben und auch nicht auf der Jagd nach einer »künstlerischen Innovation«, sondern weil ich das Material möglichst vielen Leuten mitteilen wollte.

Jeder, der schreibt, weiß, daß es die Überlegung, ob das Geschriebene »neu« sei, beim Schreiben nicht geben kann, da man vom Material erfahren muß, wie es darzustellen sei und woraus es bestehe. Die Beobachtung, daß etwas »neu« sei, kann vielleicht hinterher kommen und von Personen, die ein Interesse daran haben, dauernd etwas neuer zu finden als etwas anderes. Und da finde ich nun, daß das Hauptquartier des »Neuen« das Warenhaus ist, ebenso, wie man das Kopfzerbrechen über »Zielgruppen« den Werbeagenturen überlassen sollte. Denn was sind eigentlich die literarischen Kriterien für das Urteil, daß etwas »neu« sei? Doch wohl, daß man es vorher nicht gekannt zu haben vermeint. Das Urteil hängt also von den gründlichen Kenntnissen und dem guten Gedächtnis des Urteilenden ab, d. h. wichtigste Bedingung für das Urteil, daß etwas neu sei, scheint lediglich ein schlechtes Gedächtnis oder eine mangelhafte Ausbildung zu sein – Bedingungen, die man hier und dort erfüllt findet. Denn wirklich ist ja dieser Neuigkeitsfetischismus auch eine Einübung ins Vergessen, wobei die Geschichte dauernd mit einer Tinte geschrieben wird, die, kaum daß sie trocknet, verschwindet.

Man braucht wohl nicht zu erklären, warum die Anfälligkeit für das Neue, d. h. für alles, was das, was war, weiter wegrückt – ähnlich übrigens der Anfälligkeit für das Reisen –, in diesem Land gefährlicher ist als in anderen. Auch durch die Verwendung des Fremdwortes »Innovation« wird es nicht besser. Die Übersetzung ins Deutsche: »Erneuerung« zeigt uns ein Wort aus dem Wörterbuch des Unmenschen. Erneuert wurde in diesem Jahrhundert wohl genug. Wie wäre es mit einem Moratorium für das Neue?

Die Gefahr einer Ästhetik des Neuen besteht meiner Ansicht nach in der Fetischisierung der künstlerischen Mittel. Jedermann weiß, daß es nach Hunderten von Jahren literarischer Kritik zuverlässige Kriterien für das Urteil, warum etwas gut sei, nicht gibt. Ein trauriges Lehrbeispiel für die Mißanwendung ästhetischer Kriterien auf ein Material, das sich als einziges mir bekanntes jeglichem ästhetischen Zugriff versagt, ist die westdeutsche Rezeption des amerikanischen Fernsehfilms »Holocaust«. Sie werden, was ich dazu sagen möchte, nicht gern hören, aber es ist für mich so wichtig, daß ich es hier sagen muß.

Ehe der Film in Westdeutschland ausgestrahlt wurde, schrieben die Kritiker, daß es sich nicht lohne, ihn zu sehen, da es typisch amerikanischer Kitsch sei, eine »soap opera«. Zum Vergleich wurde wiederholt eine in Amerika selbst kaum bekannte amerikanische Fernsehserie zitiert, in deren Titel das Wort »Farm« vorkommt, und die offenbar nur zur Kenntnis genommen wird von Kritikern, die solche Kost benötigen, um sich über sie aufregen zu können: ein *Camp*-Erlebnis, das bei gleichzeitiger Verachtung des Gegenstandes dessen Genuß gestattet. Zur Empörung einer Einheitsfront westdeutscher Kritiker war folgendes geschehen: Amerikaner hatten es gewagt, einen Film über deutsche Vernichtungslager zu drehen, ohne vorher künstlerische Ausführungsbestimmungen einzuholen. Noch schlimmer, sie hatten sich um gar keine künstlerischen Regeln gekümmert, um keine Mode. Nach Ansicht der Kritiker muß die fürchterlichste Barbarei in der Geschichte der Menschheit, muß gerade dieser Gegenstand künstlerisch ganz besonders gut dargestellt werden. Als ob es irgendeine künstlerische Form gäbe, die diesem Gegenstand gerecht würde! Daß es nämlich ein Material geben könnte, dem gegenüber die Frage der künstlerischen Konkretion vollkommen irrelevant ist, ist leider nur ganz wenigen aufgefallen, soweit ich sehen konnte nur Heinrich Böll und der Gräfin Dönhoff. Als ich den Film anläßlich seiner amerikanischen Premiere vor einem Jahr rezensierte, fand ich gerade die vollkommen unprätentiöse Form der »soap opera« – die man ja, nebenbei gesagt, als eine moderne Form des aneinanderreihenden Epos verstehen könnte –, fand ich also diese ärmliche, simple Form als dem Material am angemessensten. Und, wie sich herausstellte, auch am wirkungsvollsten.

Nun ereignete sich aber etwas noch Schlimmeres. Zum Zorn der Kritiker interessierte sich das Volk für diesen Film, es lernte von ihm, obwohl die Kritiker das Volk doch ausdrücklich vor dem Film gewarnt hatten. Nun kann man bei allem berechtigten Mißtrauen gegen den Verstand und Geschmack des Volkes in Deutschland als Kritiker das Volk nicht schelten, wenn es sich auf einmal für Auschwitz interessiert. Das geht nicht. Man konnte, und ich fasse jetzt polemisch zusammen, zu dem Volk auch nicht sagen: »Es ist ja sehr erfreulich, daß Ihr Euch endlich für die Untaten des deutschen Faschismus interessiert, aber es ist ein Zeugnis Eures mangelhaften Kunstverstandes, daß Ihr Euch ausgerechnet anläßlich dieses Films für diese Untaten interessiert, also wäre es doch besser, wenn Ihr aufhört, Euch für diese Untaten zu interessieren und Euer Interesse verschiebt, bis jemand, der uns Kritiker zufriedenstellt, einen Film gemacht hat, dann kommen wir noch einmal auf die Sache zurück!«

Aber die Kritiker schlossen aus der nicht mehr hinwegzuleugnenden Tatsache, daß das Volk etwas gelernt hatte: daß das Volk, da es etwas gelernt habe, nicht viel und nur für ganz kurze Zeit lang etwas gelernt habe. Auch lenke die Beschäftigung mit den Untaten des deutschen Faschismus von der Beschäftigung mit den gegenwärtigen, umgebenden Untaten ab.

Ich selbst muß dieses letzte Argument entschieden ablehnen. Ohne die frühe Auseinandersetzung mit dem deutschen Faschismus hätte ich – und ich würde mir hier sogar die Freiheit erlauben, im Namen meiner Generation zu sprechen – nie die Empfindlichkeit z. B. für die furchterregenden Einschränkungen der Bürgerrechte in diesem Staat gelernt. Und was das Argument angeht, die Empörung des Volkes über die Untaten des deutschen Faschismus werde vorübergehn – nicht zuletzt übrigens dank der täglich wiederholten Feststellung der Kritiker, sie werde vorübergehn –, also gut: sie wird vorübergehn. Aber wenn es nach den Kritikern gegangen wäre, dann wäre die Empörung doch nicht einmal eine Sekunde lang dagewesen! Ist

es nicht ein unerlaubter Optimismus, anzunehmen, ein einziger Film oder irgendein Kunstwerk könnte das Bewußtsein eines Volkes entscheidend verändern?
Ich wünschte, die Kritiker hätten die Gelegenheit erkannt, zur Abwechslung selbst einmal etwas zu lernen, nämlich eine kritische Einsicht in die Unsicherheit ihrer Kriterien. Um zu akzeptieren, daß es Hervorbringungen gibt, bei denen es einzig und allein um die Notwendigkeit geht, Kenntnisse zu verbreiten – gleichgültig, mit wie brüchiger, heiserer, kunstloser Stimme –, um das zu akzeptieren, muß man das entscheidende Zugeständnis machen, daß es etwas gibt, was wichtiger ist als die Kunst, leider.

Zerstreutes Hinausschaun

»Die größten Kunstwerke sind schlechthin ungefällig.«
Novalis

Verlangsamung des Wahrnehmens

Mitte August 1914, in der Zeit der beginnenden Arbeit am *Prozeß*-Roman, macht Kafka eine Eintragung in sein Tagebuch. Sie beginnt mit den Worten: »Eine Zeit meines Lebens – es ist nun schon viele Jahre her – hatte ich eine Anstellung bei einer kleinen Bahn im Innern Rußlands.« Es ist der einfache Aussagesatz eines Ich-Erzählers, an dem vielleicht die Selbstunterbrechung: »... – es ist nun schon viele Jahre her – ...« auffällt. Der normale Leser liest wahrscheinlich weiter, ohne sich der Funktion dieser Unterbrechung bewußt zu werden. Die Unterbrechung erzwingt beim Schreiben einen weiteren Blick, sozusagen gespannteres Sitzen am Schreibtisch, und sie erzwingt damit auch beim Leser eine kleine Verlangsamung des Lesens, eine Verlangsamung des Wahrnehmens des Materials, mehr Aufmerksamkeit. Kafkas Sprache schüttelt schnelles Lesen von sich ab. Das Atemholen der erwähnten Unterbrechung: »Ich erzähle Vergangenes und nehme mir Zeit dabei« ist eine der Bedingungen epischen Erzählens, das ist bekannt.

Was aber bewirken solche Unterbrechungen und woher kommen sie? Der dritte Satz des in Rede stehenden Erzählungsfragments, »Erinnerung an die Kaldabahn«, beginnt mit einer weiteren Unterbrechung: »Aus verschiedenen Gründen, die nicht hierhergehören, suchte ich damals einen solchen Ort ...« Die Negation zwingt den Leser zum blitzschnellen Hinzudenken des Gegenteils des Gesagten, nämlich, daß die Gründe sehr wohl »hierhergehören« könnten. Indem der Leser die Möglichkeit, daß die Gründe doch »hierhergehören«, ergänzend hinzudenken muß, wird bei ihm der Verdacht geweckt, daß sie in der Tat von der Geschichte untrennbar sind. Damit ist der Leser gegenüber dem Ich-Erzähler in eine kritische Distanz getreten, er hört ihm vorsichtiger zu, denn was auf jeden Fall »hierhergehört«, ist die Feststellung des Erzählers, daß die Gründe nicht hierhergehören. Ein Ich-Erzähler, der die Gründe für sein Selbst-Exil reflektierte, könnte nicht zugleich staunend-naiv

die Umstände dieses Exils sinnlich vor uns entfalten, wäre also unglaubhaft, und somit ist die unreflektierte Verweigerung der Gründe des Exils ein Erfordernis dieses realistischen Schreibens – vielleicht sogar eines Schreibens, das durch Rekollektion des Materials diese Gründe erst zu finden hofft. Jedenfalls ist die in Rede stehende Unterbrechung der zarte Beginn solchen erkundenden, aber oft auch rationalisierenden Sprechens. Mit ihr ist der Gegenstand der Erzählung also auch die Stimme des Erzählers selbst, und nicht nur das von ihm ausgebreitete, immer vielfältiger werdende Material. Die abwehrende Feststellung, daß die Gründe nicht »hierhergehören«, beglaubigt die Notwendigkeit des Erzählens.
Wenn wir den beobachteten dritten Satz zu Ende lesen, so zeigt sich, daß Kafka die unfreiwillige Selbstcharakterisierung des Erzählers verstärkt: »... je mehr Einsamkeit mir um die Ohren schlug, desto lieber war es mir, und ich will also auch jetzt nicht darüber klagen.« Auffällig ist das »auch«, das sich auf den Vorsatz: »So verlassen wie dort bin ich niemals gewesen« korrigierend bezieht – eine Selbst-Korrektur, die Härte prätendiert.
Mit dieser vorgetäuschten Selbst-Korrektur – der Text ist ja eine einzige Klage – ist, lange vor Abschluß einer Exposition, der Erzähler als Rollensprecher erkennbar, der sich selbst und uns zu täuschen vermag. Selbstverständlich sind wir noch weit entfernt von den großen Rollensprechern Kafkas, deren schwierige Erkennbarkeit seine Texte – zum Vorteil unnötiger Berufsinterpretationen – so oft verrätselt, oder, um es anders zu sagen, deren realistischen Charakter verdeckt, wie etwa, um die blendendsten Beispiele zu nennen, die Ich-Erzähler von »Eine kleine Frau« oder »Josephine, die Sängerin oder Das Volk der Mäuse«. In beiden Fällen, wie auch in dem selten gelesenen Text »Unterstaatsanwalt«, sammeln die rationalisierenden Erzähler Evidenz gegen sich selbst. Das Schreiben demonstriert zugleich auch die Unzuverlässigkeit des Schreibens. Die Evidenz gegen die Erzähler ist im Text notwendig versteckt, weil das Bewußtsein dieser Evidenz das Material selbst unnötig, d. h. künstlerisch unglaubhaft machen würde. Ein »Unterstaatsanwalt«, der sich hinsetzte, um mitzuteilen, daß er, was wahr ist, ein dummer Streber sei, wäre keiner mehr, würde es also nicht schreiben. Die Evidenz hierfür müssen wir aus dem sie (genau wie in der Wirklichkeit) verdeckenden Kontext

befreien, in dem sie oft als Unterbrechungen des »Erzählflusses« erscheinen – wenn wir zum Beispiel erfahren, daß der Unterstaatsanwalt den bedeutungslosen Verhören wegen einer »kleinen Majestätsbeleidigung« nicht aus dienstlichen Gründen, sondern aus »Interesse an der Sache« beigewohnt hat oder ein ihm angeblich gespendetes Lob in »spätern Eingaben oft wiederholte«.
Damit verlagert sich das Thema des Stücks vom vorliegenden Material (Majestätsbeleidigungsprozeß) auf das wichtigere Thema der subjektiven Beschränkung des Handelns und Denkens des das Material Vermittelnden und es stellt sich, wie in dem Stück »Auf der Galerie«, die Frage des Bewußtseins als Hauptfrage. »Was, von dem, was man sieht, sieht man?« ist die Frage, die dieses Stück aufgibt. Die Komik vieler Kafkascher Helden, die eine andere Form der Tragik ist, kommt aus der Verweigerung des Bewußtseins.

Eine weitere Eintragung Kafkas in sein Tagebuch vom Februar 1911 beginnt mit den Worten: »Oskar M., ein älterer Student – wenn man ihn nahe ansah, erschrak man vor seinen Augen – blieb an einem Winternachmittag mitten im Schneefall auf einem leeren Platz stehn ...« – Beispiel eines Anfangs *in medias res.* Die an Kleists erste Sätze erinnernde appositionelle Charakterisierung des Helden wird durch den unterbrechenden Einschub verstärkt. Gegenüber der vorigen Geschichte, die sich in Vorvergangenheit immer mehr verstrickte, d. h. Vorgänge als wiederholt sich ereignend aufzählte, haben wir in dieser Geschichte (»Die städtische Welt«) eine fortlaufende Einheit von Handlung. In der »Erinnerung an die Kaldabahn« gelang es nicht, oder durfte es nicht gelingen, das im Grunde expositorische Material zur Darstellung eines einmaligen Ablaufs zu bewegen. Die Aufeinanderfolge unwiederholbarer Einzelvorgänge begann dort, wo die Erzählung, mit der Krankheit des Erzählers, abbrach. Dagegen bestimmt schon der unmittelbare Einsatz der »Städtischen Welt« die Gegenwärtigkeit des folgenden Erzählens, das hauptsächlich dialogisch ist. Ähnlich der anderthalb Jahre später geschriebenen Erzählung »Das Urteil«, die die »Städtische Welt« auch thematisch vorwegnimmt, haben wir hier eine Erprobung des aus einem dialogischen Zusammenstoß möglichen Erzählbaren, z. B. eine Studie begleitender, beglaubigender Gesten wie: »›Ruhe‹, schrie der Vater und stand auf, wodurch er das Fenster verdunkelte ...«, oder: »›Wie das?‹ fragte der Vater und sah in eine Zimmerecke ...«

Die pantomimische Verifizierung und Erweiterung der direkten Rede (auch dies ein Lieblingsmanöver Kleists) stellt zwischen beiden, Rede und Geste, aber auch Vater und Sohn, eine schreckliche Spannung her, zumal der Erzähler hauptsächlich Gesten des Vaters sieht. Dies wird direkt ausgesprochen: »Hier verstummte der Vater, bewegte aber sein Gesicht, als rede er noch.« Die Mimik setzt die Sprache fort, ersetzt sie. Die stumme Sprache der Gesten wird gegen die, im Vergleich, bettelarme, entschuldigende Rede des Sohnes gesetzt – ein Kampf, in dessen Verlauf der Sohn, wie es später wörtlich heißt, sich »zur Tür zurückziehen« muß.

Die Frage nach der Herkunft dieser genauen mimischen und gestischen Charakterisierungen, die Kafkas Prosa so sinnlich machen, ist eine Frage nach der Rolle der Imagination beim Schreiben. Auch sie unterbrechen ja, verlangsamen den sog. »Fluß des Erzählens«. Etwas »Nebensächliches«, was sich zusammen mit etwas anderm einstellt, wird sozusagen sofort vorgelassen, erhält Stimme und wird durch die Placierung sogar verstärkt. Bei Kafka kommen solche Charakterisierungen oft aus konkreten, eigenen Beobachtungen. Man lese beispielsweise die Tagebucheintragung vom 12. Februar 1913 über eine Lesung des »Urteils« im Hause von Freunden. Kafka schreibt: »Nachdem ich die Geschichte gestern bei Weltsch vorgelesen hatte, ging der alte Weltsch hinaus und lobte, als er nach einem Weilchen zurückkam, besonders die bildliche Darstellung in der Geschichte. Mit ausgestreckter Hand sagte er: ›Ich sehe diesen Vater vor mir‹, und dabei sah er ausschließlich auf den leeren Sessel, in dem er während der Vorlesung gesessen war.«

Das Schreiben ist also, wie man bei Kafka besonders gut zeigen kann, ein Sehen, oft sogar, wie es im Titel eines kurzen Prosastücks fast programmatisch heißt, ein »Zerstreutes Hinausschaun« – zerstreut, weil damit ein absichtsloses, auf kein erwartetes Ereignis hinzielendes, Unterbrechungen erfassendes Sehen gemeint ist, ähnlich dem »erstaunten Blick des großen Galilei«, von dem Brecht spricht, oder dem Erstaunen Newtons, als ihm bei einem Spaziergang ein Apfel auf den Weg fällt, worüber Kleist berichtet. Das Schreiben ist bei Kafka nicht

die Exekution etwas vorher Bekannten, sondern die Erprobung des Materials, das es dabei herstellt.
Das Sehen hat vor dem Schreiben schon stattgefunden. Man könnte sagen, daß das Schreiben nur eine kurze Unterbrechung eines dauernden Sehens ist. Das aus welchem Reiz auch immer anfangende Material mag vorher schnell zurechtgestellt sein – das langsame, prüfende Schreiben fordert Veränderungen, die den vorherigen Plan zerstören. Darin besteht für mich Kafkas Radikalität, daß er die Spannung von vorgefaßtem Plan und ihm widersprechenden Material länger und qualvoller aushält und darstellt, als jeder andere. Über die »Niederungen des Romanschreibens«, seine Schwierigkeiten, nur einen seiner Romane zu Ende zu bringen, hat er oft geklagt. Diese Probleme sind heute bekannt und ihre von Kafka vorgelittenen Nicht-Lösungen sind als »Anti-Roman« oder ähnliches kommerzialisiert und »machbar«.
Der langsame Leser kann gerade in den »fragmentarischen« Skizzen Kafkas die Notwendigkeit des »Scheiterns« der Stücke als eine Notwendigkeit des »Scheiterns« beim Schreiben der Wahrheit erkennen, also kein Scheitern. Alle diese Stücke bleiben auf irgendeine Weise stecken, entweder, indem der vorherige Plan, die Idee, die Erfindung das Material verdorren läßt (»In unserer Synagoge«) oder indem die ausgedachte Bewegung, die durch das Stück gehen sollte, im widersprechenden Einzelnen erstickt.

Erzählmodelle Kafkas*

für Carl Hanser

1

»Ich hörte die Wagen an dem Gartengitter vorüberfahren, manchmal sah ich sie auch durch die schwach bewegten Lücken im Laub. Wie krachte in dem heißen Sommer das Holz in ihren

* Womöglich nur, um diese Notizen lesbar zu machen, habe ich vier Modelle des Erzählens bei Kafka unterschieden und hoffe, man werde diese Unterscheidung wenigstens während der Lektüre des Aufsatzes gelten lassen. In »Wirklichkeit« gibt es keine Modelle, die sich auf mehr als ein Material anwenden ließen, da doch jedes Material die eigenen Methoden fordert, d. h. durch sie erscheint.

Speichen und Deichseln! Arbeiter kamen von den Feldern und lachten, daß es eine Schande war.«

Es handelt sich um den Anfang eines vermutlich 1903 geschriebenen Prosastückes, das Kafka 1913 unter der Überschrift »Kinder auf der Landstraße« an den Anfang seines ersten Buches *Betrachtung* stellte. Die Verben des ersten Satzes sind Verben der Wahrnehmung. Die akustische Wahrnehmung (»ich hörte«) wird optisch (»ich sah«) verifiziert, deren Bedingungen (»durch Lücken im Laub«) werden miterzählt, und damit auch schon der Standort eines erinnernden Beobachters angedeutet. Das Beobachtete wird (»manchmal«, später: »oft«, »wenn dann«) als sich wiederholend erzählt. Die erzählte Zeit erstreckt sich mit dem zweiten Satz, einer Exklamation, über »den heißen Sommer« hinweg. Interrogativ und Wortfolge erinnern an die Herkunft des Ausrufs, nämlich die Frage: ›Wie krachte in dem heißen Sommer das Holz?‹, deren Umschreibung in einen Aussagesatz (›In dem heißen Sommer krachte das Holz wie ...‹) des Erzählers Verzicht auf eine Metapher, eine Ersatz-Antwort enthüllt. Statt dessen auffordernde Frage: Invokation.

Nun aber im dritten Satz die Entdeckung des Lachens als Schande! Ich wunderte mich, als ich diesen Satz zum ersten Mal las. Lange vor der *Verwandlung*, mit diesem Lachen, fing meine Verwunderung an. Bald hörte ich es auch, von Nebentischen. Ich hatte also gelernt, zu hören, daß es eine Schande war, aber ich konnte mir nicht erklären, wie es kam, daß der Text diese Einmischung ertragen konnte. Ob die Erklärung im nächsten Satz war? Er lautet: »Ich saß auf unserer kleinen Schaukel, ich ruhte mich gerade aus zwischen den Bäumen im Garten meiner Eltern.« Dieser Satz bekümmert sich nicht um das Lachen. In ihm fängt die Geschichte zum zweiten und dritten Mal an. Lediglich das »gerade« könnte den Vorsatz antwortend auf einen einmaligen Zeitpunkt festlegen.

Vielleicht wäre die Erklärung im nächsten Absatz? Er beginnt: »Vor dem Gitter hörte es nicht auf. Kinder im Laufschritt waren im Augenblick vorüber; Getreidewagen mit Männern und Frauen auf den Garben und rings herum verdunkelten die Blumenbeete ...« Das schnelle Rennen der Kinder ist syntaktisch dadurch versinnlicht, daß es nicht im finitiven Verb (etwa: ›liefen‹, ›rannten‹) behauptet wird, sondern in der adverbialen Bestimmung des Prädikats erscheint. Das Hilfs-

verb (»waren«) verheimlicht seine Fracht bis zuletzt, wenn es zu spät, der Satz zu Ende ist, so daß man sich umwenden muß, zu sehn, was man in ihm erfuhr. Im Moment der Wahrnehmung des Prädikats erfährt der Leser den eben erzählten Ablauf als verpaßten Ablauf. Art und Weise der Darbietung des Satzes wiederholen die Plötzlichkeit des in ihm Erzählten. Allerdings nichts über die Schande des Lachens.
Der nächste Satz beantwortet, über seine inhaltliche Aussage (daß draußen Getreidewagen vorüberfahren) hinaus die Frage: ›Wohin schaut der Erzähler?‹ Verkürzter als im ersten Satz dieses Stückes (»durch die schwach bewegten Lücken im Laub«) erfahren wir hier, wie der Erzähler sich die Kenntnis dessen, was passierte, verschafft hat, oder vielmehr: Mit Hilfe welcher Bilder sich ein gegenwärtiger Erzähler der Wahrnehmung von Vorgängen und Beobachtungen erinnert, die er erzählt. Im Falle der Blumenbeete harmonieren erster Kinder- und zweiter Erwachsenenblick, oder: Erinnertes und die Erinnerung prüfendes Sehen (Verdunklung der Blumenbeete durch draußen vorüberfahrende Wagen). Im Falle des Lachens bleiben erinnertes und dieses prüfende Hören getrennt, nur das letztere könnte es als »Schande« hören. Die prüfende Wahrnehmung korrigiert in Fällen, in denen sie mit der erinnerten Wahrnehmung nicht übereinstimmt, sie nicht versteht oder sie werten will, diese erinnerte Wahrnehmung nicht hinweg, sondern sie läßt sie dissonierend bestehen.
Beispiel hierfür ist das Seufzen des Kindes. Der Erzähler erinnert sich an sein Nachtmahl bei Kerzenlicht. Benommen sitzt er danach am Tisch: »Fragte mich einer vom Fenster aus, so sah ich ihn an, als schaue ich ins Gebirge oder in die bloße Luft, und auch ihm war an einer Antwort nicht viel gelegen. / Sprang dann einer über die Fensterbrüstung und meldete, die anderen seien schon vor dem Haus, so stand ich freilich seufzend auf. / ›Nein, warum seufzt du so? Was ist denn geschehen? Ist es ein besonderes, nie gut zu machendes Unglück? Werden wir uns nie davon erholen können? Ist wirklich alles verloren?‹ / Nichts war verloren. Wir liefen vor das Haus ...«
Dem zerstreuten Hinausschaun folgt der gereimte Sprung aufs Fenster (»Sprang dann«). Die konditionale Anfangsstellung des Verbs ermöglicht wieder syntaktische Versinnlichung, die Syntax rekreiert den Sprung. Auch phonetisch wird die Plötz-

lichkeit einer neuen Erfahrung vermittelt, die die vorherige auslöscht: charakteristisch für die Übergangslosigkeit, mit der Kinder oft von einer Erfahrungsgegenwart in eine andere wechseln: dauerndes Verlieren von Vergangenheit. (So erlebt Büchners Lenz die Welt, immer muß er neu anfangen.) Nun seufzt aber dieses Kind. Warum seufzt das Kind?
Genau dies ist die Frage, die hier dem Kind gestellt wird. Ihr folgen vier weitere Fragen, wie sie nie ein Kind stellen würde. Es ist der Erzähler, der vom Protagonisten eine Sinnerklärung verlangt – d. h. von der eigenen, erinnerten (im Moment des Prüfens erinnerten) Wahrnehmung. Folglich werden die Fragen auch gleich rhetorisch. Die Wahrnehmung hat Priorität über Sinnfragen, die vor ihr rhetorisch erstarren. Diese durch Befragung erkämpfte Wahrnehmung hat nichts mit der schon damals anachronistischen, ironischen Distanzierung eines imperialen Erzählers von einem vorher zurechtgestellten Material zu tun, mit der uns Großmeister bezaubern wollen. Dadurch, daß hier die Gegenwart des Erzählens mitgeschrieben wird, ist das Stück dauernd im Werden, also dauernd in Gefahr.
Die Entdeckung des Seufzens der Kinder oder des Lachens als Schande kann nur einem Erzähler gelingen, der sein Material »absichtslos« erkämpft, ohne zu wissen, wohin es ihn führt.

Ziellosigkeit der Handlungsabläufe bei gleichzeitiger Genauigkeit der Detailbeobachtung sind typisch für die »Beschreibung eines Kampfes«, aus dessen zweiter Fassung Kafka das Stück »Kinder auf der Landstraße« für seine erste Publikation herauslöste. Ein absichtsloses Erzählen, aus dem Sinn oder Fabel sich nicht entwickeln wollen, ein Erzähler, der »erfahrungslos« immer wieder neu anfängt. Sein Laufen ist sein Schreiben, »Schritte wie Worte«, begegnende Menschen, beobachtete und erfundene Situationen werden begrüßt, als schlechte »Einfälle« (eines der häufigsten Wörter) losgelassen. Der Erzähler läßt laufend / schreibend »die Landstraße steiler werden«, kann weder Dialoge und Handlung, noch Dinge und Wörter zusammenbringen, polemisiert gegen die Metapher als Krankheit, schließlich kann er »die Anstrengung, die Dinge der Erde um mich zu sehen, nicht mehr ertragen«: Beschreibung des Schreibens als Kampf.

»Was werden wir in diesen Frühlingstagen tun, die jetzt rasch kommen? Heute früh war der Himmel grau, geht man aber jetzt zum Fenster, so ist man überrascht und lehnt die Wange an die Klinke des Fensters. / Unten sieht man das Licht der freilich schon sinkenden Sonne auf dem Gesicht des kindlichen Mädchens, das so geht und sich umschaut, und zugleich sieht man den Schatten des Mannes darauf, der hinter ihm rascher kommt. / Dann ist der Mann schon vorübergegangen und das Gesicht des Kindes ist ganz hell.«

Der Titel dieses vermutlich 1907 geschriebenen und ebenfalls ins erste Buch übernommenen Stückes ist »Zerstreutes Hinausschaun«. Einem Fragesatz folgen drei Aussagesätze, die man als Antworten zu lesen versucht ist, wenn man davon ausgeht, daß das, was einer Frage folgt, immer, wenn auch ausweichend, antwortet. Die rhetorische Situation suggeriert dies. Nun werden in den drei Folgesätzen keine Vorschläge gemacht, die die Frage befriedigen könnten, sondern nur Beobachtungen mitgeteilt, die zwar sehr schön, aber ganz trivial sind, und deren Interpretation (etwa: Kindliches Mädchen:Sonne:Mann:Schatten:Sonne:Kind) anheimgestellt sei. Allerdings sind Frage und Beobachtung nicht übergangslos konfrontiert, sondern die Frage geht schon mit dem ihr untergeordneten Nebensatz in die Beobachtung über, so daß man die Beobachtung als resümierenden Teil der Frage lesen kann ebenso wie die Frage selbst als resümierenden Teil der Antwort: ›Im Frühling kann man nichts tun, die Frage ist lächerlich!‹ Die Einfachheit dieser Antwort ist kein Argument gegen sie. Kafka wirft schwere Bälle, die die Forschung fangen lehrte, zwischendurch wirft er einen leichten, nach dem sie vergeblich hüpft. Hier wird ein rhetorisches Modell benutzt, um einen Erzähler einer rhetorischen Frage zu überführen, die, indem sie die Antwort in sich aufnimmt, für sich bleibt, also am Ende neu gestellt ist. Im Verlaufe der Beobachtung tritt der Erzähler aus der ersten Person (Plural) ins unpersönliche »man« der dritten Person zurück, um im Schlußsatz der Beobachtung nicht einmal mehr pronominal vorhanden zu sein: Verwandlung einer Frage in eine Beobachtung, die sich von ihrem Erzähler emanzipiert – ein Modell, das Kafka später in den Stücken »Das Unglück des Junggesellen« (1911) und »Plötzlicher Spaziergang« (1912) variiert hat.

Kafka ersetzte den ursprünglichen Titel dieses Stückes (»Am

Fenster«) durch »Zerstreutes Hinausschaun«. Entscheidend ist diese Qualifizierung oder Präzisierung des Sehens als »zerstreut«, vorurteilslos, Fragen durch Tatsachen assimilierend. In diesem Erzählen wird Frage zur Beobachtung und Beobachtung zur Frage.

2

Das ebenfalls 1907 geschriebene Stück »Der Fahrgast« beginnt mit dem Satz: »Ich stehe auf der Plattform des elektrischen Wagens und bin vollständig unsicher in Rücksicht meiner Stellung in dieser Welt, in dieser Stadt, in meiner Familie.« Das »und« verbindet den trivialen Anlaß (Stellung auf der Plattform) mit der Reflexion der existentiellen und gesellschaftlichen »Stellung« des Ich-Erzählers. Im zweiten Absatz folgt die detailgenaue, physiognomische Beschreibung eines Mädchens, das sich neben den Erzähler gestellt hat, z. B.: »Ihr kleines Ohr liegt eng an, doch sehe ich, da ich nahe stehe, den ganzen Rücken der rechten Ohrmuschel und den Schatten an der Wurzel.« Mit dem dritten Absatz schließt die Erzählung folgendermaßen: »Ich fragte mich damals: Wieso kommt es, daß sie nicht über sich verwundert ist, daß sie den Mund geschlossen hält und nichts dergleichen sagt?«

Die in den vorher beobachteten Geschichten noch integrierten Elemente des Erzählens: Frage, Reflexion einerseits und Beobachtung andererseits sind gleich im ersten Satz auseinandergerissen. Wie im »Zerstreuten Hinausschaun« erscheinen Reflexion und sinnliche Beobachtungen des zweiten Absatzes antithetisch aufeinander bezogen, jedoch kehrt nun ein dritter Absatz resümierend zu den Reflexionen des ersten Absatzes zurück. Ein Schema könnte so aussehen: 1. Absatz: Ich tue b) ohne a) geklärt zu haben; 2. Absatz: c) sieht folgendermaßen aus (QED); 3. Absatz: Ich frage mich, warum c) kein Bewußtsein des im 1. Absatz dargestellten Problems erkennen läßt? (QED)

Das vorher diskutierte Modell ist bewußter, offener, fast möchte man sagen didaktisch angewendet. (Eine Variante wäre »Der Schlag ans Hoftor«, das die erfundenen Folgen eines trivialen Verhaltens vorführt.) Obwohl der Erzähler sich hier ins Detail verklammert, ist er mit der absichtslosen Darbietung der sinnlichen Beobachtung nicht zufriedengestellt. Die Spannung von Sehen und Reflexion ist zum erklärten Thema geworden, beide zeigen aufeinander; ähnlich in den Stücken »Die Abweisung«, »Das Unglück des Junggesellen«, »Auf der Galerie«, »Zum Nachdenken für Herrenreiter« und »Die Vorüberlaufenden«.

Man erkennt wohl leicht, daß die Meta-Aussage des zweiten Absatzes die direkte Aussage des ersten bestätigt, die der dritte Absatz sozusagen doppelt verstärkt. Bejaht man nämlich als Novalis'scher »fortsetzender Leser« die in den drei rhetorischen Schlußfragen vorausgesetzten Fabelmöglichkeiten – ihre Verneinung erfordert ja, daß man sie zunächst bejaht –, so ergibt sich u. a. als im Stück verborgene Potentialhandlung: eine Straßenbahn, in der Fahrgäste ihre existentielle und gesellschaftliche »Stellung« laut beklagen oder doch erkennen lassen, daß sie »über sich verwundert« sind: eine nicht geschriebene Utopie, ähnlich wie im *Prozeß*-Roman erschließbar durch Zuordnung der geschriebenen Teile zueinander – eine rhetorische Komposition, die Schlußfolgerungen ungeschrieben läßt, dadurch zur Anwendung, einer Art Praxis einlädt. Folgt man ferner dem Rückbezug dieses dritten Absatzes auf den ersten, so erscheint als versäumte Handlung: Des Erzählers in der ganzen Straßenbahn hörbare Kundgebung seiner existentiellen und gesellschaftlichen »Stellung«. Die Forderung an die Umgebung hat die Forderung an sich selbst vergessen machen und damit die These des ersten Absatzes doppelt bestätigt.

»Wenn man in der Nacht durch eine Gasse spazierengeht, und ein Mann, von weitem schon sichtbar – denn die Gasse vor uns steigt an und es ist Vollmond –, uns entgegenläuft, so werden wir ihn nicht anpacken, selbst wenn er schwach und zerlumpt ist, selbst wenn jemand hinter ihm läuft und schreit, sondern wir werden ihn weiterlaufen lassen. / Denn es ist Nacht,[1] und wir können nicht dafür, daß die Gasse im Vollmond vor uns aufsteigt,[2] und überdies, vielleicht haben diese zwei die Hetze zu ihrer Unterhaltung veranstaltet,[3] vielleicht verfolgen beide einen dritten,[4] vielleicht wird der erste unschuldig verfolgt,[5] vielleicht will der zweite morden, und wir würden Mitschuldige des Mordes,[6] vielleicht wissen die zwei nichts voneinander, und es läuft nur jeder auf eigene Verantwortung in sein Bett,[7] vielleicht sind es Nachtwandler,[8] vielleicht hat der erste Waffen.[9] / Und endlich, dürfen wir nicht müde sein, haben wir nicht so viel Wein getrunken? Wir sind froh, daß wir auch den zweiten nicht mehr sehn.« (»Die Vorüberlaufenden«, 1907. *Numerierung von mir.*)

Auf die hypothetische Ausgangssituation wird eine hypothetische Reaktion angekündigt (Nicht-Eingreifen zugunsten des Verfolgers), für die im zweiten Absatz neun Begründungen aufgezählt werden. Das Stück schließt im dritten Absatz mit zwei rhetorischen Fragen und der erleichterten Feststellung des Erzählers, daß die am Anfang des Stückes angenommenen Personen nicht mehr sichtbar sind.

Die Ausgangssituation mag beobachtet sein oder nicht, durch das einleitende »Wenn« hat sie den Charakter einer Erfindung, deren mögliche Fortsetzungen reflektiert werden. Handlung wird projiziert, anheimgestellt, argumentiert. Konjunktionen wie »denn, obwohl, weil, vielleicht« bieten Bilder, Figuren, beginnende Handlungsabläufe an, wie in einem Diskurs Evidenz und Gegenevidenz, und fordern dadurch kritischen Abstand. Man denkt an das »laufende« Schreiben in der »Beschreibung eines Kampfes«, auf der Suche nach Plotbegegnungen. Das Material bleibt bei dieser kritischen Darbietung autonom, da es emanzipiert von den üblichen Gründen gezeigt wird, die dann in Romanen auf weiteren fünfhundert Seiten leider erklärt werden. Wichtiger als die Befriedigung solcher Neugier ist für diesen Erzähler die Einsicht, daß er solche Gründe nicht kennen kann; ebenso wichtig, daß er den Preis für diese Unsicherheit ahnt.

Das Erzählmodell bietet aus einem expositorischen Fabelkern heraus eine Reihe von Selektivhandlungen zur Auswahl. Es sind mindestens sieben Richtungen, in die sich die Exposition entfalten könnte, wenn der Erzähler in der von ihm negierten Weise eingriffe. Drei unterschiedliche, aber wahrscheinlich komische Szenen ergäben sich aus 3, 7 und 8, ernstere und riskante Verwicklungen ergäben sich aus 4, 5 und 6.

Nicht mitgeschrieben, aber im Material anheimgestellt, ist zumindest eine weitere Plotmöglichkeit. Auffällig ist nämlich, daß alle vier Möglichkeiten einer ernsten Verwicklung von Hypothesen ausgehen, deren keine gegen den Verfolgten, zwei (5, 6) aber deutlich gegen den Verfolger sprechen. (9 würde den Verfolgten zum Verfolger machen, ist also eine Selbst-Täuschung.) Die erwogene Evidenz spräche, wenn überhaupt, für eine Intervention zugunsten des Verfolgten. Erwogen werden müßte die Frage, den zweiten Mann aufzuhalten. Damit würde entweder eine harmlose Situation harmlos-komisch unterbrochen, oder einem Verfolgten geholfen. Genau dies wird gar nicht erst reflektiert. Die Handlung hat die Reflexion überrannt, der Gedanke an eine mögliche Mitverantwortung ist durch die apologetischen Gratis-Begründungen (1, 2), die im Schlußabsatz rhetorisch aufgenommen werden, sofort abgewehrt in der Schuldsprache eines Kindes (»wir können nicht dafür«). Das ist schon die Stimme Georg Bendemanns im *Urteil.*

Die Schwierigkeiten des Sehens/Schreibens sind in dem ähnlich komponierten Stück »Auf der Galerie« (1917) demonstriert als die Schwierigkeiten, im nur Sichtbaren die Wahrheit zu erkennen. Auf zwei einander widersprechende Versionen eines Vorgangs (das Herumreiten einer Zirkusreiterin im Zirkus) werden zwei verschiedene Reaktionen eines Galeriebesuchers erzählt. Die erste, im Konjunktiv erwogene Variante zeigt die Zirkusreiterin als Opfer von Ausbeutung, worauf der Besucher interveniert, die zweite, im Indikativ geschriebene zeigt die Kunstreiterin, wie man sie mit »dem vereinfachenden Blick der Gewohnheit« (Hofmannsthal) sieht, als verwöhnten Star, worauf der Galeriebesucher »weint, ohne es zu wissen«: die Erkenntnis dessen, was ist (1. Absatz), kann durch Nachahmung dessen, was sichtbar ist (2. Absatz), nicht erzeugt werden, daher die Notwendigkeit der Deformierung als Mittel einer realistischen Kunst. (Die Schwierigkeiten, dies zu durchschauen, ahnt man, wenn man sich, z. B. für die Romanfragmente, »Zirkusreiterin«, »Zirkusdirektor« und »Besucher« als eine Figur vorstellt.)
Der »zerstreute« Blick der bisherigen Erzählungen ist hiermit nicht zurückgenommen, sondern es ist dieser Blick, der die »Dinge der Welt« neu, vorurteilslos wahrnimmt.

Mit den Stücken »Der plötzliche Spaziergang« und »Wunsch, Indianer zu werden« (beide 1912) hat sich das hypothetische Erzählen von der Notwendigkeit einer formalen Konklusion gelöst und wird dadurch zur Projektion einer Sehnsucht, eines Wunsches. Beide Stücke beginnen noch mit dem »Wenn«, aber das erstere verwandelt die siebzehn Bedingungen eines spontanen Ausbruchs aus der Routine (Nachts die Familie verlassen), im Prozeß ihrer Aufzählung, in dessen Erfüllung. Was grammatisch noch als Bedingung des Ausbruchs aufgezählt wird, resümiert schon die Folgen, z. B.: »... wenn man sich auf der Gasse wiederfindet, mit Gliedern, die diese schon unerwartete Freiheit, die man ihnen verschafft hat, mit besonderer Beweglichkeit beantworten..., wenn man mit größerer als der gewöhnlichen Bedeutung erkennt, daß man ja mehr Kraft als Bedürfnis hat, die schnellste Veränderung leicht zu bewirken und zu ertragen...« – so daß die Konklusion nur wiederholen kann, was im Aufbruch erfahren wurde: »... – dann ist man für diesen Abend gänzlich aus seiner Familie ausgetreten.« Der Erzähler steht mit leeren Händen da, oder, was entscheidend ist, zeigt, daß er mit leeren Händen dasteht. Die Aufnahme der Konklusion in die Hypothese integriert Aufbruch und »Wohin?« des Aufbruchs, dessen Beliebigkeit der antiklimatische, sozusagen in die Wirklichkeit zurückkehrende Schlußsatz bestätigt: »Verstärkt wird alles noch, wenn man zu dieser späten Abendzeit einen Freund aufsucht, um nachzusehn, wie es ihm geht.«

In dem Stück »Wunsch, Indianer zu werden« ist die Konklusion ganz verschwunden, schon das dritte Wort dieses Textes (»doch«) hebt sie auf: »Wenn man doch ein Indianer wäre, gleich bereit, und auf dem rennenden Pferde, schief in der Luft, immer wieder kurz erzitterte über dem zitternden Boden, bis man die Sporen ließ, denn es gab keine Sporen, bis man die Zügel wegwarf, denn es gab keine Zügel, und kaum das Land vor sich als glattgemähte Heide sah, schon ohne Pferdehals und Pferdekopf.«

Der im Titel erklärte Wunsch ist mit dem »gleich bereit« syntaktisch versinnlicht und im folgenden Bild blitzschnell erfüllt. Die Verbform »erzitterte« schlägt die Brücke vom vorherigen konditionalen »wäre« zu den späteren Verben, die alle im Indikativ der Vergangenheit sind: sie ist beides, Konjunktiv und Indikativ, leitet also die Projektion in eine historische Vergangenheit ein.

Was geschieht mit diesem Anfangsbild des offenbar (»immer wieder kurz erzitterte«) galoppierenden Indianers? Die Imagination korrigiert sich und entfernt argumentierend (»denn«) von dem Anfangsbild alle jene Komponenten, die zum Bild »Reitender Indianer« nicht hinzugehören (Sporen, Zügel). Die Bildkorrektur, die den anfänglich Galoppierenden in einen

galoppierenden Indianer verwandelte, wird nun fortgesetzt durch Entfernung zweier wichtiger Körperteile des Pferdes, also durch Entfernung des ganzen Pferdes. Dieses diente als Vehikel der Verwandlung eines galoppierenden Indianers in einen über eine Urlandschaft Hinwegfliegenden.
Vielleicht die entscheidende Leistung beim Schreiben dieses Stückes war, daß der Erzähler die Entfernung der »unhistorischen« Komponenten nicht einfach behauptet, sondern sich selbst tun läßt. Hierdurch wird Imagination vorgeführt als Metamorphose, Prozeß von Bildkorrektur im Moment vorgestellter Bilder, Prozeß dauernder Loslösung von Bildern von sich selbst.

3
Was geschieht, wenn sich die Geschichten vom hypothetischen »Wenn« lösen? »Als ich abend *(sic)* nach Hause kam, fand ich in der Mitte des Zimmers ein großes, ein übergroßes Ei. Es war fast so hoch wie der Tisch und entsprechend ausgebaucht. Leise schwankte es hin und her ...« (ohne Titel, aus dem »Sechsten Oktavheft«, *Hochzeitsvorbereitungen auf dem Lande und andere Prosa aus dem Nachlaß*).
Die Erzählung beginnt in einer durch das »als« markierten, bestimmten Zeit und bleibt im Präteritum. Jedoch hat der erste Satz den Fabelhorizont stark eingeengt. Der »sehr neugierige« Erzähler öffnet das Ei und: »hervor sprang ein storchartiger, noch federloser, mit zu kurzen Flügeln die Luft schlagender Vogel. ›Was willst du in unserer Welt?‹« – schwierige Frage, daher wohl auch fast zurückgenommen: »hatte ich Lust zu fragen, hockte mich vor den Vogel nieder und sah ihm in seine ängstlich zwinkernden« – nun sehn wir ihn, aber entsteht dadurch Handlung? – »Augen. Aber er verließ mich und hüpfte die Wände entlang, halb flatternd wie auf wehen Füßen.« – der Vergleich führt nicht weiter. Eine Wurstschnitte, die der Erzähler ihm vorlegt, »begann er mit pfeifendem Atem zu beschnuppern, spießte sie aber lediglich auf und warf sie nur wieder hin.«
Die Beispiele genügen, um die dialogische Struktur (Erzähler: Vogel, Vogel: Erzähler etc.) der Geschichte erkennen zu lassen. Ein »Einfall« wird auf seine Möglichkeiten hin, sich zu entfalten, befragt, bis ihm nichts mehr abzugewinnen ist: Unter persönlichen Entbehrungen füttert der Erzähler den Vogel mit

Fischen, Fröschen und Würmern, in der Hoffnung, daß er ihn, wenn er fliegen gelernt habe, in den »strahlenden Süden« tragen werde, wohin er schon immer zu reisen verlangte. Einen entsprechenden Kontrakt, mit dem in Tinte getauchten Schnabel des Vogels geschrieben, hält der Erzähler diesem vor Augen, legt ihn sich dann in die Brieftasche. Fliegen soll den Vogel in den herrlichen Schlußszenen dieses Stückes der Erzähler lehren, der doch selbst nur von Tischen und Schränken herabspringen kann. Mit diesen Flugversuchen bricht die Geschichte ab, oder vielmehr: ist die Geschichte vollendet und hat damit eine Paradoxie des Schreibens vorgeführt, die darin besteht, daß ein von einem Erzähler herzustellendes Material dem Erzähler helfen soll, es herzustellen.
Wie in der »Beschreibung eines Kampfes« das beobachtete, so wird hier das erfundene Material im Prozeß seiner Herstellung erprobt. Während aber dort das Material, wenn es sich nicht entfalten wollte, »laufend« aufgegeben werden konnte, muß es hier gezwungen werden, sich innerhalb der begrenzenden Exposition immer von Neuem zu entfalten. Der einengende Fabelhorizont kann nicht gesprengt werden, sondern verengt sich im Gegenteil mit jedem geschriebenen, das Material neu verpflichtendem Satz. Die Beschränkung der Fabelmöglichkeiten dieses Modells erlauben es, die allmähliche Verfertigung der Bilder beim Schreiben zu verfolgen. In diesen Geschichten, die wegen ihrer Kürze als »Skizzen« bezeichnet werden, und von denen es wohl hunderte gibt, erfährt man mehr über Schreiben, als in den üblicherweise herangezogenen Stücken, die sich absichtlich mit diesem Gegenstand zu beschäftigen scheinen.

Eines der »Fragmente aus Heften und losen Blättern« *(Hochzeitsvorbereitungen ..., op. cit.)* beginnt mit dem Satz: »Ich war in ein undurchdringliches Dorngebüsch geraten und rief laut den Parkwächter. Er kam gleich, konnte aber nicht zu mir vordringen. ›Wie sind Sie denn dort mitten in das Dorngebüsch gekommen‹, rief er, ›können Sie nicht auf dem gleichen Weg wieder zurück?‹ ›Unmöglich‹, rief ich, ›ich finde den Weg nicht wieder. Ich bin in Gedanken ruhig spazierengegangen und plötzlich fand ich mich hier, es ist, wie wenn das Gebüsch erst gewachsen wäre, nachdem ich hier war.‹« Hier wird das Steckenbleiben zur Metapher des »Scheiterns«, oder der

Notwendigkeit des »Scheiterns« beim Schreiben. Dieses expositorische Schreiben verfängt sich wie der Spazierengehende im »Dorngebüsch« des Materials, das um es wächst. Es bleibt, da es sich von einer Idee nicht heraushauen läßt, darin stecken: Beispiel für ein Schreiben, bei dem die Beobachtungen oder dem Material abgefragten Bilder im Moment des über die Seite gehenden Bleistiftes unentschieden sind.

Indessen scheint die Erzählung »Erstes Leid« (etwa 1921) über ihre Exposition doch hinauszugelangen. Sie beginnt mit dem Satz: »Ein Trapezkünstler – bekanntlich ist diese hoch in den Kuppeln der großen Varietébühnen ausgeübte Kunst eine der schwierigsten unter allen, Menschen erreichbaren – hatte, zuerst nur aus dem Streben nach Vervollkommnung, später auch aus tyrannisch gewordener Gewohnheit sein Leben derart eingerichtet, daß er, so lange er im gleichen Unternehmen arbeitete, Tag und Nacht auf dem Trapeze blieb.«
Diese Exposition verhält sich zur folgenden Geschichte wie eine These zur begründenden Evidenz, wird also im Verlaufe des Erzählens nicht mehr verwandelt, wie das in den zuvor beobachteten Geschichten der Fall war. Statt dessen exemplifizieren nun – ähnlich der im gleichen Jahr geschriebenen Erzählung »Der Hungerkünstler« – die folgenden Episoden jeweils die expositorische Behauptung, z. B.: Wie erhält der Künstler sein Essen? Es wird in »eigens konstruierten« (d. h. für die Geschichte auf der Stelle erfundenen) Gefäßen in die Zirkuskuppel hinaufgezogen! Was geschieht, wenn der Künstler in eine andere Stadt verreist? Er wohnt im Gepäcknetz, etc. Während in den vorigen Erzählungen die Exposition zwar minimale, aber autonome Handlungsabläufe freisetzt, die im Nacheinander *aufeinander* angewiesen sind, also das Erzählen offen bleibt, muß sich hier jede Episode, unabhängig von anderen Episoden, auf die Exposition zurückbeziehen. Die Konsequenzen der expositorischen Behauptung werden auf eine bekannte Umgebung in der Art eines Denkspiels angewandt und hintereinander aufgezählt. Die erzählerische Energie kommt aus der Anwendung einer Idee, nicht der sinnfreien Bildverwandlung. Das Erzählen wird zur Synopsis, zur Inhaltsangabe von sich selbst, es verrät den außerliterarischen Ort seiner Herkunft: eine Idee, ist also auf Sprache nicht angewiesen, könnte sich also,

ohne Schaden zu nehmen, auch in einem anderen Medium, Theater oder Kino, zeigen.
Wahrscheinlich ist die Erzählung in der dritten, statt der ersten Person eine der Bedingungen der repetitiven Fortsetzbarkeit dieses Erzählmodells: größerer Erzählabstand erleichtert oder verführt zur Kontrolle. Schon die appositionelle Selbstunterbrechung des ersten Satzes läßt einen weiteren Blick über das Material, also Vorkenntnis, Dressur erkennen. Wer sich so viel Zeit nimmt, hat Ideen, auf deren Entfaltung er hofft.
Die »Idee« des ersten Satzes besteht in der Annullierung der allgemein geltenden Trennung von Arbeits- und Wohnplatz – also einer Variation der der fünf Jahre vorher geschriebenen *Verwandlung* zugrundeliegenden Idee. Hier ist es ein Künstler, der da, wo er arbeitet, auch leben will. Er will beide Sphären vereinigen. Kafkas Biographie läßt keinen Zweifel daran, daß ihn diese »Idee« sehr betroffen hat. Schon daß er wiederholt, auch in den Tagebüchern, zu ihr zurückkehrte, beweist dies. Die »Idee« lädt zu abschließendem Erzählen ein, sie möchte sich möglichst bis an ein Ende erproben.
Im »Ersten Leid« werden diese Erprobungen (Mahlzeiten, Reisen etc.) auf eine Vorhandlung angewendet, eine Zeit, die vor der Exposition liegt. Bei dieser Anwendung des Modells drohen Rückblende, Plusquamperfekt (also Hilfsverben) und die zur Behauptung der Wiederholung nötigen Adverbien wie: »gewöhnlich, meistens, immer, manchmal« etc. Erst mit dem folgenden Satz ist im letzten Drittel der Geschichte die Verbindung zur Exposition hergestellt, d. h. eine bestimmte Erzählzeit erreicht: »So fuhren sie wieder einmal miteinander, der Trapezkünstler lag im Gepäcknetz und träumte, der Impresario lehnte in der Fensterecke gegenüber und las ein Buch, da redete ihn der Trapezkünstler leise an.« Es folgt aber keine über die »Idee« der Exposition (Transzendierung der Arbeitsbedingungen) hinausgehende Verwicklung, sondern nur eine quantitative Variante: statt des bisherigen einen möchte der Künstler nun mehr als ein Trapez haben. Nach einem vorwiegend in indirekter Rede erzählten Dialog schließt die Erzählung mit drei in erlebter Rede gestellten Fragen des Impresarios, die die Möglichkeit weitergehender, nicht erfüllbarer Wünsche des Künstlers erwägen. Das Erzählen kann, wie im Falle der gewünschten zusätzlichen Trapeze, die Komponenten der Exposition nur noch verdoppeln, vervierfachen etc.

4

Kafkas Tiergeschichten übertreffen ihre historischen Vorbilder dadurch, daß sie die Tatsache ihres Vorhandenseins, die Art ihres Zustandekommens zum notwendigen Teil der Fabel machen. Die beiden 1917 geschriebenen Stücke »Schakale und Araber« und »Ein Bericht für eine Akademie« sind Sonderfälle. Das erstere, aus ökologischer Sicht, revidiert das herkömmliche Vorurteil gegenüber Schakalen (sie säubern die Erde von Leichnamen, wer frisches Fleisch ißt, ist ein Ungeheuer), könnte auch in der dritten Person erzählt werden, das letztere schildert den Bildungsweg eines Affen, aber geht über das historische Genre nicht hinaus.

Dagegen könnten die Reflexionen des Hundes (»Forschungen eines Hundes«, 1921), des Dachses (»Der Bau«, 1923) oder der Maus (»Josephine, die Sängerin oder Das Volk der Mäuse«, 1924) nicht anders erzählt werden. Z. B. demonstriert der Hund die materiellen Beschränkungen seines Denkens. Die Erde liefert Nahrung, weil man sie selbst »besprengt«: »Extrakt aller Wissenschaft« ist für ihn »die kleine Regel, mit welcher die Mütter die Kleinen von ihren Brüsten ins Leben entlassen: ›Mache alles naß, soviel du kannst.‹« Um diese unbezweifelbare Kausalität zu ergründen, geht er der Frage nach, woher die Erde die Nahrung erhalte, die ihr aus der Luft (seine Befangenheit läßt ihn menschliche Hände nicht sehen) gereicht werde? Seine wissenschaftlichen Überlegungen gelangen nicht zu dem Punkt, das selbst Gesehene fragend umzuformen: ›Woher nimmt die Luft die Nahrung?‹

Was ich vorher Hypothese, Exposition, Idee nannte, ist verschwunden. Der Text als Ganzes ist eine Annäherung an die »Idee«, deren Bewußtsein dem Erzähler verwehrt ist. Daher sind die meisten dieser Geschichten, z. B. auch »Elf Söhne« (1917), »Das Ehepaar« (1922) und »Eine kleine Frau« (1924) zumindest auch Selbst-Portraits. Die Bedingungen und Voraussetzungen des Erzählens sind wichtigstes Stück des Ganzen, das immer nur approximierend erreicht werden kann – und zwar im Wechsel von Annäherung und Entfernung eines Erzählers von einem ihm fremden Gegenstand.

Wunderbarerweise ist hiermit die Spannung »offenen« Erzählens der ersten Arbeiten Kafkas auf dem »Umweg« über die beobachteten Erzählmodelle wieder erreicht. Das Schreiben ist nicht mehr vorbestimmbar, es probiert etwas Unbekanntes, sich selbst, da es die Hypothese ausläßt. Die fortsetzenden Reflexionen des Ich-Erzählers öffnen den Fabelhorizont immer neu, der Protagonist sitzt im Zentrum. So wird in dem 1917 geschriebenen Stück »Ein Besuch im Bergwerk« der aus der Perspektive eines Bergarbeiters gesehene Besuch eines Bergwerks durch eine Gruppe von Ingenieuren zu einer sehr komischen Prozession, da uns verständliche Vorgänge als unverständlich gezeigt werden: Verfremdung einer sichtbaren Handlung durch einen Erzähler, der sie nicht versteht, also die einfachste Variante dieses Modells.

Schwieriger wird es in der Erzählung »Das Ehepaar«. Auch hier werden Ereignisse aus der Sicht eines Erzählers beobachtet, der sie zugleich beurteilt. Aber diese Ereignisse können nicht mehr, wie im vorigen Fall, beim Leser als bekannt vorausgesetzt werden. Das Verhalten des Geschäftsmannes, der nach sechs Uhr abends bei einem alten, »sehr kränklichen« Ehepaar noch einen Kundenbesuch macht, kann nur aus der Sprache des Erzählers gegen diesen selbst erschlossen werden. »Im Mantel, Hut und Mustertasche in der Hand«, dringt er ins Krankenzimmer des Sohnes der Familie vor, wo die Frau ihrem eben erst nach Hause gekommenen, »abgemagerten, gebückten« Mann aus dem Mantel hilft, und beginnt sofort, im Zimmer auf- und abgehend, mit dem Verkaufsgespräch, bis er, bei einem Blick auf den Gastgeber, dessen Tod meldet: »Nun also, es war vorüber. Freilich, ein alter Mann. Möchte uns das Sterben nicht schwerer werden.« Jedoch die hierauf ins Zimmer zurückkehrende Frau ergreift und küßt die Hand ihres Mannes und er »bewegte sich, gähnte laut . . . und sagte . . ., uns sein Einschlafen anders zu erklären, merkwürdigerweise etwas von Langeweile«.
Die eigene, rationalisierende Erklärung liefert der Erzähler in seinen Abschiedsworten an die Frau: »Im Anblick ihrer armseligen Gestalt sagte ich aus meinen Gedanken heraus, daß sie mich ein wenig an meine Mutter erinnere. Und da sie still blieb, fügte ich bei: ›Was man dazu auch sagen mag: die konnte Wunder tun. Was wir schon zerstört hatten, machte sie noch gut. Ich habe sie schon in der Kinderzeit verloren.‹ Ich hatte absichtlich übertrieben langsam und deutlich gesprochen, denn ich vermutete, daß die alte Frau schwerhörig war. Aber sie war

wohl taub, denn sie fragte ohne Übergang: ›Und das Aussehen meines Mannes?‹« Dem Erzähler erscheinen Tod und Wiederauferstehung des alten Mannes plausibler, als dessen Schwäche, Verzweiflung, Langeweile. Mit dem kommentierenden Titel erklärt er dies zu einer *hommage* für ein liebendes Ehepaar. Die Erkenntnis des eigenen Verhaltens muß dem Erzähler verwehrt sein, sonst müßte die Geschichte von einem Dritten erzählt werden, hätte also die unfreiwillige Selbstentlarvung eines Erzählers nicht mehr zum Thema. Die Art der Darstellung muß das Dargestellte zu verstecken suchen. Unter anderem entsteht hierbei Komik.

Schwierige Varianten sind »Elf Söhne« und »Eine kleine Frau«. In beiden Stücken ist die Porträtstruktur statisch, so daß vorkommende Handlung – also mögliche Evidenz oder Gegenevidenz –, Funktion und Charakter eines Zitats hat. Wieder werden Werturteile gefällt, für deren Verifizierung fast alle Evidenz fehlt, außer der einen, daß der Erzähler nicht zufriedenzustellen oder unzuverlässig ist. Das einzige, was wir zuverlässig erfahren, betrifft den Erzähler, nicht dessen Gegenstand, d. h. wir gewinnen auf jeden Fall ein Selbst-Porträt des Erzählers. Z. B. verrät sich Vorurteil in der physiognomischen Beschreibung durch antithetische Aufzählung, doppelte Negation, verzögerte Negation von Hauptaussagen in Nebensätzen, Hyperbeln etc. Es werden rhetorische Bewegungen eingeleitet, deren über riesige Perioden hinweg immer wieder verzögerte Auflösung, wenn sie erfolgte, was nicht der Fall ist, den Erzähler belastete. Vielleicht ist von hier aus ein neuer Blick vor allem auf die Dialoge und die erlebte Rede in den Novellen und Romanfragmenten möglich.

Schon der Doppeltitel von Kafkas letzter Geschichte: »Josephine, die Sängerin oder Das Volk der Mäuse« erklärt – *jeder* Titel ist ein Kommentar – die Absicht der Geschichte, beide, Josephine und Volk, in ihrem Verhältnis zueinander zu erzählen. Man sieht hier schon, in welchen ernüchternden Kontext Kunst gebracht wird. Des Erzählers Einschätzung von Kunst läßt sich nicht trennen von seiner Einschätzung Josephines, und was wir über das Volk erfahren, verdanken wir der Polemik über die Titelheldin, ja, die Informationen über das Volk, also auch die Geschichtsschreibung, verschwinden mit den Informationen über diese, obwohl die Rhetorik des Titels beide als alternativ zu lesen erlaubt.

Die Bedingungen, unter denen sich Josephines Kunst behaupten muß, nennt der vierte Satz: »Stiller Frieden ist uns die liebste Musik; unser Leben ist schwer, wir können uns, auch wenn wir einmal alle Tagessorgen abzuschütteln versucht haben, nicht mehr zu solchen, unserem sonstigen Leben so fernen Dingen erheben, wie es die Musik ist.« Nimmt man die Bedingungen täglicher Sorgen, täglicher Arbeit dieses »wegen oft nicht sehr klarer Zwecke hin- und herschießenden Volkes« so ernst, wie der Erzähler dies bis zur letzten Zeile verlangt, so ist evident, warum »ein wirklicher Gesangskünstler, wenn einer einmal sich unter uns finden sollte... gewiß nicht ertragen« werden, das Volk »die Unsinnigkeit einer solchen Vorführung einmütig abweisen« würde, denn solche »wirkliche« Kunst widerspräche lügenhaft der Erfahrung täglichen Leidens. Hingegen scheinen die Gesangsdarbietungen Josephines die Wirklichkeit auf eine fast ununterscheidbare Weise nur zu wiederholen, indem sie gar nicht singt, sondern nur pfeift, wie alle Mäuse, und zwar »leicht, flüsternd, vertraulich, manchmal ein wenig heiser. Natürlich ist es ein Pfeifen. Wie denn nicht? Pfeifen ist die Sprache unseres Volkes, nur pfeift mancher sein Leben lang und weiß es nicht, hier aber ist das Pfeifen freigemacht von den Fesseln des täglichen Lebens und befreit auch uns für eine kurze Weile.« Während also »Pfeifen zu unseren gedankenlosen Gewohnheiten gehört«, handelt es sich bei Josephines Pfeifen um ein »höchstens durch Zartheit oder Schwäche ein wenig auffallendes Pfeifen«, d. h. Kunst erscheint hier, wie in der ebenfalls nur selten realisierten Poetik Novalis', als bewußte, geschwächte, sinnbefreite Wiederholung des Täglichen: Bekanntmachung des Bekannten durch reduzierten, die Wahrnehmung verschärfenden Vortrag.

Eine solche Poetik ist in den Tagebuchaufzeichnungen und Gesprächsäußerungen Kafkas gewiß bestätigt, z. B. durch die häufige Polemik gegen Exotik, Verrätselung, Affekt. Wie bei Novalis, so widerspricht auch bei Kafka die erzählerische Praxis der postulierten klassischen Poetik – von Ausnahmen, z. B. langen Passagen des ersten Teils des *Heinrich von Ofterdingen* und des *Amerika*-Romans abgesehen. Kafkas Entwürfe sind zwar weniger epochenbestimmt als die seiner Zeitgenossen, und er ist mit ihnen mehr allein als die von Jubelschulen umgebenen Großmeister, aber auch er kann gar nicht umhin, den gegebenen Kontext zu reproduzieren durch Groteske, Exotik, Schrecken, Grellheit, manieristische Mittel. Innerhalb dieses Kontexts, und ihm in seinem letzten Stück geradezu programmatisch entgegengesetzt, postuliert er diese klassische Poetik als eine allerdings nicht erfüllbare Hoffnung. Die in »Josephine« geäußerte Poetik ist daher auch sehr stark und auf eine erschütternde Weise selbstkritisch.

Es ließe sich nämlich aus dem Stück eine Art Poetik entwickeln, die allerdings auf Kafkas Schreiben nur teilweise angewendet werden könnte, z. B. die erkenntnisstiftende Rolle der Kunst, das Risiko ihres Zustandekommens, die Koinzidenz von politischer Not und Kunstproduktion, das Komische als extremer Ausdruck des Tragischen, die Tendenz der Kunst zur Unverständlichkeit, die Zurückweisung von Pathos, Synthese, die Unvereinbarkeit von Leben und Kunst, schließlich die implizierte Autonomie der Kunst. Man sollte allerdings aus dem Stück nicht einfach Aussagen über Kunst herauslösen, ohne die Art der Darstellung, die an den Aussagen partizipiert – also die diesem Erzählmodell zugrundeliegende Gesetzlichkeit –, zu berücksichtigen.

Die Struktur entspricht der der anderen Porträtgeschichten: Ein statisches Porträt, in welchem minimale Handlungsabläufe innerhalb einer unbestimmten Chronologie Argumente illustrieren sollen. Erzählte Zeit und Erzählzeit vereinigen sich erst auf der letzten Seite mit den Worten: »So war es letzthin, das Neueste aber ist, daß (Josephine) zu einer Zeit, wo ihr Gesang erwartet wurde, verschwunden war.« Damit ist die Erzählgegenwart in einen Zeitraum verlegt, der dem Verschwinden Josephines unmittelbar folgt. Das Verhältnis von rückblickendem (Josephines Geschichte) und auf die Erzählgegenwart beschränktem Text ist etwa 15:1, da die Mitteilung von Josephines Verschwinden dem Leser bis zuletzt vorenthalten wird. Der Erzähler selbst »vergißt« schon auf der ersten Seite mit der Zeitform des ersten Verbs seine Kenntnis von Josephines Verschwinden, indem er in der Gegenwart einsetzt und diese Zeitform auch beibehält: »Unsere Sängerin heißt Josephine.« Erst am Schluß wird gemeldet, was der Hauptteil der Erzählung versteckt hat.

Diese Struktur erfüllt die Funktion, Josephines Verschwinden, oder: Josephines auf einmal realisiertes Verschwinden als auslösendes, motivierendes Moment des Erzählens erscheinen zu lassen. Die wiederholte und am Schluß besonders verstärkte Behauptung des Erzählers, daß niemand Josephine vermisse, ist also schon durch die Struktur widerlegt. Wie in den Geschichten »Eine kleine Frau« und »Das Ehepaar« gerät ein mißlingendes Sprechen über x (Josephine), auf dem Umweg über ein gelingendes Sprechen über y (den Erzähler) zu einem annähernden Sprechen über x: als Hauptaussage, vor der Identifizierung jeglicher Poetik, ist zu hören, daß ein Sprechen über Kunst zunächst ein Sprechen über etwas ganz anderes ist.

Wie in den anderen Variationen dieses Erzählmodells ist das Erzählte dadurch legitimiert, daß man es gegen den Erzähler selbst erschließen muß. Aus dem historischen Kontext zieht Kafka weder die expressionistische Konsequenz der Verstärkung des Tobens durch Teilnahme am Toben, noch die impressionistische Konsequenz der Hinwegzauberung des Lärms durch Rückzug in Innerlichkeit. Ohne Singen, d. h. ohne Volk gibt es keine Josephine, während es ohne Josephine ein Volk noch gibt, aber dieses Volk vergißt sich, also seine Geschichte, ist also kein Volk mehr, also auch die im Titel angedeutete Alternative ist mit den Schlußworten des Erzählers widerlegt. Kafkas Schreiben endet buchstäblich mit diesem Versuch, die Trostlosigkeit nicht durch die Tatsache, daß man die Kraft hatte, sie festzustellen, zu widerlegen.

Notizen zum *Werther*

Um zu verstehen, wie zivilisiert es hier früher noch zuging, und wie herrlich weit wir es seither gebracht haben, stelle man sich einmal vor, es würde heute der Oberkommandierende eines Invasionsheeres – etwa der amerikanische General Westmoreland oder dessen chinesischer Nachfolger – die wichtigsten Schriftsteller des von seinen Truppen überrannten Landes zu sich bitten, um mit ihnen stundenlang ästhetische und poetologische Fragen zu diskutieren. Als Napoleon im Jahre 1808 nach Erfurt kam, unterhielt er sich mit Goethe über *Die*

Leiden des jungen Werthers – jenen wohl ersten europäischen »Bestseller« der deutschen Literatur, dessen Held 34 Jahre vorher, bei Erscheinen des Buches im Jahre 1774, über Nacht zur Kultfigur mehrerer Generationen wurde. Noch im Jahre 1825 war es in Leipzig gesetzlich verboten, in Werther-Kleidung (blauem Frack mit Messingknöpfen, gelber Weste, braunen Stulpenstiefeln) herumzulaufen. Den Gesprächsaufzeichnungen des Kanzlers von Müller zufolge machte der Kaiser »eine tief eindringende Analyse dieses Romans, wobei er jedoch an gewissen Stellen eine Vermischung der Motive des gekränkten Ehrgeizes mit denen der leidenschaftlichen Liebe finden wollte«. Napoleon zu Goethe: »Das ist nicht naturgemäß und schwächt bei dem Leser die Vorstellung von dem mächtigen Einfluß, den die Liebe auf Werther gehabt. Warum haben Sie das getan?«

In der nicht endenden, reichen Wirkungsgeschichte dieses Romans ist die Kritik Napoleons besonders faszinierend. Was alle Welt (bis zu Camus hin) an diesem Buch am meisten aufregte und was sie am meisten erörterte, nämlich die von weitem schon sichtbare Frage des Selbstmords, der hier sozusagen zum Naturrecht erklärt wird, scheint für Napoleon ganz plausibel und unproblematisch gewesen zu sein. Seine Kritik ist nicht moralisch, sondern psychologisch und zugleich handwerklich. Denn fast genau in der Mitte des in zwei Teile gegliederten Buches entschließt sich der tödlich verliebte Werther zur plötzlichen Abreise. Nachdem es mit seiner Kunst (Malerei) und mit der Liebe nicht geklappt hat, versucht er es mit der Gesellschaft. Wie der mit Goethe befreundete braunschweigische Legationssekretär Carl Wilhelm Jerusalem, dessen Wetzlarer Selbstmord die Abfassung des Buches *auslöste*, so scheitert auch Werther, indem er in adliger Gesellschaft als Bürger gedemütigt wird.

Abgesehen davon, daß der Emporkömmling Napoleon hiervon nichts wissen wollte, und abgesehen davon, daß der durch Napoleons Aufmerksamkeit wohl doch geschmeichelte Goethe ihm hierin offenbar folgte: Napoleon hat die zentrale gesellschaftliche und zugleich künstlerische Frage an das Buch gestellt. Jedoch selbst wenn man ihm darin recht gibt, daß die gesellschaftliche Verletzbarkeit des Helden von dessen privater Verletzbarkeit zu trennen sei (ich fürchte, diese Liebe wäre in jeder denkbaren gesellschaftlichen Situation gescheitert), so bliebe doch das Karriere-Zwischenspiel, das den Helden nach »Wahlheim« (!) und zu Lotte zurückführt, nicht nur psychologisch glaubwürdig, sondern sogar universell gültig: erst die Praxis der fluchtartigen Entfernung von Lotte kann die Unvermeidbarkeit dieser Liebe erweisen, durch die nun mögliche, traurige Rückkehr. Denn die Einsichten des Zwischenspiels waren im ersten Teil des Buches in zahlreichen Briefen (z. B. dem vom 21. Juni 1771) schon begrifflich vorweggenommen; sogar schon in Briefen, die er vor seiner Bekanntschaft mit Lotte an seinen Freund Wilhelm schreibt.

So erscheint schon in der Gefängnismetapher des Briefes vom 22. Mai 1771 als Funktion von Kunst: die täuschende Ornamentierung von Wänden, »zwischen denen man gefangen sitzt«, die Entfernung des Leidens von seinen erkennbaren Gründen, und »Freiheit« erscheint als Freiheit zum Tode. Und in dem ungeheuer wichtigen Brief vom 26. Mai 1771 werden beide, Kunst und Liebe, als Tätigkeiten erkannt, in denen gut zu sein nicht nur nicht gut genug, sondern entsetzlich ist – sie dulden keinen Kompromiß: gefährliche Einsichten, die Werther »vergißt«. Es ist ein Wissen, das immer wieder physisch verifiziert werden muß, der Körper glaubt es nicht. Der Körper glaubt nie etwas, er akzeptiert nur Tatsachen.

Die Welt wird hier nicht so erlebt, daß man sich in ihr »entwickeln« könnte. »Entwicklung« erscheint hier als ein schreckliches Torkeln zwischen begrifflichen Einsichten, deren Vergessen und neuer, desillusionierender sinnlicher Erfahrung – und schon hierin ist der Roman wahrer und radikaler als fast alles, was seither geschrieben wurde.

Denn der Nicht-Entwicklung des Helden entspricht nun auch die gewählte künstlerische Form des Briefromans. Die monologische Sprache der Briefe – manchmal (24. Dezember 1772) nur ihr Datum – beglaubigt die Einsamkeit des Schreibenden. Ferner hat im Moment des Schreibens der Briefschreiber nicht die Kenntnis der Zukunft der Handlung, so daß jede erzählte Gegenwart für sich bleibt, ungewiß, offen, von Nicht-Fortsetzung bedroht. Die Gegenwart des Schreibens (16. Juni 1771!) kann mitgeschrieben werden, sogar das Nicht-Schreiben, der Ausdruck von Ausdruckslosigkeit (10. Mai 1771). Dies alles sind nun wirklich »avantgardistische« oder realistische Methoden, die die Welt wahrer, oder in der Sprache der Zeit: »natürlicher« darzustellen erlauben. In Vorwegnahme von

Büchners *Lenz*, zu dem dieses unvergleichliche, geniale Buch direkt hinzuführen scheint (30. November 1772: Blumenpflücker im Winter, die Feindschaft von Glück und Bewußtsein), ist es nun möglich, als »schön« zu entdecken: das »nötigste«, »harmloseste« (12. Mai 1771). Dieses wird, wiederum in Vorwegnahme von Büchners Medusa-Metapher, von Werther gemalt, »ohne das mindeste von dem Meinen hinzuzutun« (26. Mai 1771).
Für solche Passagen opfert man dann gern den schon damals in der Literatur allwissend und schwatzhaft sich selber feiernden, sogenannten »ironischen« Erzähler, der uns mit seinen entsetzlich langen Romanen, in denen er auf Zehenspitzen hin- und herhuschend alles hübsch und artig dekoriert, bis zum heutigen Tage zu Tode langweilt. Mit dem *Werther*, den er natürlich nicht liest, ist ihm längst das Todesurteil gesprochen. Aber wer liest schon *Werther?*

Nicht-Schreiben als Bedingung des Schreibens

Zu Stephan Hermlins *Abendlicht*

Was mich an der Authentizität literarischer Arbeiten, welche eigene Erlebnisse, direkt oder sogar verhüllt, in Literatur übersetzen, schon lange hat zweifeln lassen, ist, daß sie meist aus der Gegenwart von Erfahrungen geschrieben sind, die selber nur stummes Leiden oder verzweifeltes Aufbegehren, aber bestimmt nicht die disziplinierte Arbeit des Schreibens zulassen. Schon daß einer die Kraft gehabt haben will, ein Leiden schreibend zu begleiten, statt ihm handelnd zu begegnen, verrät dieses Leiden, verringert den Text zur noch so kunstvollen Behauptung.
Diese jedem Schriftsteller bekannte Feindschaft zwischen eigenem Leiden und seiner Artikulation läßt sich durch keine handwerklichen Manöver, sondern nur durch Aufgabe des Schreibens beantworten. Nur durch Setzung solcher Prioritäten kann die Literatur vor der Lüge bewahrt werden: Da doch zum Beispiel schon der Entschluß, eine Sache um des Schreibens willen zu beobachten, diese Sache (das heißt Menschen)

verfälscht, also erniedrigt. Die antizipierende Beobachtung führt zu einem lediglich professionellen Lebensverhalten, das sich in jedes Ereignis verwertend einzufädeln versucht.

Nun hat nach zwanzigjährigem Schweigen (wenn man von der Veröffentlichung eines Hörspiels absieht) Stephan Hermlin bei Reclam in Leipzig und zugleich bei Wagenbach in Berlin ein Buch mit dem Titel *Abendlicht* veröffentlicht. Eine Gattungsbezeichnung fehlt zu Recht, denn es handelt sich um eine Folge von 27 kapitelähnlich gegliederten Prosaabschnitten, die – in sich ziemlich autonom – genau skizzierte und manchmal in die Gegenwart hinein reflektierte Lebenserinnerungen aneinanderreihen (Berufskritiker würden von »Memoiren« sprechen).

Der dem vorangestellten Motto von Robert Walser (»Man sah den Wegen am Abendlicht an, daß es Heimwege waren«) entnommene Titel benennt vorsichtig die Situation des Schreibens als eine Situation von rückerobernder Reflexion, zeigt aber auch heimlich auf eine Stelle des Buches, bei deren Lektüre ich zu meinem Erstaunen aufhören mußte zu lesen.

In dieser, einer der letzten Passagen gegen Ende des Buches, skizziert der Erzähler plötzlich einen Abend an einem Bootssteg, wo ihm aus Gründen, die er nicht angibt, zum erstenmal ein Gedicht gelang. Mit Erschrecken bemerkte ich, daß hier jemand schrieb, der selber auch schrieb, die ganze Zeit schon geschrieben hatte. Diese sozusagen selbstverständliche Tatsache hatte sein Schreiben wegen seiner sich um sich selbst nicht bekümmernden Einfachheit vergessen machen.

Diese Leseerfahrung ist jedoch charakteristisch für dieses Buch, welches trotz der ersten Person Singular, in der es geschrieben ist, den Autor, um eines seiner wiederkehrenden Worte zu verwenden, »unsichtbar« macht. Bisher habe ich für diese Authentizität zwei Gründe finden können:

Das Material behält seine Priorität über die Art und Weise der Darstellung, da im Moment der Erfahrung des Materials die Forderungen des Handelns, die es gestellt hat (z. B. Kampf gegen den Faschismus), unbehindert durch literarische Absichten erfüllt wurden, es sich also ungeschrieben entfalten konnte.

Ferner verdankt Hermlins Darstellung ihre Authentizität (wenn man einmal, was auch gerecht wäre, so täte, als wisse man nichts von seiner Biographie) allein schon dem riesigen zeitlichen Abstand zwischen Erfahrung und ihrer Aufzeichnung, genauer: der anläßlich des Schreibens erinnerten Wahrnehmung.

Eine Scheu, dies heute aufzuschreiben, spürt man gleichwohl. Meiner Ansicht nach ist durch diese Scham eine Erinnerung aufgehoben an den Kontext, in welchem Schreiben stattfindet. Sie erscheint in den das Buch strukturierenden Auslassungen, den Pausen, dem Nicht-Geschriebenen und zu Erschließenden. Für eine solche Ästhetik der Stille, die auch in literarischen und musikalischen Paraphrasen wiederholt als solche zitiert ist, lassen sich zahlreiche Beispiele angeben.

Obwohl nämlich das Buch eine klare parteiliche Position erklärt, bleiben konkret erinnerte Einzelvorgänge und Personen fast immer unbewertet, werden also, was ja ästhetisch wie politisch effektiver ist, dem Urteil des Lesers anheimgestellt. Auch wird oft die Aufklärung eines Vorgangs lange verzögert, wie im Falle der wunderbar zarten Hommage für den Bruder; wie ja auch in Wirklichkeit Erfahrungen nicht in der Begleitung von Bedeutungen auftreten.

Auffällig ist die Verheimlichung von Namen erinnerter Personen, die häufig nur durch Initialen identifiziert sind wie: »B.«, »G.«, »Fritz K.«, »Götz v. R.« usw. Hierdurch werden selbst Tote – Opfer oder Scheusale – noch vor Mitleid, Bewunderung oder Feindschaft bewahrt. Und es wird eine Menschlichkeit direkt demonstriert, welche den antifaschistischen Kampf, der selber fast nur aus den Auslassungen erschließbar ist, noch einmal adelt. Diese Diskretion verbietet es beispielsweise dem Erzähler, die Diminutiv-Form des Namens, den sein Bruder als Kind für ihn erfunden hatte, im Buche mitzuteilen.

Selten habe ich einen literarischen Text gelesen, in welchem die handwerkliche Sorgfalt so eins war mit dem Respekt vor dem Menschen. Dem entsprechen auch die wunderbaren Hommagen für den Onkel und Vater; einmal, in einem einzigen Satz, den man nicht vergißt, für eine Lehrerin.

So ist denn auch der eigene Kampf für die KPD, sind Illegalität und Kampf im besetzten Frankreich in Erzählumgebungen versteckt, aus welchem man sie lesend befreien muß. In einem der Abschnitte, der sich mit den Leseerlebnissen des heranwachsenden Erzählers beschäftigt, erfährt man dies aus dem Nebensatz: »Es gab Momente, zumal in Zeiten, in denen ich verantwortungsvolle, auch gefährliche Aufgaben zu bewältigen hatte, da ich . . .«

Man beobachte auch den Kontext der folgenden Passage: »Nach dem Krieg traf ich eine Jugendfreundin wieder; wir hatten uns fünfzehn Jahre nicht gesehen. Wir verbrachten einen Nachmittag und einen Abend im Gespräch. Man habe nichts gewußt, nichts geahnt, sagte sie mir, wenn ihr doch nur ein weniges von den Verbrechen bekannt geworden wäre, von denen sie nach dem Kriege erfahren hatte... Ich erinnerte sie an meinen Freund H., der zwei Wochen in einem SA-Keller festgehalten wurde und dann zu mir geflüchtet war. Sie war dabeigewesen, als H. in meinem Zimmer das Hemd auszog, um uns seinen von Schlägen geschwärzten Rücken zu zeigen. Ich weiß noch, wie sich ihr Gesicht...«

Also die Tatsache, daß der Erzähler einen Verfolgten bei sich unterbrachte, ist hier dadurch versteckt, daß sie der Diskussion der Frage untergeordnet wird, was die Deutschen von der von ihnen gelittenen Barbarei hätten wissen können.

Den einzigen Versuch einer solchen Rekollektion der eigenen, fürchterlichsten Erfahrungen findet man auf zwei Seiten genau in der Mitte des Buches: In einem einzigen, immer wieder mit »Damals als« verzweifelt einsetzenden, nie zu einem Ende kommenden, unabgeschlossenen, aber ganz und gar vollendeten Satz. In seinem verzweifelten Versuch, die Feindschaft zwischen Leiden und Artikulation zu überwinden, ist dies für mich eines der großen Beispiele unserer Literatur.

Eine solche Ästhetik des versteckenden Zeigens, der verschwiegenen Mitteilung, der Stille erscheint mir subversiv in einer Zeit, in welcher die Wiederentdeckung der Subjektivität – jedenfalls in Westdeutschland – inzwischen zur schamlosen Selbstentblößung, zur pornographischen Indiskretion (etwa im neuen Genre des zum Zwecke sofortiger Veröffentlichung verfaßten Tagebuchs) verkommen ist.

In diesem Buch und mit den hier nur angedeuteten Mitteln ist es erst möglich, die historischen Ereignisse – also den beginnenden und den tobenden Faschismus – in jenem privaten Kontext auftreten zu lassen, der ihn tatsächlich täglich verdeckte: »Das Furchtbarste war, daß sich nichts geändert hatte, daß das Leben heiter und gleichförmig dahinfloß, während eigentlich alles, bis in die Spiele der Kinder hinein, hätte anders sein müssen.« Also auch das Problem der Kunst, im nur Sichtbaren, den Spielen der Kinder, die Wahrheit zu erkennen, wird so reflektiert.

In einer der frühen Passagen des Buches ist dies gelungen. Geschildert wird ein Sommeraufenthalt des siebenjährigen Erzählers mit seiner Mutter in Loschwitz bei Dresden, der durch die Meldungen von der Ermordung Walther Rathenaus unterbrochen wird. Diese eine Passage, leicht wie aus Luft gebaut, lohnt schon das Buch. Natürlich ist sie gar nicht aus Luft, sondern aus Traurigkeit gebaut, wie sich überhaupt, wenn man die Zuordnung der einzelnen Abschnitte zueinander beobachtet, eine eigenartige Traurigkeit einstellt – eigenartig, weil sie auch etwas Triumphierendes hat. Es ist eine Stimmung, die sich am besten ausdrückt in dem Wort »Sehnsucht«.

Von seinem als englischer Jagdflieger gefallenen Bruder schreibt der Erzähler: »Die knappen Tagebuchaufzeichnungen, die ich zu lesen bekam, verrieten kaum etwas anderes als eine verzweifelte Sehnsucht nach Deutschland, von der man den Deutschen, wie man sie normalerweise trifft, nicht reden sollte, weil sie ihnen unverständlich ist.«

Nun hört man Stimmen, die beides, des Erzählers Engagement für den Kommunismus und seine Kunst, gegeneinander ausspielen wollen, etwa, daß Hermlin nun »zu sich selbst« gefunden habe: Wo doch gerade die allererste Bedingung dieses Schreibens das Nicht-Schreiben war, wie die Bedingung aller großen Literatur die Bereitschaft zur Aufgabe der Literatur ist – zugunsten (politisch gesprochen) der Menschen, zugunsten (ästhetisch gesprochen) des nur so sich unbehelligt und wahrhaftig entfaltenden Materials. So entspricht – was ungeachtet aller Beispiele unserer doch reichen Literatur niemand verstehen will – die Radikalität eingreifenden Handelns der Radikalität des im Moment des Schreibens alles ganz neu überprüfenden Wahrnehmens.

Hierzu in einem der schönsten Sätze des Buches Hermlin: »Was mich noch einsam machte, würde Spätere zusammenschließen.«

Statt eines Nachworts

Bildnis Rudi D.

Er spricht beim Schreiben, schreibt, während er spricht. Dabei hört er zu, was die andern sagen. Also das Zuhören, in diesem überfüllten Zimmer, stört ihn beim Schreiben, das ihn beim Sprechen stört, das ihn beim Zuhören stört. Da aber dringend alles auf einmal getan werden muß, tut er alles auf einmal, die andern lernen es bald, daß das gerade Geschriebene durch das gerade Gesprochene, das es verändert, überholt wird, aber nicht unnötig, da das danach Gesprochene oder neu Geschriebene oder Gehörte, das Neues bringen kann, das vorige noch braucht, ihm womöglich wieder weichen muß als neuem Neuen, d. h. eben zutreffende Vorgänge werden von unerbetnen oder unerwarteten oder unbedachten verdrängt, d. h. jeden Schritt muß er verlängern oder sofort unterbrechen können, so daß er also so lebt, daß er an einer unendlichen, nicht endenden, sich immer verändernden, sich nach vielen Seiten stärkenden Rede arbeitet, die umgebende, erkennbare Veränderungen mit aufnimmt, von der er manchmal kurze Strecken, auf dem Podium stehend, von andern unterbrochen, atemlos mitteilt, daher die Relativsätze bei ihm, der, da sein Angriff vor allem darin besteht, daß es ihn gibt, gewinnt, indem er bleibt, bleibt, indem er redet, redet, indem er schreibt, schreibt, indem er zuhört, ein gefährlicher Gegner.

Schwierigkeiten, über Herbert Marcuse zu schreiben

Einen Artikel zum Anlaß des Tages, an dem Herbert Marcuse das biologische Alter von 75 Jahren erreicht (am 19. Juli 1973), kann ich nicht schreiben, ohne die Situation mitzuteilen, in der er geschrieben werden müßte. Diese Situation läßt sich in einem Zeitungsartikel nicht mitteilen. Daher ist ein Geburtstagsartikel für Herbert Marcuse im Moment vielleicht gar nicht möglich. Dazu kommt, daß man über Herbert Marcuse meiner Ansicht nach am besten schreibt, indem man über etwas ganz anderes schreibt.

Möglich wäre eine in jedem Fall allerdings unvollständige Aufzählung der Schwierigkeiten, die den Plan eines altmodischen, schönen Geburtstagsgeschenks in der Form eines Zeitungsartikels vereitelt haben. Unter ihnen behauptet sich vielleicht an erster Stelle die Tatsache, daß es im Moment etwas noch Wichtigeres gibt, über das sofort geschrieben werden muß, nämlich jene Heldentat, mit der gestern, am 30. Juni, der 94. Kongreß der USA sein gesetzgeberisches Werk vorläufig krönte. Nachdem sich nämlich in beiden Häusern zum erstenmal eine Mehrheit für die sofortige Einstellung der täglichen nordamerikanischen Terrorangriffe auf Kambodscha gefunden hatte, gegen die Nixon – der sich eine Stunde von dieser Schreibmaschine entfernt in seiner von Steuerzahlern mitfinanzierten San Clementer Villa herumlümmelt – kein Veto hätte einlegen können, ohne zugleich sein eigenes Haushaltsbudget, an das die Resolution angeschlossen worden war, zu stoppen, akzeptierte dieser gleiche Kongreß einen »Kompromiß«, der selbst in der Geschichte Nordamerikas, was hoffnungslose Verrottetheit und Unmenschlichkeit angeht, seinesgleichen sucht.

Der 94. Kongreß nämlich sanktionierte die Fortsetzung des (inzwischen um 50 Prozent verschärften) Bombenterrors gegen Kambodscha bis zum 15. August, d. h. Nixon darf nun, von heute an gerechnet, noch 45 Tage lang den Menschen in Kambodscha (ich muß es genau sagen:) die Lungen aus den Körpern reißen. Als Gegenleistung hierfür hat der Kongreß das Budget verabschiedet – dies der Kompromiß.

Nun kann ja für jemanden wie Herbert Marcuse, der dies gestern mit mir diskutierte, diese neueste Untat des Kongresses keine Überraschung bedeuten. Nixon, wie die den »Kompromiß« bejubelnden Liberalen (McGovern: »Der schönste Tag meines Lebens!«) vertreten die Interessen der gleichen Klasse – die letzteren vielleicht in etwas besserem Englisch. Der günstigste, aber kaum zu erwartende Ausgang der Watergate-Hearings würde lediglich bedeuten, daß, um Herbert Marcuse zu zitieren, »eine Clique von Schurken durch eine andere Clique von Schurken ersetzt« würde. Trotz seiner Einsicht in die Maschinerie der bürgerlichen Demokratie in ihrem gegenwärtigen Stadium war Herbert Marcuse über die geschilderte, zynische Sanktionierung weiteren Mordens (zum Zwecke späteren, geschickteren Mordens) hilflos erschrocken, wie er auch eine Woche zuvor mit Anzeichen körperlicher Übelkeit den mit Kratzfüßen hier auftretenden KPdSU-Sekretär Breschnew (der den Watergate-Skandal für eine antikommunistische Verschwörung gegen Nixon hält) verfolgte, als er seinen US-Gastgeber mit Schmatzküssen förmlich ableckte: das sind Bilder, sinnlich verifizierbare Ereignisse, vor deren Schockwirkung keine noch so genaue vorherige Analyse schützen kann.

Das Auftreten derartiger Bilder und Ereignisse, denen man in Nordamerika eher ausgesetzt zu sein scheint als in Europa, hat in den fünf Jahren, die ich mit Herbert Marcuse an der gleichen Universität verbringe, häufig die Tage bestimmt, und eine der unausgesprochenen Voraussetzungen der erwähnten gestrigen Diskussion mit ihm war diese: daß die Täglichkeit der Untaten gleichwohl nicht abstumpft. Es charakterisiert ihn eine anhaltende Verwundbarkeit, ein Erschrecken auch angesichts des Eintreffens des Erwarteten, Bekannten, das immer wieder den Arbeitsplan jedes Tages (z. B. Probleme der marxistischen Ästhetik) gefährdet, bis endlich der Kampf aufgenommen wird: Skizzierung einer Stellungnahme (z. B. zur Heiligsprechung des Massenmörders Calley, zu Watergate), Pläne für Demonstrationen, Teilnahme an Aktionen (vor allem gegen die Beteiligung der Universität an der Kriegsforschung).

Was dieses Leben bisher bestimmt hat und immer noch bestimmt, ist die Täglichkeit noch so sicher erwarteter, noch so genau verstandener Untaten, und das heißt praktisch: daß jeden Morgen neu angefangen, eine vielleicht gestern schon gesicherte Position, da sie über Nacht verloren wurde, neu erkämpft, d. h. neu überlegt werden muß, d. h. es steht jeden Morgen fast alles in Frage. Konkret, auf Kambodscha angewendet, bedeutet das: Wir müssen wieder von vorn anfangen, wir müssen neu organisieren, wir können uns Fraktionskämpfe im Moment nicht leisten, wir müssen die Notwendigkeit der Wiederholung in der Politik anerkennen.

Dialektikern wird nicht entgangen sein, daß ein Aufsatz über die Schwierigkeiten, die einen Aufsatz über Herbert Marcuse verhinderten, einen Aufsatz über Herbert Marcuse hervorbrachten. Das war nicht beabsichtigt, ist aber richtig so, denn kein Mensch kann leugnen, daß beide, die Schwierigkeiten und Herbert Marcuse, zusammengehören, da er selbst nämlich, wenn man ihn fassen möchte, auf etwas Wichtigeres hinzeigt als sich selbst.

Am Fenster, mit Marcuse

Den ganzen Frühling des Jahres 1974
in Paris in der rue de la Cérisaie,
einer Seitenstraße des Boulevard Henri IV,
der von der Seine zur Bastille führt,
wohnte im dritten Stock uns gegenüber
in einer Wohnung mit vielen Balkons
der Zar von Rußland, jedenfalls
nach dem ersten Frühstück im Brokatmantel
zeigte er sich, die Hand am Bart, sinnend
hinter vom Leibdiener beiseitegehaltener Portiere,
gold und rot. Später eilige Ankünfte zarter Stabsoffiziere in
Zivil gekleidet, Verbeugungen,
besonders am Nachmittag, einzelnes,
kunstvolles Gelächter, auch
frühmorgens plötzlich auf dem Balkon
ein weißer Handschuh.

Allerdings am ersten
Mai war alles verhängt,
kein Vorhang bewegte sich,
auf der stillen Straße keiner
kam oder ging, wir
standen am Fenster.

Ein Kurier mußte
mit einer unangenehmen
Nachricht zu ihm vorgedrungen
sein, die man ihm lange
verheimlicht hatte, wohl
einer Falschmeldung.

Zu Herbert Marcuses Tod

Marcuse lernte ich im Juni 1967 kennen, als er zu einem Besuch nach Berlin kam. Nach der Ankunft in Tempelhof ließ er sich sofort zur Oper fahren, wo ein paar Wochen vorher ein als Müßiggänger gekleideter Polizeibeamter den Studenten Benno Ohnesorg getötet hatte.

Noch am Abend seiner Ankunft traf er sich mit einer kleinen Gruppe von Leuten in seinem Hotel in Dahlem zu einer langen Diskussion. Der erste Satz, den ich ihn, als ich eintrat, sagen hörte, war: »Unsere Schwierigkeit besteht darin, daß wir Veränderungen herbeiführen wollen, die die Leute, denen sie helfen sollen, selber gar nicht wollen.« Das hörten wir damals gar nicht so gern. Viel später erzählte er mir, daß jene Begegnung mit den Studenten in Deutschland – z. B. ihr Antifaschismus – für ihn eine Art Versöhnung mit Deutschland bedeutete.

Schon ein halbes Jahr nach jenem Abend fanden wir uns an der gleichen Universität. Marcuses Arbeitszimmer lag einen Stock über meinem Arbeitszimmer und so sahen wir uns in den letzten zwölf Jahren fast täglich. Der Satz, den ich vielleicht am häufigsten von ihm hörte, war: »Da müssen wir sofort etwas tun!« – denn er war zu empfindlich für das tägliche Entsetzen, als daß er je einen Schutz dagegen gefunden hätte. Man könnte fast sagen, daß seine Arbeit, sein Schreiben, immer wieder erkämpft werden mußte in den kurzen Strecken zwischen immer neuem Entsetzen, wobei es für ihn keine linken Tabus gab: etwa den amerikanischen Überfall auf Vietnam verurteilte er ebenso wie den chinesischen Überfall auf Vietnam, und eine ihm übermittelte Einladung nach China lehnte er ab mit den Worten: »Durch eine Tür, die Kissinger geöffnet hat, gehe ich nicht hindurch!«

Fast alle Schriftsteller und Philosophen, die ich kennenlernte, haben im Verlauf ihres Lebens eine List entwickelt oder ein Entschuldigungssystem, das ihre Arbeit vor den wiederkehrenden Erschütterungen der Umgebung schützt. Nicht so Marcuse. Ihn charakterisierte eine nicht aufhörende Verwundbarkeit: die tägliche, schmerzliche Vergegenwärtigung des Kontexts, in welchem er arbeitete.

Als Kind hatte ich mir einen Philosophen immer vorgestellt als jemanden, der ununterbrochen über alles erstaunt sein, also es ernst nehmen könnte. Diese Kindervorstellung erfüllte Marcuse für mich mit seiner Aufmerksamkeit nicht nur für Ideen, sondern alles sinnlich Wahrnehmbare, wie etwa ein Nilpferd, einen Salatkopf oder einen Teelöffel – um drei Dinge zu nennen, die er liebte, oder Wohnwagen, Kofferradios und Motorräder – um drei Dinge zu nennen, die er haßte und die wir nach der Revolution gleich abschaffen wollten. Ich fand es wunderbar, wie er Gegenstände ganz ernst nehmen konnte. So entschuldigte er die militärische Ordnung in meiner Küche mit dem Vergil-Zitat, daß die Dinge auch Tränen haben: ein Recht auf einen festen Platz, an welchem sie sich wohlfühlen.

Den Tod haßte er mit einer Verbissenheit, die mich erstaunte, bis mir endlich klar wurde, daß ein so gewaltiger Haß die Gemeinheit des Todes – dessen Unnötigkeit –, radikaler mitdachte. Im Dezember 1972 hatte ich ihn und seine Frau Inge, von der ich ebenso viel lernte wie von ihm, zum Dinner eingeladen, als er am Abend davor absagte: Inge hatte Magenschmerzen. Weihnachten war ich in Deutschland und erhielt einen Eilbrief, in welchem Marcuse mir mitteilte, daß Inge unheilbar an Krebs erkrankt sei. Der Brief schloß mit den Worten: »›L'amour est plus fort que la mort‹ – welch' ein gemeiner, nichtswürdiger Schwindel!«

Was Marcuse in den letzten zwölf Monaten seines Lebens – neben dem gründlichen Studium des Buches von Bahro – am meisten beschäftigte und sogar eine radikale Revision seiner vorigen ästhetischen Ansichten erwägen ließ, waren die Konsequenzen der Rezeption von »Holocaust« und, hiermit zusammenhängend, die bekannte Frage der Dichtung nach Auschwitz. Hierüber forderte er dauernd Material und Diskussionen, korrespondierte viel. Schwierigkeiten hatte er mit einer Literatur, die durch Darstellung von Gewalt »Auschwitz privatisiert«, aber auch mit einer neuen Romantik, in der keine Erinnerung mehr an das Grauen war.

Unter den Lebenden waren Peter Weiß und Samuel Beckett seine liebsten Schriftsteller, und er war sehr geehrt durch ein Gedicht, welches Beckett zu seinem 80. Geburtstag im vorigen Jahr in den *Akzenten* veröffentlichte. Nie, so lange ich ihn kannte, war er so wenig in der Lage, seine Rührung zu verbergen, wie bei unserer letzten Mahlzeit in La Jolla: Plötzlich hörte er auf zu essen und erzählte mir, daß einst

Beckett von einem Kritiker gefragt worden sei, was die Struktur seiner Dichtung sei. »Die Struktur meines Schreibens kann ich Ihnen erklären«, antwortete er. »Ich lag einmal im Krankenhaus und im Zimmer nebenan schrie eine Sterbende die ganze Nacht. Dieses Schreien ist die Struktur meines Schreibens!«

Drucknachweise

»Vom Schreiben über Vorgänge in direkter Nähe oder in der Entfernung von Schreibtischen« (Teilveröffentlichung: *DIE ZEIT*, 21 XII 1979). Im Gegensatz zu den anderen Arbeiten des Buches sind hier sogar längere Zitate in der Hoffnung, hierdurch ihre inhaltliche Wirksamkeit zu verstärken, nicht als solche identifiziert. Auch wer sie als die Hommagen, die sie auch sind, erkennt, hört sie so noch einmal zum ersten Mal, wenigstens für den Moment seines Zögerns.
»Die Verantwortung beim Schreiben«, *DIE ZEIT*, 14 XII 1965
»Zweitrangigkeit des Lebens«, *Deutsche Zeitung*, 22 IX 1962
»Mal auf zwei, mal auf vier Beinen«, *Der Spiegel*, 4 VII 1966
»Notwendigkeit des Inzidentellen«, *DIE ZEIT*, 5 VII 1964
»Notizen zu James Thurber«, *Thurber* (Rowohlt), 1964
»Notizen zu Bob Dylan«, *Der Spiegel*, 1/1974

»Schlechte Nachrichten aus Deutschland«, *Die Alternative, oder: Brauchen wir eine neue Regierung?* (Rowohlt), 1965
»Satellitenmentalität«, *Merkur*, März 1966
»Wiedersehen auf dem Bahnhof Friedrichstraße . . .«, *Akzente* IV, 1966
»Journalismus als Menschenjagd«, *Kursbuch* 7, 1966
»Nachrichtensendungen im Fernsehen«, *Rundfunk und Fernsehen*. XX, 2 1972
»Über die Servilität der Presse«, *Berliner Demonstrationen: Ein Modell* (Voltaire), Berlin, 1967
»Deutschland als Ausland«, *Tintenfisch* XV, 1978

»Briefe in amerikanischen Zeitungen«, *Sender Freies Berlin*, 4 XI 1968
»Zur Ästhetik parlamentarischer Prozedur« (Erste deutsche Veröffentlichung), *Indicator*, La Jolla, Calif. 15 X 1969
»Bemerkungen zur Sprache der Herrschenden« sowie »Bemerkungen zur Sprache und Darbietung der Nachrichten«, *Täglicher Faschismus* (Hanser), 1971 f.
»Offener Brief an den Kanzler der Universität« (Erste Veröffentlichung)
»Verteidigungsrede vor dem Superior Court von San Diego County« (Erste Veröffentlichung)
»Antwort auf die Kritik der ›Radical Coalition‹« (Erste deutsche Veröffentlichung), *Indicator*, La Jolla, Calif., 1 XII 1972

»Über Kollaboration«, *Tintenfisch* IV, 1971
»Eitle Überlegungen zur literarischen Situation«, *Literatur-Magazin* 4 (Rowohlt), 1975. Namen sind, um von der Sache nicht abzulenken, entfernt.
»Ausbruch aus dem germanistischen Ghetto«, *DIE ZEIT*, März 1979
»Notizen zu Syberbergs »Hitler«-Film, *Der Spiegel*, 49/1977
»Notizen zu dem Fernsehfilm ›Holocaust‹«, *DIE ZEIT*, Mai 1978
»Die Fetischisierung des Neuen«, *DIE ZEIT*, 11 V 1979

»Verlangsamung des Wahrnehmens«, *Die Aeroplane von Brescia* (S. Fischer), 1977
»Erzählmodelle Kafkas«, *Akzente 1/2*, 1979
»Notizen zum *Werther*«, *DIE ZEIT*, April 1979
»Nicht-Schreiben als Bedingung des Schreibens«, *Der Spiegel*, 49/1979

»Bildnis Rudi D.«, *Immer kürzer werdende Geschichten* (Hanser), 1973 (vorher ohne Titel in: *Feinde*, 1968)
»Schwierigkeiten, über Herbert Marcuse zu schreiben«, *Frankfurter Rundschau*, 14 VII 1973
»Am Fenster, mit Marcuse«, *Akzente 3*, 1978
»Zu Herbert Marcuses Tod«, *stern*, 4 IIX 1979